本书受到 2014 年国家社科基金一般项目课题（项目批准号：14BFX161）"医学受试者权利保护研究"资助以及 2020 年南京医科大学学术著作出版项目资助

姜柏生 编著

PROTECTION OF HUMAN SUBJECTS
OF MEDICAL RESEARCH

医学受试者权利保护研究

中国政法大学出版社

2022·北京

图书在版编目（ＣＩＰ）数据

医学受试者权利保护研究/姜柏生编著. —北京:中国政法大学出版社，2022.8
ISBN 978-7-5764-0609-2

Ⅰ.①医…　Ⅱ.①姜…　Ⅲ.①临床医学－试验－权益保护－研究　Ⅳ.①D912.164

中国版本图书馆CIP数据核字(2022)第141054号

书　名	医学受试者权利保护研究 YIXUE SHOUSHIZHE QUANLI BAOHU YANJIU
出版者	中国政法大学出版社
地　址	北京市海淀区西土城路 25 号
邮　箱	fadapress@163.com
网　址	http://www.cuplpress.com (网络实名：中国政法大学出版社)
电　话	010-58908466(第七编辑部) 010-58908334(邮购部)
承　印	固安华明印业有限公司
开　本	720mm×960mm　1/16
印　张	18.5
字　数	300 千字
版　次	2022 年 8 月第 1 版
印　次	2022 年 8 月第 1 次印刷
定　价	85.00 元

前　言

　　《关于以人体为对象的生物医学研究国际伦理指导原则》（Ethical Principles for Medical Research Involving Human Subjects，简称《赫尔辛基宣言》）指出："医学的进步是以研究为基础的，这些研究最终在一定程度上均有赖于以人类为对象的试验"；"涉及以人作为受试者的生物医学研究，必须是以改进疾病的预防、诊断和治疗方法及提高对疾病病因学和发病机制的了解为目的。即使是业已证明的最好的预防、诊断和治疗方法也必须通过不断研究质疑其效果、效能、可行性和质量"。医学研究是一个高度专业化的领域，医学受试者的权利保护是其中最核心的伦理和法律问题。

　　第二次世界大战以后，医学研究中受试者权利保护问题引起了国际社会普遍关注。1946年《纽伦堡法典》把对任何平民居民的生物实验与对任何平民居民进行谋杀、放逐等迫害行为同样视为违反国际法的反人道罪行。1964年《赫尔辛基宣言》为从事以人为受试者的医学研究确立了基本的道德原则。1982年《人体生物医学研究国际伦理指南》成为指导各国进行医学研究应当遵循的基本道德规范。关于医学受试者权利保护问题，国内研究主要涉及立法与实施两个层面。目前我国医学受试者权利保护立法，主要是《药品管理法》《涉及人的生物医学研究伦理审查办法》《药物临床试验质量管理规范》《医疗器械临床试验质量管理规范》等。国内外学者对医学研究中受试者权利保护问题的研究取得了许多有益成果，为本课题研究奠定了良好基础，还存在深入研究的空间。

　　本书集合了编者近几年承担的国家社科基金相关课题及其研究中的成果。并在研究中得到了课题主管部门的支持，得到了相关专家的指导，得到了编者所在单位各位领导与同事的关照，还有参与研究的研究生们付出的辛劳，在此一并诚致谢意。

由于医学受试者权利保护问题研究是交叉性学科研究，书中涉及的有关问题具有技术性、复杂性和跨学科性，难度较大，加上编者才疏学浅，因此本书不尽如人意之处在所难免，故恳请学界专家同人和读者批评指正。

编者

2022 年 3 月

目 录

导　论

一、医学受试者权利保护问题的产生

探讨医学受试者权利保护（the protection of human subjects of medical research）问题，首先涉及对该问题中"医学受试者"概念的界定。

医学受试者，是指作为医学研究对象的自然人，以其自身对于医学研究过程中产生的生理上或者心理上的反应作为评估研究结论。受试者既包括患有医学研究目标疾病的患者，也包括参与医学研究的健康者。既有一般受试者，也有因生理、自然、社会原因，权益较易在医学研究中受到侵害从而需要受到倾斜保护的特殊受试者。

这里的"医学"是特指《涉及人的生物医学研究伦理审查办法》所称涉及人的生物医学研究，它包括以下活动：首先，采用现代物理学、化学、生物学、中医药学和心理学等方法对人的生理、心理行为、病理现象、疾病成因和发病机制，以及疾病的预防、诊断、治疗和康复进行研究的活动；其次，医学新技术或者医疗新产品在人体上进行试验研究的活动；最后，采用流行病学、社会学、心理学等方法收集、记录、使用、报告或者储存有关人的样本、医疗记录、行为等科学研究资料的活动。

对于上述概念，在不同的文献中有时使用不同的词语，如在中文中有"人体实验""人体试验""临床试验"等，在英文中则有"biomedical research""human experimentation""human subject research""clinical trial"等。以人体为试验对象的医学研究（medical research on human subject），从我国立法情况看，《药品管理法》[1]《药物临床试验质量管理规范》使用了"临床试验"一词，《医师法》第 26 条则使用了"临床试验和其他医学临床研究"的说法，

---

[1]　为了行文方便，本书中关于我国的法律规范名称，均省略"中华人民共和国"字样。如《中华人民共和国药品管理法》简称为《药品管理法》。

《涉及人的生物医学研究伦理审查办法》则使用了"涉及人的生物医学研究"。而在上述法律及部门规章中，不同用语的外延和内涵并无不同。因此，本研究并不区分上述三个名词。

法国思想家卢梭的《社会契约论》第一次提出了"天赋人权"和"主权在民"的思想。该书开头就提出"人人生而自由，却无处不在枷锁中"。[1]人生而自由，是指一个人对其个体的一种资格，他有权根据自己的意愿行动而非外部操作或扭曲的结果，即不应受到外来的干涉、侵扰去安排和处理自己认为适当的事务，这是现代社会的基本理念，也是保护医学受试者的理论基础。而由于医学研究具有不确定性和风险性，客观上就是对人的干预、侵扰，甚至可能对人的生命、健康造成损害。那么开展这样的医学研究正当性何在，这样的研究究竟对受试者的哪些权利可能造成损害，如何在研究中尽可能地减少甚至避免对受试者的损害，这些都是探讨医学受试者权利保护所要解决的问题。

在当前有关人体试验的国际规范中，最具有影响力的是世界医学大会（the World Medical Association，WMA）的《赫尔辛基宣言》。《赫尔辛基宣言》第5条指出，"医学进步以科学研究为基础，而研究最终必须涉及人体受试者"。第6条指出："涉及人类受试者的医学研究的首要目的，是了解疾病的起因、发展和影响，并改进预防、诊断和治疗干预措施（方法、操作程序和治疗）。即使是最佳已被证实的干预措施，也必须不断通过对其安全性、效力、效率、可及性和质量进行研究，予以评估。"即社会对医学进步的需要，使以人体为对象的医学研究具有必要性。而在当前的医学实践中，大多数的诊断、治疗或预防所采用的方法都包含着风险，尤其是在进行生物医学研究时，其风险可能更大。因此，一方面以人体为对象的医学研究具有必要性，另一方面研究具有风险，可能对人体带来损害。那么，在社会对医学进步的需要和研究可能对受试者造成的危害之间如何选择？如何平衡科学探索与保护个人身体不可侵犯这两个价值之间的紧张关系呢？出路在于，《赫尔辛基宣言》第7条规定，"医学研究要遵循那些确保尊重人体受试者、保护他们的健康和权利的伦理标准"。第8条规定："尽管医学研究的主要目的是产生新的知识，

---

[1] ［法］卢梭：《社会契约论》，钟书峰译，法律出版社2017年版，第2页。

但这一目的永远不能超越个体研究受试者的权益。"第 16 条规定，"唯有研究目的之重要性超出受试者承担的研究内在的风险和负担时，涉及人体受试者的研究方可开展"。受试者是健康的志愿者时，这一点尤其重要。也就是说，医学要发展，社会要进步，未来的病人需要前人的经验积累，这些都不能超越受试者权利保护，如果需要在两者之间权衡而取其一时，受试者的利益应优先考虑。只有坚持这样的原则，以人体为对象的医学研究才具有正当性。

从法律的角度而言，对医学受试者的保护来自维护人的尊严、保护人的基本权利的需要。自然人享有各种各样的权利，作为与医学研究相关的受试者而言，医学研究主要涉及受试者的一些基本人身权。受试者的生命、健康、身体、隐私、人格尊严等人身利益有可能在医学研究中受到侵犯。而生命、健康、身体、隐私、人格尊严等是自然人最基本的应受法律保护的利益。"在现代，各种人格权从不同的角度，维护民事主体的独立人格。生命权、健康权、身体权维护自然人作为物质存在的形式，保障其生存能力，自由权、隐私权维护公民、法人的正常活动，名誉权、荣誉权维护公民或法人因社会或他人的评价，都与其民事主体的人格地位相联系、相统一，是保障其独立性和自主性的必备条件。民事主体不享有人格权，就会丧失独立人格意识，人的尊严和价值也就不复存在，社会生活也就无法进行。"[1]因此，无论这些权利出现在社会生活的哪个领域，他们都是法律要予以充分保护的价值。在为了科学进步，满足社会需要的医学研究活动中也必须如此。

保护医学受试者，首先就是要保护他们的这些基本人格权。正当的以人体为对象的医学研究的进行，必须体现对受试者这些基本人格权应有的尊重。在实际的研究中，就体现为对享有这些权利的人的尊重，具体而言，就是要尊重权利人的意志和自由。而权利人可以对自己的人格利益进行支配、处分。医学研究对相关权利人意志和自由的尊重与权利人对自己的人格利益的支配、处分相结合，就是受试者的知情同意权。这是受试者以上述基本人格权为基础，在参与医学研究中必须享有的一项极其重要的权利。

除以上积极权利以外，医学研究中的受试者还应享有医疗救治权、损害补偿权，这是法律为完善保护受试者而赋予他的一项消极权利，是对上述权利

---

〔1〕　杨立新：《人格权法》，法律出版社 2011 年版，第 66 页。

受到损害后的必要救济。[1]

综上所述,探讨医学受试者的权利保护问题,是在承认开展以人体为对象的医学研究具有必要性的基础上,充分认识医学研究可能给受试者造成的风险和不利,从保护受试者权利的角度出发,研究应该如何设计相应的制度,规范参与研究各方的行为,以保证研究的正当性,从而在促进医学科学进步、满足社会需要和充分保障受试者的权利这两个价值之间达成最大程度的平衡。

二、国内外研究现状述评及意义

(一) 国内外研究现状述评

从一定意义上说,医学研究的受试者是法学意义上的弱势群体,他们应当获得广泛关注和特殊保护。

关于医学受试者权利保护问题,国内研究主要涉及立法与实施两个层面。目前我国医学受试者权利保护立法,主要是《药品管理法》《涉及人的生物医学研究伦理审查办法》《药物临床试验质量管理规范》《医疗器械临床试验质量管理规范》等规范性文件。总体来看,存在以下几个方面的不足:相关规定属于法律、法规层次的比较少,主要是部门规章,效力等级偏低;规定不够具体、不太系统,没有专门保护医学受试者的法律、法规,而是分散在各相关的文件之中;规定的内容比较局限,存在疏漏与冲突。实施方面,受试者权利缺乏相应的有效机制保障,监管不到位,知情同意告知不充分;知情同意书存在缺少要素、程序不规范等问题;伦理审查存在资质认证、中立性、审查能力、监督措施等不足。

国际社会普遍关注医学受试者权利保护问题,制定了《赫尔辛基宣言》等国际性文件,各国也纷纷制定了法律、法规、规章。目前,世界各国对于医学受试者权利保护的规范主要有三种模式:第一种是以立法为主进行规范,特别是专门制定了有关医学受试者权利保护的法律,如荷兰、德国;第二种是以行政规章为主对医学受试者权利保护进行规范,如美国;第三种是以伦理规范为主进行规范,如加拿大、日本。受试者权利保护体系在其他国家或地区国家已经较为完善,现有研究主要着眼于具体保障制度和措施的改进,

---

[1] [美] 斯科特·伯里斯、申卫星主编:《中国卫生法前沿问题研究》,北京大学出版社 2005 年版,第 247 页。

如伦理审查的监督、保险补偿制度等。近十年来，我国在这方面的研究有了一定发展，但研究尚不够深入，对医学受试者权利缺少深层次的理论分析，不少重点问题尚没有理论突破。又由于学科交叉性，既往研究存在权利哲学理论与医学研究实践脱节的现象。

（二）研究"医学受试者权利保护"问题的意义

理论意义：医学研究所涉及受试者的权利主要是其基本的人格权与知情同意权等，对受试者权利的保护体现了现代社会尊重、保护个人人身权利的要求。同时，医学受试者权利保护也是规范医学研究行为、促进医学进步、增进人类健康福祉的需要。

现实意义：根据国家市场监督管理总局网站公布的数据，2012 年至 2019年，批准临床研究的新药试验总数为 13 092 项[1]；另，根据咸达医药数据库查询结果显示，目前国内上市品种药品（国产、进口）共 223 044 条，国产器械共 171 803 条、进口器械共 62 145 条，由此可见，用于人体试验的药品和医疗器械范围之广，在临床使用之前进行试验的种类之多，可能涉及的受试者人数之众。如果医学人体试验制度不规范或制度落实不到位，就必然侵犯受试者的权利。近年来，媒体曾报道过多起严重侵害受试者权利的医学研究事件，反映出我国开展以人体为试验对象的医学研究中存在的一些问题，如"北京地坛医院艾滋病药物人体试验案""上海东方医院人工心脏案""黄金大米事件"等。保护医学研究中受试者权利的重要性、立法的现状和实践中受试者权利保护的问题告诉我们，探讨医学受试者权利保护的问题很重要，也很必要。

三、研究范围和设计

（一）本研究的主要内容

本研究共分为 7 章以及导论、结语和附录。

第一章医学受试者权利保护的概述。医学的产生、发展和进步都离不开人体试验，人体试验开启了人类医学科学。无论是中国的医学发展还是西方的医学进步，人类医学知识和经验均来自无数次的人体试验。本书运用比较法

---

〔1〕药物临床试验登记与信息公示平台网站，http://www.chinadrugtrials.org.cn/eap/clinicaltrials.informationstatistics，最后访问日期：2020 年 1 月 20 日。

学的研究方法，重点介绍了《纽伦堡法典》《赫尔辛基宣言》《保护人体试验受试者的伦理原则和守则》（以下简称《贝尔蒙特报告》）等医学人体试验的国际规范，阐述了医学人体试验国际规范的法律效力与地位；介绍了以欧盟《关于人权与生物医学公约》及其附加议定书为代表的区域性规范；重点分析了美国、英国和澳大利亚三个国家医学人体试验的相关立法，并对我国《药物临床试验质量管理规范》和《涉及人的生物医学研究伦理审查办法》等相关立法进行了介绍与分析。通过归纳分析，凝练概述了国际规范、区域性规范、西方发达国家立法和我国相关立法对医学人体试验受试者保护的主要措施。

第二章医学受试者权利保护的法哲学基础。"天赋人权"为医学受试者权利保护提供了法学理论基础。关注医学受试者权利的人权属性，有助于理解对受试者的权利进行保护的正当性。从实在法而言，受试者的权利不仅兼具公法、私法属性，而且还具有应然性与实然性，应关注其中的权利冲突与受试者的权利边界。功利主义理论在医学受试者权利保护领域中具有重要地位，认为医学研究的目的是满足大多数人的利益，应该根据医学试验取得的效果来决定享有权和相应的治疗措施。医学受试者中的弱势群体的范围较为广泛，正确运用"倾斜保护原则""弱势公平对待原则"，对医学试验法律关系中各权利主体的保护具有重要意义。

第三章医学受试者权利保护的医学伦理原理。在人体试验这个特殊的医学领域中，存在着强烈的伦理冲突，医学受试者权利保护的医学伦理基础基于医学研究的伦理价值目标。敬畏生命、尊重生命，是人类的基本准则，更是医学的第一伦理要旨；医学与生命息息相关，医学的目的始终是以人为中心；医学公正是个体权利得到维护的重要保证；人体受试过程蕴含着不可避免的道德矛盾，公益论倡导兼容观、兼顾观与社会效益观。唯有综合各种伦理思想，才能形成基本的伦理原则，从而形成人体试验过程中的法律原则。在医学研究过程中，不仅要遵守相应的法律原则，同时要遵守相应的伦理原则，包括试验目的纯正原则、受试者利益首要原则、知情同意原则和医学程序公正原则。

第四章医学受试者权利保护的一般问题。在医学研究活动中，研究者与受试者之间的法律关系是基本的法律关系，其核心是受试者权利保护。受试者权利获得全面保护是医学研究开展的基本要求之一，各参与主体均负有相应的责任。受试者权利是一个不断扩张的体系，主要涉及受试者的生命权、健康权、身心完整权、隐私权、知情同意权、个人信息权、利益分享权、损害补偿权等。其中生命权、健康权、身心完整权、知情同意权、隐私权是受试者的具体人格权，这些权利与享有权利的主体不可分离，医学研究中应当对这些权利予以充分保护。知情同意权是医学研究中的受试者以人格权为基础，为保障人格权而享有的重要权利。损害补偿权是依法赋予受试者的人格权受到损害之后的救济权。受试者权利具有典型的人权属性，相较于医学试验其他参与方的权利或利益而言，应当予以优先保护。

第五章特殊研究中的受试者权利保护。特殊受试者，是指因生理、自然、社会因素，其权利较易在人体试验中受到侵害从而需要受到特殊保护的人，可以分为因自然因素或社会因素导致处于弱者地位而应当受到特殊保护的人。本章利用比较研究法和典型案例法，通过介绍国际条约、发达国家立法实践，重点分析了未成年人、孕妇和胎儿、囚犯、精神或认知障碍患者参与医学研究的权利保护问题，比较了各国立法的异同点，分析了我国相关立法存在的问题并提出了完善相关法律和法规的建议。

第六章医学受试者权利保护的制度构建。为了确保医学受试者的权利，建构医学受试者权利保护的核心制度是完全必要的。在医学研究中，独立的伦理审查制度和知情同意制度是保护受试者权利的两项根本性制度。并且只有知情同意与伦理审查制度真正被执行，它们的功能与作用才能实现。伦理审查制度建设要重点关注机构建设、能力建设、跟踪审查以及审查争议的救济机制。知情同意制度建设要重视受试者自我决定的权利、知情同意的标准操作流程、医疗知情同意书的内容以及伦理审查监督的加强。虽然伦理委员会[1]的审查能力与工作规范性逐步提升，仍不能充分有效地保护受试者的权益与安全，还应构建完善的人体研究受试者保护体系。

第七章医学受试者损害的救济机制。医学试验既是一种科技行为，也是一种风险行为，还是一种容易导致大规模损害的行为。在医学受试者受到医学试验的损害时，多元、足够、便捷的救济机制对于受试者而言至关重要。

---

[1]　伦理委员会，也称伦理审查委员会。鉴于不同文件的用法不一，本书中两种用法均有使用。

在研究者、申办者和受试者等均无过错的情况下，公平原则是对不幸损害的一种合理分担。当前，医学试验的补偿方式主要有强制补偿机制和自愿补偿机制，然而我国现行法律并没有对医学受试者损害补偿的范围作出具体的规定。另外，强制保险以及设立基金的方式也可以作为对医学受试者损害赔偿的有力补充。当医学受试者受到损害，侵权人有可能承担不同形式的法律责任，包括民事责任、行政责任以及刑事责任。

（二）研究思路

本研究依托已有研究成果，以法理学和人权法学理论为指导，从保护受试者权利的角度出发，运用马克思辩证唯物主义的分析方法、比较研究法、实证研究法等多种研究方法，探讨医学受试者权利保护的基本理论，结合权利保护现实状况，检视现有制度缺陷，借鉴国际社会及域外立法经验，研究应该如何设计相应的保护制度，规范参与研究各方的行为，以保证研究的正当性，从而构建受试者权利的全面保护规则。

（三）研究方法

（1）文献研究法。通过对相关学者期刊论文与研究专著等文献的收集、分析、研究来获取所需资料，并且对文献资料加以归纳整理、综合理解，作出客观而系统的描述。

（2）实证研究法。①开展对专家学者的深度访谈，了解其对医学受试者权利保护问题的相关建议和意见。②分析医学研究典型侵权案例，试图剖析受试者权利保护问题的症结。

（3）比较研究法。以美国、欧洲、亚洲主要国家和地区对医学受试者权利保护的立法、判例、学说为研究素材和基础，总结出医学受试者权利保护的一般规则。

（4）逻辑分析与理论诠释法。对医学受试者权利保护的法律理论、目的、原则、权利范围、基本制度和保障体等方面进行逻辑分析与理论诠释。

第一章　医学受试者权利保护的概述

第一节　人体试验、权利保护与医学进步

人体试验的历史就是医学诞生、发展和进步的历史，有了人体试验才有了人类医学科学。中外医学发展史上的无数案例均证明人类医学知识和经验来自无数次的人体试验。人体试验带来了医学的进步，但在试验的过程中，也发生了一些触目惊心的丑闻，尤其"二战"中纳粹的人体试验让人类付出了无比惨痛的代价。但在付出代价的同时，人类也收获了人体试验的规范性文件《纽伦堡法典》。在此之后，各个国家关于人体试验的相关伦理和法律也是在实践中不断发展，在不断发现新问题的过程中不断修正与完善。目前的人体试验制度虽然不是完美的，但相信通过科学家、伦理学家、法律工作者及政府的不断努力，人体试验将在医学发展中进一步发挥它不可替代的作用，并将医学发展推向新的高峰。

一、医学人体试验的界定

（一）医学人体试验的概念

从不同的层面，可以对医学人体试验进行不同的阐述。有学者认为，医学人体试验"是指采用一定的实验手段，以人体为研究对象，对研究对象进行有计划、有控制的观察和试验，以达到预期的目标或效果的一种探索过程"。[1]而在科学出版社出版的《医学伦理学》（第 2 版）中，人体试验被定义为，以人为研究对象，用科学的研究方法，在控制条件之下对受试对象进行的观察和试验的医学探索行为的过程。

---

[1]　刘长秋："人体实验法律对策研究"，载《东方法学》2009 年第 2 期。

（二）临床人体试验与临床治疗的区分

首先，应该明确区分临床试验与临床治疗。它们的目标虽然有所联系但也有本质的区别。临床治疗是指对某一位个体患者，通过各类已被确证实效的治疗手段，为患者提供疗效较佳的治疗方式，以促进患者健康的方法。而临床试验的对象针对的是受试者群体，这种医学研究是以未来患者受益为目的的，其根本目的在于获得普遍性的知识，即通过人体试验，对新的治疗方法或新的药品进行探索和评价，以了解其对特定适应症的疗效和安全性。[1]其次，除目标不同外，在方法上，两者的区别在于：临床治疗针对的是某一患者个体进行的，没有统一的试验设计方案，遵循的是临床治疗学的基本原则；而临床试验需经过科学和严谨的实验设计，遵循的是相关的研究伦理的要求，如《纽伦堡法典》《赫尔辛基宣言》《贝尔蒙特报告》《涉及人体的生物医学研究国际伦理准则》等。最后，在更加具体化方面，如患者入选条件、药物、剂型、给药途径、剂量、疗程等方面两者也不尽相同。[2]

（三）医学临床人体试验的分期

临床试验需建立在大量的实验室研究、试管实验与动物实验的基础上，通常分为四期。一期临床试验的目的是进行初步的安全性评价，了解新药物的剂量反应与毒性、药代动力学及人体对新药的耐受性，以提供初步的给药方案。二期临床试验的目的是评估新药的安全性及有效性，确定给药剂量。需采用严格的随机双盲对照试验，可以使用安慰剂，并与标准疗法进行比较。同时，终止试验的标准及个别受试对象退出试验的标准均应符合伦理学的要求，还应具体规定如何应对与处理不良事件、不良反应。三期临床试验的目的在于进一步验证和评价药品的安全性和有效性。可根据试验目的适当地调整标准以选择或适当扩大受试人群，以考察不同对象所需剂量及其依从性。四期临床试验的目的是考察新药疗效的广泛性、长期性及不良反应，并在新药上市后的实际应用过程中加强监测。[3]

---

〔1〕 翁舜章等："临床试验与临床治疗的区别探析"，载《中国现代药物应用》2011 年第 9 期。

〔2〕 姚贺之、訾明杰："'临床医生'与'临床研究者'的角色转换与差异探讨"，载《中国医学伦理学》2018 年第 7 期。

〔3〕 编辑部："临床试验的特点和分期"，载《世界核心医学期刊文摘（眼科学分册）》2002 年第 3 期。

（四）医学临床人体试验的分类

从医学视角而言，人体试验可以分为两个类型：治疗性的人体试验和非治疗性的人体试验。治疗性的人体试验是与治疗相关的人体试验，其目的在于防治疾病，如药物临床试验、临床试验性治疗等；非治疗性的人体试验是与治疗无关的，主要用于医学研究，积累医学知识的人体试验，如人体解剖、基础医学和预防医学研究中的相关人体试验。如从医学伦理学的角度，人体试验又可以分为四种类型：天然、自体、志愿、强迫试验。天然试验是指这类试验无论是设计、手段，还是试验的过程和结果均不是受试者的意愿，也不受试验者的控制和干预。如对战争、灾难发生后造成的伤害和疾病进行的流行病学研究等。自体试验是指试验者用自己的身体进行的试验研究。志愿试验是指受试对象自愿参与的人体试验。强迫试验是指无论采取的是政治的还是暴力的或欺骗的手段违背受试者的意愿或强迫受试者接受人体试验。

二、人体试验成就医学进步

通过人体试验，人类可以了解疾病产生的原因并开始认识医学，同时逐渐掌握恢复健康的手段；通过人体试验，才能证明医学科学的正确性。可以说，医学从其产生到发展，每一次进步都离不开人体试验，人类的医学科学是由人体试验而开启的。

（一）人体试验的价值意蕴

医学的起点是人体，发展的手段也是通过人体试验而获得。人类历史显示，中外医学都起源于人体试验，古今中外，人体试验都是客观存在的。在原始社会，早期的人类通过亲身对各种物质的尝试来对付疾病，或者通过自己亲身体验某种治疗手段来获得治疗的知识与经验，这些逐渐积累形成的经验便是最早有关针、药及其毒性和疗效的认识。我国进行人体试验的鼻祖，即历史上著名的神农氏。明代医学家李时珍不畏艰险游历名山大川遍尝百药，以记录药性药效；我国现代著名医学家钟惠澜夫妇在自己身上进行自体试验，注射黑热病病原体于自身，从而证明了黑热病在犬与人身上的一致性；英国医师琴纳受到中国人痘接种术的启发，首先试验牛痘接种的方法为邻居及孩子预防天花；美国医生拉齐尔让疫蚊叮咬自己进行自体试验，以了解黄热病的传播途径；美国现代微生物学家普拉迪普赛斯亲身试验接种艾滋病疫苗，以了解疫苗的有效性等。这些事例都说明了医学的发展必须建立在人体试验的基础之上，医学的发展要求和起点无一不是从人体试验开始的。正是通过人体试验，人们了解了自身的结构、身体运行的功能，同时还为疾病的诊断、预防提供了新的方法，以及为减少疾病和恢复健康找到新的路径。现代医学研究正是在大量地使用人体试验的基础上获得了巨大成功。正是依靠在成千上万受试人群中试验而得出的结果，使得曾经严重损害人类的天花、霍乱、脊髓灰质炎等疾病得到了有效控制。当前，人体试验已经成为医学科学技术发展中不可或缺的基石。[1]

人体试验是医学试验中的关键环节，是不可替代的。人体试验之前需要经历基础理论研究、动物研究，之后是常规临床应用。而最终目标就是把前期几个阶段的试验成果应用于人体。动物疾病模型无法复制人类的某些疾病，也无法直接将动物试验的结果应用到人身上，这是因为人和动物之间存在本质的差别。因此，无论是新技术或新药物的研究，都无法用动物试验来替代人体研究。1937年，美国出现大量的肾功能衰竭病例。经调查发现是由于病人服用磺胺酏剂所致，而这种制剂是用二甘醇调剂的，但这种药物并没有进行动物实验，就被广泛运用于临床。结果导致353人急性中毒至肾功能衰竭，其中107人死亡。[2]1954年，法国各地发现一些急性病人，出现头痛、呕吐、虚脱、经常丧失视力等症状。后经调查发现，是由药物二碘二乙基锡引起的。这种药是给患疥疮的病人服用的，生产者是巴黎附近的一个药厂的药剂师，他没有对该药进行动物试验就投入使用。调查发现，锡是无毒的，但与有机磷结合会变成剧毒药。最终造成217人中毒，110人死亡。[3]上述事例表明，任何新的药物、治疗方法，只有经过人体试验验证了其安全性和有效性并证实对人体无害之后，才能应用于临床治疗。

（二）中国历史上人体试验的变迁

在我国古代，人们早已知道许多药物的功效，并已经能够区分药的不同功能。这些药物学知识正是老百姓在多次、多代的不断尝试中积累的经验。

---

〔1〕 刘长秋："人体实验法律对策研究"，载《东方法学》2009年第2期。
〔2〕 刘经裳、魏熹元："本世纪的医药公害：教训及其对策"，载《医学与哲学》1982年第11期。
〔3〕 ［英］罗伊·波特等编著：《剑桥医学史》，张大庆等译，吉林人民出版社2000年版，第10-12页。

只是在后来的传说中，以神农氏为代表描绘了这种尝试的过程，这就是最早的充满危险的人体试验过程。以《淮南子·修务训》中的描述为例，"神农氏尝百草之滋味，水泉之甘苦，令民知所避就。当此之时，一日而遇七十毒"。上面提到的"七十"虽然不是实际的数字，但足以充分表明人体试验具有非常大的人身危害性。所以神农氏被公认为我国医药的始祖，并且他也是我国医学人体试验的开拓者。神农氏的故事是中国祖先们不断尝试，征服疾病的例证。神农氏代表了一批勇于尝试和富有献身精神的先辈们，正是通过他们的人体试验，我国的医学医药知识日益发展并丰富起来。

医学史上的各阶段都出现过不同形式的人体试验。炼丹服食就是其中典型的一例。从秦始皇开始，帝王们开始追求长生不老，遍寻长生不老之药，于是一时间，寻仙药求长生之风盛行，出现了研究炼丹服食的方法。至汉武帝时期，方士李少君提出长生之术，即"祠灶则致物，致物而丹砂可化为黄金，黄金成，以为饮食器则益寿"。但在试验中，常有人因之而丧命，于是方士们便第一次试着通过炼制仙丹来点化药金。金丹术和黄白术的区分便从此开始。东汉末期，道教逐渐兴起，道教中承袭了不少神仙方术，被用来作为宗教修炼的方法。炼丹的理论和方法由著名的炼丹家魏伯阳进行了详细论证："金性不败朽，故为万物宝，术士服食之，寿命得长久。"这些理论正是建立在之前的尝试后的成功及失败的基础上。隋唐至元、明、清各代，炼丹服食之人更是层出不穷。人们追求长生的手段之一就是服食炼丹，但这种手段是否有效，则需要通过更多的人体试验来检验。再如尝药，也曾是中医鉴别疾病性质的一种重要方法。正如《元史》中记载的，至元十七年（1280年）进正议大夫，尚膳监，帝谕之："朕闻父饮药，子先尝；君饮药，臣先尝之。今卿典朕膳，凡饮食汤药，卿宜先尝之。"[1] 17世纪中叶后，樊国梁在《燕京开教略》中篇曾称："康熙偶患疟疾，洪若翰、刘应进金鸡纳……皇上以未达药性，派四大臣亲验，先令患疟者服之，皆愈。四大臣自服少许，亦觉无害，遂请皇上进用，不日疟瘳……特赐广厦一所于皇城西安门。"[2]从以上记载可知，皇帝服用的新药都是需要经过事先的尝试并证明无害和有效后才被采用的。

---

〔1〕（明）宋濂等撰：《元史》（第十卷），中华书局出版社1976年版，第3075页。
〔2〕赵璞珊：《中国古代医学》，中华书局出版社1997年版，第248页。

（三）　西方社会人体试验的演变

在古希腊、罗马和中世纪阿拉伯的医师著作中都曾涉及人的生物医学研究。古希腊的希波克拉底（Hippocrates，约公元前 460 年至前 371 年）除创立人体的四体液学说外，对骨骼、关节、肌肉等都很有研究。而经验主义正是盖伦医学的哲学依据，他非常重视观察和试验。阿拉伯的阿维森纳（Avicenna，1980 年至 1037 年）则认为："试验必须在人体上进行，因为在狮子或马身上进行的实验无法证明对人有效。"阿拉伯名医迈蒙尼提斯（Moses Maimonides，1135 年至 1204 年）则告诫他的同行应永远将病人视为治疗目的本身，而不是把病人当成获得新真理的手段。而维萨留斯和哈维则通过对动物和人体的研究奠定了现代医学的基础。[1]

众所周知的生物医学研究，开始于英国医生琴纳（1749—1823）。他在实践中观察到挤奶工感染牛痘后对毒性更为严重的天花有免疫力。他试验性地将牛痘接种到邻居的一个 8 岁健康男孩身上，观察一周后，再将天花病毒注射到男孩体内，发现没有发生严重的反应。牛痘使这个男孩对天花产生了免疫力。而人痘疫苗传入英国后，更是开启了真正意义上的人体试验研究。1721 年至 1722 年天花在英国暴发流行，英国皇家学会开始考虑用人痘接种来预防天花，而由英国皇家主持的人体试验正是以此为契机的。这一系列人体试验的主要目的是评估人痘接种对预防天花的安全性及效果。

1721 年是英国天花流行的高峰期。英国威尔士王子的一个孩子得了感冒，被误认为是天花。在孩子患病期间，有医生向国王乔治一世提出，在新门监狱（Newgate Prison）选择一些罪犯进行人痘接种试验，对于人痘接种后没有死亡的罪犯予以无罪释放。国王同意进行这个试验，因为他认为，这个试验将完善人痘接种技术，会给全人类带来好处。实验由英国皇家学会于 1721 年 8 月 9 日主持进行，梅特兰医生在新门监狱挑选了 6 名犯人（3 名男犯和 3 名女犯），对他们实施人痘接种。第一次接种失败，3 天以后 6 名接种者没有出现感染症状。后来从中挑出 5 人，进行了第二次接种。这次试验被认为是成功的，接种第二天，有 4 名接种者开始出现不同程度的轻度感染，不久就恢复了正常。这一试验初步证实了人痘接种对预防天花的有效性。

---

〔1〕　Henry K. Beecher, *Research and the Individual Human Studies*, Boston: Little, Brown, 1970, pp. 5-7.

为了进一步肯定人痘接种试验的效果，1722 年初，梅特兰又对 6 名犯人进行了人痘接种。6 名犯人接种后没有一人因接种天花而死亡，试验获得了成功。在多次试验性接种成功的基础上，宫廷御医阿米安（Amyand）对威尔士王子 9 岁和 11 岁的两个女儿进行了人痘接种，并都获得成功。于是，人痘接种迅速在英国上层社会中流行开来。人痘接种试验不但在英国，在整个西方都是一件令人瞩目的事件，它除了推动人痘接种，也推动了人体试验的进行。

19 世纪在西欧和美国的人体试验，通常是某些医生在自己、亲戚和邻居、身上进行。德国医生约格（1799—1856），为了试验药物的疗效，喝下 17 种不同的各种剂量的药物，进行自体试验。1947 年，辛普森（1811—1970）医生为了试验氯仿和乙醚的麻醉效果哪个更好，直接喝下了氯仿而陷入昏迷，醒来时发现自己在地板上躺着。19 世纪，美国博蒙特（1785—1853）医生与病人马丁签订了一份协议，每年给马丁提供 150 美元的食宿费用，而允许自己在马丁身上进行试验，研究他胃液的功能。19 世纪，巴斯德（1822—1895）开展了世界上著名的人体试验。他在一个被疯狗咬伤的男孩身上试验性地注射了狂犬疫苗多达 12 次，最终挽救了男孩的性命，而狂犬疫苗也因这次试验才推广到全世界。

现代医学之所以成效显著，就是因为大量地使用了人体试验，这种通过成千上万的受试者参与的人体试验，才能得到有效结论，从而很好地治疗一系列以往难以治疗的疾病。当前，人体试验已经作为医学生命科学理论与实践中重要的组成部分和不可或缺的路径，就像《赫尔辛基宣言》中所阐述的观点："医学进步的基础之一在于涉及人类受试对象的研究""必须不断对当前最佳干预措施进行研究，评估这一措施的安全性、效力和功效如何、可及性和质量高低"。只有建立在人体试验基础上的生命科学，才能归纳并总结出最有效的经验，从而推动生命科学研究稳步并快速地向前发展。

（四）对人体试验的批判及教训

中华人民共和国成立后，我国医药卫生事业发展迅速，但是也屡屡发生一些粗暴干涉医学科学的事情，比如对人体试验随意地加以批判，这毫无疑问会引起医学界的思想混乱。为了避免成为被批判的对象，甚至有些试验不敢设置对照；安慰剂和双盲法的应用成为研究的禁区。这种情况对我国人体试验水平的提高是不利的，甚至会降低研究水平以致带来无法挽回的损失和影响。以预防痢疾为例，国内杂志曾在20世纪50年代刊载过多篇论文，认为预防痢疾可用痢疾噬菌体，但后来通过采用双盲法及随机分组对照，结果证明该制品用于预防痢疾是无效的，之前的试验之所以有效果是由于试验设计错误导致的。于是该制品被停产和服用。20世纪60年代以来，对人体试验的批判和冲击，使许多疗法在未经验证疗效之前就被投入临床使用，其后果非常严重。这些药物被广泛使用，人人都是受试者，更可能成为受害者。

从上述历史事实不难得出如下的看法：医学理论的建立与发展是与人体试验密不可分的，生物医学发展的历史建立在人体试验的历史上；人体试验对于我们对自身结构的了解、对身体的基本功能的认识和扩展，提供新手段用于诊断和预防，发现新疗法用于消除疾病和恢复健康是绝对必要的；医学的进步终需临床试验研究的推进，但必须是符合科学、伦理及法律之严谨的临床试验研究。[1]对人体试验的盲目批判，将导致大量不科学的人体试验的开展，导致结论不可靠、不科学，这是对人力物力的巨大浪费，也损害了广大受试者、患者的健康与利益。因此，经过科学设计的人体试验，在科学上、道德上都是无可厚非的。

三、历史教训中诞生的保护制度

随着生物医学成为医学科学，其发展不能仅仅依赖经验，需要研究给予支撑时，许多生物医学研究可能较少考虑受试者权益，转而更多考虑医学进展。但随着人体试验的丑闻被披露，人们逐步认识到其中的问题，一系列的保护制度和措施也相应诞生。

（一）早期的人体试验与伦理的诞生

人体试验的发展的确出现过不少丑闻，但也正是因为这些曾经发生过的惨痛教训，才促使人类进行深刻反思，不断总结经验教训，进而推动并完善了人体试验的伦理与法律制度。

在人类越来越多地进行人体试验的同时，首先发展起来的是有关人体试验的伦理规范。1803年，英国医生伯西波在其关于医学伦理规则的撰写中，明确提出了人体试验的相关伦理要求。他指出："根据试验的性质，在进行任

---

〔1〕 姚贺之、訾明杰："'临床医生'与'临床研究者'的角色转换与差异探讨"，载《中国医学伦理学》2018年第7期。

何试验之前都必须征求其他医学人员的看法。"1833 年，美国医生博蒙特首次公开探讨了人体试验的有关医学伦理要求。他主张必须遵循六条原则方可进行人体试验，其中包括：（1）人体试验的必要性；（2）人体试验的正当性，即当以其他方法无法取得相关信息时才可使用；（3）方法的科学性，即试验者应当谨慎并负责地提供严格的科学的方法并从试验中获得更多的信息；（4）事先的谨慎性，即人体试验不可随意进行；（5）尊重受试对象的知情同意权；（6）需适时停止试验，即当受试者因试验遭受痛苦时必须予以停止，及时放弃令受试对象不满的试验。[1]1865 年，法国医学家克洛德·贝尔纳在其出版的《实验医学研究导论》中对人体试验的伦理也作了相关论述。他认为，我们是可以对人体进行试验的，但关键是限度。我们有义务也有权利对人体进行试验，但试验应该能够救活他的命，治好他的病，或是对于他个人有利。因此，决不能伤害到一个人，哪怕这种试验的结果可能对科学，或者对其他人的健康有利。[2]

1900 年 12 月 29 日，在德国的普鲁士政府诞生了人类历史上第一个有关人体试验的立法——《人体实验条例》。该法令由德国普鲁士邦宗教、教育和医疗事务部颁布。该法令规定：除非是"诊断、治疗和免疫"的目的，严禁实验干预。有下列情况者也应禁止实验干预：受试对象是未成年人或缺乏完全行为能力者；受试对象未表达同意；或该同意是在对试验不良结果未完全告知的情况下决定的。但这一法令并未真正得以落实，而 1929—1930 年，柏林医学协会曾主张建立一个有关人体试验的审查组织，以便对其施行相关资格和内容审查，但可惜并没有得到落实。然而由于 20 世纪 30 年代德国的医药工业的飞速发展，这些伦理规定成为摆设，人们在利益的冲击下完全体会不到此规定的重要性。最终导致若干年后，在集中营里纳粹医生在犹太人和战俘身上进行了有史以来针对人的最为残酷的试验。

（二）"二战"中的人体试验与《纽伦堡法典》

1946 年 10 月 25 日，美国占领当局在美国占领区内的纽伦堡正式设立纽伦堡军事法庭，该法庭颁布了第 68 号命令，宣布对 23 名纳粹医生和官员进

---

〔1〕 满洪杰：《人体试验法律问题研究》，中国法制出版社 2013 年版，第 6—15 页。

〔2〕 ［法］克洛德·贝尔纳：《实验医学研究导论》，夏康农、管光东译，商务印书馆 1991 年版，第 6 页。

行审判，他们在"二战"期间因为进行人体试验而犯下战争罪行，其中包括卡尔·布兰特——希特勒的私人医生。他们被指控，1939年到1945年，"自愿主持或参加、被动被要求或被唆使、参与或实施了一系列人体试验项目和行动，且均是违反受试者意愿的"，"在这些试验中，被告对受试对象实施了一系列惨无人道的行为，包括蓄意杀害、暴行、虐待、折磨、蹂躏等"，包括但不限于高空试验、冷冻试验、疟疾试验。实际上，还有很多骇人听闻的人体试验曾在纳粹德国的集中营和占领区中实施，如高压氧舱试验、斑疹伤寒试验、双胞胎试验、流行黄疸病试验等。通过一年的艰辛审判，法庭最终于1947年8月宣判，总计23名被告中的15人被判定有罪，其中7人被处以绞刑，8人被处以10年以上至终身监禁。

而日军731部队同样在"二战"中进行了惨无人道的人体试验。试验主要在中国的东北以及其他一些地区进行，试验对象是战俘与平民，分别来自中国、朝鲜、蒙古、苏联。日军731部队成立于1936年8月，驻扎点位于哈尔滨附近的平房区。早在1933年，日本关东军就开始使用战俘与平民作为试验对象。很多来自日本大学的生理学家和病理学家成为该部队传染病预防实验室的成员。他们进行的惨无人道的试验包括强迫注射炭疽杆菌的活体到受试对象体内并观察其发病历程；迫使受试对象服用氰化物，并观察其死亡经过；进行冻伤试验，其中包括针对出生仅3天的婴儿，最终实施活体解剖等。

纳粹与日军731部队的试验暴行让人类付出了惨痛的代价，而这些代价也让人类开始进行了反思：人体试验到底该如何进行？而纽伦堡审判中诞生的《纽伦堡法典》即反思的结果。所谓《纽伦堡法典》，是指人体试验所必须遵循的伦理原则，这些原则在纽伦堡审判的最终判决中被认定。其核心有十条基本伦理原则，分别对试验的前提、目的、基础、过程、保护、资格等问题作出了规定。前提是必须获得受试者的知情和自愿同意；试验目的应是为了社会利益；试验基础是可靠而科学的理论，且有动物实验为基础；要求不伤害的原则，即进行研究必须力求避免对受试对象造成身体及精神上的痛苦和伤害；一旦预判可能造成受试对象严重的伤害或死亡，应立即停止该试验研究；研究为受试者带来的危险性不得超出研究的预期结果可能带来的益处；试验前需要适当的保护措施以保护受试对象；只有具体资质合格的人员才能进行试验研究；受试者可以随时无理由退出；当有理由判断继续该试验会对受试对象造成伤害或死亡时，必须立即终止该项试验。

《纽伦堡法典》是所有关于人体研究伦理规范文件的模本，它对有关人体试验的伦理与法律的进一步发展具有里程碑式的意义。接着，1949 年 8 月，《日内瓦协议》即《关于战俘待遇之日内瓦公约》，由来自 61 个国家的代表在日内瓦共同签署，该协议禁止在医疗上施以不必要的各种医学科学试验。

此后，国际社会日趋关注涉及人体生物医学研究的伦理学问题，1964 年在赫尔辛基举行的第八次世界医学大会上通过了《赫尔辛基宣言》。《赫尔辛基宣言》提出了涉及人类受试者的生物医学研究中每位医生应该遵守的规范，一共包含 22 条建议。《赫尔辛基宣言》指出，涉及人类受试者的研究的主要目的是增进对疾病的理解和治疗的进步，不断应对相关挑战，即在治疗的有效性、效率、可及性和质量等方面的挑战。同时，宣言第一次规定了应该由一个独立的伦理委员会批准研究方案，还引入了新的观念，即研究者应对受试者的医疗照顾负责。该宣言历经 1975 年、1983 年、1989 年、1996 年、2000 年、2008 年以及 2013 年历届世界医学大会的修订，至今仍是世界各国医师遵守的伦理规范。

（三）"二战"后的人体试验与《贝尔蒙特报告》

令人遗憾的是，《纽伦堡法典》在人体试验领域内并没有得到很好的遵守和执行，在"二战"结束后很长一段时间内都是如此。以 1986 年美国的一份报告为例，该报告由能源与商业委员会的一个下属委员会发表，该报告名为《美国核试验小白鼠：三十年间对美国公民的放射性试验》。它揭露了在一次有关放射性物质的人体试验中，共有受试对象 695 名，均为美国人。但在进行试验时，没有人告知他们任何试验的信息，更没有任何一位受试者了解相关情况及被询问过意见。而之后的两个事件的发生，打破了这种状况。

其一是发生在 1966 年，《新英格兰医学杂志》上刊登了哈佛大学医学院教授 Henry Beecher 的一篇论文：《伦理与临床试验》（*Ethicsand Clinical Research*），该论文列举了 22 个"应在伦理上受到质疑的"试验。这些试验包括在青霉素可用于治疗风湿热已经广为人知的情况下，仍给予试验对照组的 109 人进行不给予青霉素的治疗；为研究人类的免疫机能，在 22 个受试对象身上进行肺癌细胞注射，并欺骗受试对象只是注射一些"小细胞"；对 26 个出生不满 48 小时的婴儿进行 X 射线照射和插管以研究正常的膀胱是否会发生尿液逆流等。该文章的社会反响极大，引起了美国人体试验法律制度的根本性变革，一种社会主流意识随之诞生，即应保护人体试验中的受试者。从此，建立了机构审查委员会（Institutional Review Board，IRB）机制。并且，从此之后，联邦法规作出了明确的规定，所有人体试验只要由联邦的资金资助，就应当在试验开始之前先经过该机构审查委员会的审查。

其二是 Tuskegee 梅毒试验。这是一起严重挑战人类生命伦理道德底线的公共事件。[1]1972 年 7 月 25 日，《华盛顿明星报》发表了一篇文章，揭露了20 世纪以来美国所有不道德的人体试验中最臭名昭著的一例，这篇文章第一次揭露，自 1932 年，亚拉巴马州麦肯县 Tuskegee 有 400 多个身染梅毒的黑人一直被用于梅毒的试验研究但始终没有得到治疗。这项耗时长达 40 年之久的研究是由美国联邦公共卫生署（Public Health Service，PHS）主持进行的，与之合作和提供支持的是专为黑人提供高等教育的 Tuskegee 学会，其他还有亚拉巴马州卫生委员会、麦肯县卫生局、麦肯县医学会和设在佐治亚州亚特兰大的疾病控制中心。文章发表后，美国联邦健康、教育和福利部下令由特别陪审团进行调查，此陪审团全由医生组成。医生们当即提议，Tuskegee 梅毒研究应当立即予以中止，有关人员必须得到充分的医疗照顾并治愈他们在参与这项人体试验过程中出现的任何不适和病症。

迫于舆论和政治的双重压力，1974 年，美国联邦健康、教育和福利部又将人体试验伦理规范从原来仅在美国国立卫生研究院（National Institvtes of Health，NIH）临床中心适用推行到所有接受美国联邦公共卫生署资助的项目。同年，美国国会通过《保护受试者法规》，同时成立了"全国生物医学和行为试验受试者保护委员会"。1978 年，该委员会起草了著名的《贝尔蒙特报告》，提出了科研伦理的基本原则："尊重人""善行""公平"，这三条原则奠定了国际伦理指南的共同准则。正是在这一系列事件不断的推动下，美国开始了针对人体试验相关法律规范的改革。美国食品和药品管理局、国立卫生研究院分别于 1966 年、1971 年制定了与人体试验相关的各自的内部规则。1974 年美国联邦健康、教育和福利部则将上述规则编纂为联邦规章。

---

〔1〕 艾勇琦、严金海："论涉及人的生物医学研究的治理：'塔西佗陷阱'的规避与应对"，载《医学与哲学》2019 年第 21 期。

（四）新的问题、新的制度

继《贝尔蒙特报告》之后，1982 年《人体生物医学研究国际伦理指南》颁布，其制定者为国际医学科学组织委员会（Council for International Organizations of Medical Sciences，CIOMS），重点规范了实验性的医疗行为；1993 年《人体试验国际伦理纲领》制定并公布，其制定者为国际医学团体协会和联合国世界卫生组织；1997 年《人权和生物医学公约》又诞生于欧洲；2002 年《人体生物医学研究国际伦理指南》再次修订发布，进一步强调了进行实验性医疗行为的道德规范。这些指南或规范，都明确规定了在进行医学人体试验的同时对受试者权利的保护。伦理审查制度成为各国监督人体试验的最佳途径，各国都逐步建立并完善了伦理审查委员会。

持续性审查制度，在美国 20 世纪 70 年代至 90 年代 20 多年的实践中，落实情况并不容乐观。1996 年，美国联邦政府发表了一篇审计报告，题为"保护受试者的关键：持续警惕"；1998 年，美国健康与人类服务部（Department of Health and Human Services，DHHS）发布的报告题为"该改革的时候了——伦理审查委员会"。上述两份报告都提到，"在美国，持续性审查被伦理审查委员会认为并不是优先考虑的问题，而且许多伦理审查委员会并没有专门配置相关的管理人员，难以确保得到有效指导，尤其是在需要的时候"。在持续性审查方面，伦理审查委员会一般不会主动核实报告的信息是否真实，而是更多地依赖于研究者的自我评估。这两份报告的问世很快引起了美国相关部门的重视，之后，一系列持续性审查的法规和指南颁布，持续性审查的质量有了明显提高。2000 年到 2018 年，美国先后出台了以下法规及指南：《伦理审查委员会批准期限和研究的持续性审查》《持续性审查的指导意见》《持续性审查指南》《伦理审查委员会书面规程指导》等，另外还有新版《持续性审查指南》。

随着基因测序技术的兴起并飞速发展，大量的基因测序数据由此而产生了，正因如此，2006 年底经济合作与发展组织（Organization for Economic Co-operation and Development，OECD）为了进行严格管理，发布了《人类遗传资源研究数据库的建设和管理指南》，随后分别于 2009 年、2013 年发布和修订了《OECD 人类生物样本库和基因研究数据库建设指南》等。这些准则和指南重点提出了基因研究和人类生物样本数据库管理中的指导原则，其中包括如何进行数据库管理及对数据进行监管、保护、共享，以及如何进行知识产权保护等方面的内容。美国关于数据共享政策的法律基础则建立在《信息自由法》和《版权法》两部法律之上。英国颁布了《人体组织法》和《人体组织条例》，这些法律规定了如何对人体细胞、组织以及器官等人类遗传资源材料进行管理，而人体组织管理局的主要任务则是负责监督、管理不同情况下涉及人类遗传资源材料的采集和使用过程。日本建立了国家生物科学数据库中心（National Bioscience Database Center，NBDC），并制定了《人类遗传资源数据共享指南》，重点对公共资金资助研究的人类基因组数据如何进行共享管理作出了详细规定。

新一代生物技术的核心——基因编辑技术（CRISPR），目前在生命科学领域备受瞩目。自 2012 年被发现以来，它已被广泛运用于生物医学、农业、畜牧业等多个领域，其价值不言而喻，但同时，自然而缓慢的遗传及变异进程也被这一技术彻底打破。2015 年 12 月，首次人类基因编辑国际峰会在美国华盛顿召开，成立了人类基因编辑研究委员会，会员是来自美国、英国、中国、意大利等国的 22 位学者，他们对人类胚胎基因编辑的技术、伦理与监管全面地展开相关研究。这一会议界定了人类基因编辑技术的研究和应用的界限，明晰了有关基因编辑规则。报告明确了在人类胚胎基因编辑方面："只有其应用于治疗效果可令人信服或者以预防严重疾病或残疾为目标时，方可允许进行临床研究试验。同时需在严格监管体系下进行，并使其应用局限于特殊规范内。"[1]正是在人类不断地尝试进行人体试验中，医学不断地发展、进步；也正是在人类不断犯错的过程中，人体试验过程中的一系列保护制度逐渐健全并完善起来。目前的人体试验制度仍然还有不完善之处，但相信通过科学家、伦理学家、法律工作者及政府的不断努力，人体试验将在医学发展中进一步发挥不可替代的作用，并将医学推向新的高峰。

四、受试者权利保护面临的困境及发展出路

（一）医学受试者权利保护的现状

随着全球广泛开展人体生物医学研究，我国生物医学研究水平和数量都

---

[1] 祝叶华："人类基因编辑'底线'公布　基因治疗或有'法'可依"，载《科技导报》2017 年第 4 期。

处于日渐提高与急剧增加阶段，而现实中却出现了一系列因试验而造成的悲剧，如"胸腺核蛋白试验事件""黄金大米事件"等，这些严重的伦理失范事件无疑会让社会公众对受试者权益保护的状况深感担忧。这些事件也让我们意识到医学研究事业同样也需要警惕"塔西佗陷阱"，法律规制在生命科学和医药科学的发展中扮演着既制衡又促进的双重作用，[1]受试者的权利保护既需要人们观念上的关注与革新，也需要完备的法治体系提供充分保障。

目前我国关于医学受试者权利保护的相关制度已有了很大的进步，如2010年就有两部规范发布，国家食品药品监督管理局印发的《药物临床试验伦理审查工作指导原则》和国家中医药管理局印发的《中医药临床研究伦理审查管理规范》；2016年《医疗器械临床试验质量管理规范》[2]和《涉及人的生物医学研究伦理审查办法》两部规范发布并施行。以上这些管理制度与相关法规中都有"受试者权利保护"的章节和具体保护的条款。这些部门规章制度正是我国临床试验受试者权利保护的前提和基础。

但现实中受试者权利保护领域仍有很多不足之处亟待解决。首先是法律制度的缺乏。目前我国尚无专门针对临床试验中受试者权利保护的法律，大多在部分行政规章中涉及了受试者权益保护。其次是伦理委员会建设中存在的问题。目前各医疗机构伦理委员会的委员构成中大多是医院各领域的临床专家，对于受试者保护的伦理意识、法律意识及技术意识均有所欠缺。同时伦理委员会还存在重审批轻监管，甚至是只审批不监管的情况。再次是缺乏实际可行的卫生行政监管制度。最后是受试者权利受损在实践中较为常见。知情同意权、隐私权等权利受损，且受损后的赔偿权利也很难实现。

总体来看，目前我国在临床试验中受试者的权利保护方面既取得了一定的成绩，也存在着不少问题，需要各方配合完善，找出实际措施，齐抓共管，使受试者的权利保护真正得以实现。

（二）医学受试者权利保护中的困境

首先，观念上的扭曲。医学临床试验的背后往往是最大化的经济回报。

---

〔1〕　蔡昱："《涉及人的生物医学研究伦理审查方法》的缺陷和完善建议"，载《中国医学伦理学》2019年第10期。

〔2〕　2022年3月24日，《医疗器械临床试验质量管理规范》发布，自2022年5月1日起施行。2016年《医疗器械临床试验质量管理规范》废止。

因此，研究者通常会因为经济利益的驱动而漠视作为弱势群体的受试者的权益。如果现实中不消除经济利益导向，那么受试者的利益保护便会成为空话。

其次，对权利的落实不到位。受试者的利益只有通过立法形式的认可，才是合法的、有保障的。同时需要一整套配套机制的有效实施才能保证权利的实现。目前虽然有了理论上的保证，现实的配套还没有达到这一要求。

最后，机构建设的落后。保护受试者权益需要制度上的保障，完善的伦理委员会的建设就是最有力的保障之一，但是在我国，伦理委员会发挥保障作用还有一定的难度。在我国关于医学伦理委员会的立法层级较低，主要在于部门规章层面，约束力不强；而从内容上看，规定不够细致的法律条款，在具体的实践操作中就会处于进退两难的境地；另外，伦理委员会的独立性不够，没有具体的执行机构，监管者没有明确的权利，这些都使伦理委员会难以发挥实效。

（三）医学受试者权利保护的发展出路

在医学受试者权利保护方面，全世界都在进行努力探索和实践，部分国家已经取得了较好的经验，这些国外的经验可以为我国的受试者权益保护制度的发展提供良好的参考。这也是使我国得以快速提升受试者权益保护程度、迅速完善受试者权益保护体系的捷径。

1. 关于医学受试者保护的立法实践的经验

美国是当今世界上最早并最全面开展临床试验立法实践的国家。在 1962年，美国就制定了《1938 年食品、药品和化妆品法的科弗尔·哈里斯修正案》，该法案第一次明确规定：在新药上市前，药品制造商应当向美国食品和药品管理局（FDA）证明药品具有有效性和安全性，并首次在修正案中提出了知情同意原则，即对受试者进行药品临床试验之前，必须获得其知情同意。[1] 1974 年，关于美国受试者权益保护的第一个专门性文件《保护受试者法规》由美国联邦健康、教育和福利部制定，其中对伦理审查委员会的责任进行了明确的规定，即应该对受试者参加某医学研究项目的利益与风险进行权衡比较，进而更好地保护受试者权益。1991 年，《保护医学研究受试者联邦法规》（Protection of Human Subjects）由美国健康与人类服务部制定出台，此法规

---

〔1〕 [英] 约翰·亚伯拉罕："渐进式变迁——美英两国药品政府规制的百年演进"，宋华琳译，载《北大法律评论》2001 年第 2 期。

2005 年进行了修订，它是最重要的专门性的保护受试者的权益文件之一。[1]

2. 关于医学受试者保护的制度模式的经验

第一，行政监管模式。以法国为代表，行政监管机构的区别会根据临床试验的种类不同而分属不同部门监管，如法国卫生与卫生产品安全局（French Agency for Security of Health and Health Products，FASHHP）和卫生部（Ministry of Health）。分属不同机构监管的优点是专业化水平高，监管力度强。

第二，伦理审查委员会制度。伦理审查委员会制度最早源于美国的伦理审查委员会，每一个委员会的设置条件和运行规则有所不同。而在荷兰，类似的机构是人体试验中央委员会（Central Committee Research Involving Human Subjects，CCMO）和医学伦理审查委员会（Medical Ethics Review Committee，MERC），由它们进行临床试验伦理审查并保护受试者权利。伦理审查机构是独立的行政性机构，采取行政审查模式，这种模式能够较好地保证伦理审查的独立性、客观性和中立性。

3. 关于医学受试者保护的救济措施的经验

损害责任认定和损害补偿制度是医学受试者救济的主要措施。以法国为例，根据研究类别的不同，在损害责任认定方面的归责原则是有差别的。采取过错推定责任则必须是临床试验对医学受试对象的治疗有一定的利益；如采取无过错责任原则则说明临床试验对受试对象没有任何治疗利益。[2]在损害补偿方面，法国是根据强制保险的责任范围，由申办者和其他参与者分别承担经济上的责任。

通过对以上域外相关措施的借鉴，具体而言，我国医学临床试验受试者权利保护可以从以下几方面来完善。

首先，权利重视方面。在医学临床试验法律关系中，尤其要注重医学受试者的生命健康权。在理念上，要把医学受试者的生命健康权置于最高位置，甚至高于医学试验的科学价值和社会利益价值；在制度上，申办者要确保安全，履行好自己的职责，伦理委员会要定期评估和监督。还包括受试者的知情

---

〔1〕　张力、刘小砚："论临床试验受试者权益保护——理论基础、现实困境与法律进路"，载《重庆理工大学学报（社会科学）》2015 年第 12 期。

〔2〕　满洪杰："论医学人体试验中的侵权责任——以比较法为视角"，载《法学论坛》2012 年第 5 期。

同意权和受试者的隐私权等。

其次，机构建设方面。中国临床试验的机构建设可以借鉴美国及其他国家的先进经验。应该包括以下两项内容：伦理委员会和行业自治组织制度。只有完善了伦理委员会制度，才能确保其独立性，同时还要加强对伦理委员会的监管。[1]

再次，责任追究方面。为了对受试者权益进行全面保护，我国医学临床试验应实行无过错原则。但在法律制度的设计上也要力求平衡两方面的利益，既要保护受试者权益，也要关注研究机构和研究者的利益。

最后，制度保障方面。如能实现强制保险制度，并建立医学临床试验救济基金制度，则可以既鼓励医学科研活动，又减轻研究者和申办者的经济负担，实现社会化分担风险。

第二节　医学受试者权利保护的立法概况

医学受试者的生命健康极有可能因为参加人体试验而造成不可预知的危害，具有较高的风险。因此，涉及人体受试者的医学试验研究必须要遵循医学伦理原则以及坚守相关的卫生法律法规，如此才可以开展实施[2]。隶属美国健康与人类服务部的人体研究保护办公室 2005 年开始对全球涉及医学人体研究的法律法规与伦理指南进行汇编，每年更新一次，为全球各地的机构伦理委员会、申报者、研究者以及涉及人体医学受试者研究的其他人员提供参考。

2017 年版《国际人体试验标准汇编》，汇编了涉及人体研究受试者保护的 100 多个国家的超过 1000 个法律法规和伦理指南，还包括一些国际和地区组织颁布的标准。2017 年版《国际人体试验标准汇编》新增加了贝宁（Benin）、百慕大群岛（Bermuda）、刚果共和国（Democratic Republic of the Congo）、多明尼加共和国（Dominican Republic）、塞内加尔（Senegal）和圭亚那（Guyana）6 个国家的相关人体试验法律法规和指南，在此基础上还更新了上

---

〔1〕　杨春治：“医学临床试验受试者权益保护的理论逻辑和现实路径”，载《河北法学》2015 年第 3 期。

〔2〕　［美］Greg Koski：“美国人体研究的监督：科学发展中的伦理与规定”，张健译，载《医学与哲学》2001 年第 12 期。

百个文件。每个国家关于人体试验的法律法规和指南一般由以下几个部分组成：总则、临床研究、药物与器械、研究伤害、隐私和数据保护、人体生物材料、基因研究及胚胎、干细胞和克隆。这一汇编为从事人体试验受试者权利保护研究的伦理学家、法律人士以及开展国际多中心合作研究的研究者提供了参考借鉴。下文就主要的国际规范、区域规范和主要发达国家的法律和法规进行概述。

一、国际规范

（一）《纽伦堡法典》

1946 年，在德国纽伦堡设立了审判德国纳粹战犯的国际军事法庭，同时，在此次军事法庭决议中颁布了《纽伦堡法典》，其中关于人体试验产生了十点声明，又被称为《纽伦堡十项道德准则》，其中包括两条基本原则：一是必须符合社会发展需要，二是必须遵守伦理道德和法律。《纽伦堡法典》在医学科研伦理的发展历程中具有里程碑式的意义，是开展人体试验研究的最早的伦理法典，并成为之后所有关于人体试验研究的法律文件的蓝本。[1]尤其是在1964 年，第 18 届世界医学大会通过的《赫尔辛基宣言》接受《纽伦堡法典》的精神，《纽伦堡法典》成为指导涉及人体受试者的试验研究的指导文件。《纽伦堡法典》的内容主要包括：必须获得医学人体试验受试者的自愿同意；受试者有不受任何人干涉的选择自由的权利；受试者在作出决定之前，应对于试验内容充分理解，研究者应告知受试者试验的性质、意义、目的、方法、期限以及采取的干预措施，使受试者可以预料试验可能产生的不便和风险；只有在使用其他研究方法和手段无法达成预期研究目的时，才可以采用医学人体试验，且试验应该产生对社会有利的结果；只有在动物实验结果基础上才可以开展医学人体试验；试验必须避免造成受试者遭受肉体上和精神上的创伤；如果事先预知会发生致死或致残情况，则医学人体试验不得进行；必须排除任何致伤、致残和致死的可能，并做好充分准备保护受试者；医学人体试验只能由专业人士进行；受试者在试验过程中有随时停止试验的自由；在试验过程中，主持试验的科学工作者发现因试验而导致受试者出现创伤、残

---

[1] [美] Ruth Macklin："《纽伦堡法典》的重新审视——当今的普遍性和相关性"，孙丹阳译，载《中国医学伦理学》2017 年第 4 期。

废或死亡任何一种情况，都必须立即终止试验。[1]

（二）《赫尔辛基宣言》

1964 年 6 月，第 18 届世界医学大会在芬兰的赫尔辛基召开，并发布了首版的《赫尔辛基宣言》。该宣言是世界上第二份关于人体试验的国际性文件，宣言中制定了医学人体研究所应当遵循的医学伦理原则。《赫尔辛基宣言》在前人经验教训之下，总结相关经验，对人体生物医学领域应遵守的伦理原则作出了规定。至今为止，在目前国际社会中有关医学人体试验受试者权利保护的国际规范中，《赫尔辛基宣言》具有较高的影响力，长期以来一直被当作临床研究伦理道德规范的重要基石，具有准则意义。[2]

1. 《赫尔辛基宣言》的历史沿革

从 1975 年到 2013 年，《赫尔辛基宣言》一共历经 7 次改版，2 次补充修订，形成了目前的版本。《赫尔辛基宣言》对医生和涉及人类受试者的医学试验研究的其他人员进行规范。1964 年版《赫尔辛基宣言》包括前言和三个部分。在前言部分，医生的使命被重点强调，并明确指出：在医学研究领域当中，有两种根本目的不同的临床研究，一种是主要以治疗为目的，另外一种是单纯以科研为目的。正文分成三个部分：第一部分是五项基本原则；第二部分是与医疗相结合的临床科研；第三部分是纯粹的科研。与《纽伦堡法典》相比，《赫尔辛基宣言》在受试者权益保护方面做得更加全面，表现在：第一，明确了"代理同意"的概念，即如果受试者在法律上和身体上不具备表达同意的行为能力时，通过代理人的同意即可以参与试验；第二，将以治疗为目的的医疗行为与以研究为目的的科研行为作出区分；第三，首次提出伦理委员会在生物医学研究中的审查职责；第四，加强对于科研伦理的要求，即要求临床研究必须在已有实验室和动物实验的基础上，同时还必须由资质合格的科研人员执行；第五，强调了受试者保护的内容，规定每个研究项目要在开展之前严格评估对受试者带来的风险与获益，并将两者加以比较，保

---

〔1〕 王德国："探讨《纽伦堡法典》中人体实验的伦理原则与规范"，载《中国医学伦理学》2016 年第 2 期。

〔2〕 满洪杰："关于受试者知情同意权的立法建议"，载《四川大学学报（哲学社会科学版）》2018 年第 3 期。

证风险受益比。[1]

1975 年，第二版《赫尔辛基宣言》颁布，与第一版本相比，该版《赫尔辛基宣言》主要对以下三个方面提出改进：第一，明确规定对受试者权益的考虑优于对科学和社会利益的考虑。第二，提出独立审查委员会的概念，规定独立审查委员会具有保护受试者权益的职责。同时提出更为详细的指导性意见予以指导知情同意，规定研究者在无须征得受试者知情同意的情况时应向伦理委员会提供相关证明，并将"负责的亲属"概念替换成"法定监护人"概念。第三，第二版《赫尔辛基宣言》还要求研究者对受试者承担的责任应超越其社会责任，对科研成果在出版方面也作出伦理要求。

《赫尔辛基宣言》在 1975 年至 2000 年经历了四次修改，分别是 1983 年、1989 年、1996 年、2000 年，2000 年版《赫尔辛基宣言》是变化最大的版本，在如下三个方面作出了重要的修订。首先，"法定监护人"（legal guardian）的概念被"法定授权代表人"（legally authorized representative）替换。法定授权代表人指的是未成年人的监护人、成年患者的家属以及任何法律上授权的人。当参加医学人体试验的是紧急情况下昏迷的患者或精神障碍患者时，法定授权代表人可代替其签署知情同意书。其次，该版对知情同意的过程、方式等进行了更细致的描述，如进一步细化了对照组使用安慰剂的定义，同时重申了研究者在足够的文献检索和科学调查基础上才可以在对照组使用安慰剂。最后，对治疗性研究与非治疗性研究作了区分。[2]2008 年版《赫尔辛基宣言》提高了人体医学研究的伦理标准，要求所有涉及研究或试验的人员在临床试验的整个过程中都应遵守宣言规定，重申基本原则和内容，并进一步澄清，加强保护受试者的权利，特别是针对弱势群体的特殊保护，增加了试验数据注册和使用方面的内容，并要求利用人体组织时征得同意，并在知情同意、安慰剂的使用和研究获益及结果发表方面，强调了对利益冲突问题的处理。如试验结束后的利益分配，2008 年版《赫尔辛基宣言》新增了受试者对研究结果的知情权，即研究结束时，受试者有知道研究结果的权利，并享受由此获得的任何受益。2013 年版《赫尔辛基宣言》全文由前言、基本原

---

[1]　吴静等："2013 版《赫尔辛基宣言》评述"，载《中国中西医结合杂志》2014 年第 1 期。

[2]　李树婷："更科学严谨，更准确规范——评《赫尔辛基宣言》2000 年版"，载《中国新药杂志》2013 年第 4 期。

则、风险负担和试验受益等 12 个部分组成。相比较之前各个版本，2013 年版《赫尔辛基宣言》对受试者的权利保护提出了更高的要求，如细化了受试者权益保障的目录条款，加强对弱势群体的特殊保护，提出对受试者伤害的补偿，指导安慰剂的使用（非干预措施）更系统化等。

2. 2013 年版《赫尔辛基宣言》的主要内容

人体医学研究主要是为了阐述清楚疾病产生的起因、疾病发展的进程和疾病最终的发展趋势，从而方便在临床中对疾病预防、诊断和治疗的干预措施进行改进，并持续性评估干预措施的质量安全、有效性、可及性。医学的不断进步是建立在医学研究的基础之上的，不具备代表性的群体也应该适当以受试者身份参与医学研究。受试者的健康是首要利益，医学研究必须尊重并保护受试者的健康、维护其应有的权利。尤其需要特别保护以下群体，如该群体是不能单独作出知情同意的特殊群体，该群体是容易受到威胁引诱或受到非正常行为影响的弱势群体。本国任何涉及人类受试者的操作标准、管理规范、伦理指南、法律规范，以及相关的国际标准与规范均适用医学人体试验。

医学人体试验的基本原则有：保护受试者的生命健康、尊严、自我决定权及受试者本身的隐私信息；[1] 应当在已有科学文献和其他相关资料深刻了解先决条件下进行医学人体研究，应当具有充足的实验室经验以及相当的动物实验经验；研究方案在设计中必须对涉及人类受试者的每一环节研究的设计和每一步的实施予以清晰具体的说明。研究方案应该全部提供至伦理委员会审核，并需通过其指导、审阅以及核准等相关审查流程。其中，审查该研究材料的委员会委员不应受到其他任何不当的影响。

唯有接受过科学训练的人员才有资格进行医学人体研究。判断开展医学研究是否恰当的标准是医学研究的目的是满足特殊群体或社区的健康需要和优先事项，且他们只有能从研究结果中获得合理预期的益处，开展的医学研究才是恰当的。在开展涉及人类受试者的医学研究前，研究者应确认能够充分评估该研究对受试者个人和社区所带来的可预测的风险与负担，且有办法完美处理参与研究可能导致的风险。研究者应确认能够充分评估且有办法完

---

〔1〕 王福玲："世界医学会《赫尔辛基宣言》——涉及人类受试者的医学研究的伦理原则"，载《中国医学伦理学》2016 年第 3 期。

美处理参与研究可能导致的风险，如若已经得到有利的结论性证据，必须立即终止研究。

涉及人类受试者的医学研究可以进行的前提：研究自身的价值高于受试者参与研究的风险。每一个潜在的受试者都必须对研究者和研究项目的基本信息充分知情了解，如研究目的、手段、潜在风险和预期受益以及任何可能的利益冲突内容。受试者有权拒绝参加研究或在任何时候撤回同意参与研究的意见，在负责人征求医学受试者知情同意的流程中，若已知受试对象与医务人员存在某种依赖关系，则应由其他既完全处于依赖关系之外，又拥有同等资质的医务人员去征求受试者是否知情同意。若涉及的潜在受试者无行为能力，应当征得具有合法代理权的法定代理人的知情同意。

接受不治疗或使用安慰剂的条件：研究者要以当前已证明的最佳干预措施为基线，对照新的干预措施的预期受益、潜在风险、负担和有效性，若当前不存在已经证明过的干预措施，受试者可以接受不治疗或使用安慰剂；或当前存在令人信服的或科学上可追溯的方法学证据时，为了确保某项干预措施的疗效或安全性，排除病人心理因素影响，必须使用安慰剂，而且病人不会因为安慰剂的使用产生不可逆的损害。[1]

研究结束时，受试者有权知道研究结果，并获得由此产生的任何利益，研究者应如实告知参与研究的病人。在研究的实施过程中，如果现有的干预措施效果甚微或目前尚不存在经过证明的干预手段时，若存在某种干预措施虽未经过证明，但是却有医生认为有希望减轻病痛、挽救生命时，该干预措施则可在进行专家咨询的条件下，获取受试对象或其代理人的知情同意后进行。

（三）《贝尔蒙特报告》

美国于1974年7月成立了全国生物医学和行为试验受试者保护委员会，确定了涉及人体的生物医学和行为研究的基本伦理原则。经过近4年的努力，该委员会在1978年发布了《贝尔蒙特报告》。在美国医学人体试验开展的背景下，《贝尔蒙特报告》在《纽伦堡法典》《赫尔辛基宣言》的基础上对医学人体试验的伦理准则进行了发展，并提出了三大伦理原则，对后来国际社会

---

〔1〕 郑航等："《赫尔辛基宣言》安慰剂使用原则的修订历程及启示"，载《医学与哲学》2018年第7期。

或国际组织制定人体试验的伦理准则和相关法律具有重要的意义和立法的示范作用。

《贝尔蒙特报告》的三个基本伦理原则如下。首先，尊重（respect for persons），即至少包括两条伦理准则：一是将每个人看作有自主行为能力的，只需提供一定的方法和机会，对于改变他们自己日常生活的行为，受试者应该有能力权衡利弊，作出理智决定；二是自主能力受限的人理应得到额外保护。其次，善行（beneficence），即必须尊重受试者的决定，保护他们不受伤害。善行规则之一是不伤害，之二是收益最大化和伤害最小化。最后，公平（justice），即公平地对待受试者，也就是应该公平地分配研究中的受益方和研究中的负担方的相关利益。这三大原则应用于医学试验人体受试者保护，产生了如下伦理问题。

1. 知情同意

知情同意过程中应概括为三部分：信息、理解及自愿。（1）信息，是指试验对象应了解试验操作过程、目的、潜在的风险和预计的利益，以及告知试验对象在任何时候可以退出试验。（2）理解，受试者对信息的理解建立在语言、智力、成熟性和合理性组合基础之上，研究者应该根据受试者的理解水平来决定传递信息的方式。研究者应确保所传达的信息能被受试者理解，其中，研究者的职责是向受试者提供具体全面的潜在风险的资料，并使受试者详细认知试验的危险性。研究者承担的责任与研究的危险性呈正相关，必要条件下，需要测试受试者的理解程度。若受试者的理解能力严重受限，如精神或认知障碍患者，需要作出特殊规定。（3）自愿，受试者自愿参加试验的合同被视为有效，不能强迫及过分影响受试者的决定。如果受试者特别脆弱，通常情况下适度的诱惑也可能转变为过分的影响。

2. 风险和受益的评估

"风险"是指试验过程中可能产生的伤害，"风险"的程度一般是指伤害发生的可能及预计的严重程度。"受益"在人体试验中是指对健康和福利产生的有益性。风险和受益的评估需要考虑各方面可能带来的伤害和受益的情况，如身体损害、精神损害、期待利益的损失、经济损失和社会损失以及相应的利益。对于受试者而言，最有可能发生的伤害是身体损害和精神损害，同时也包括其他种类的伤害。医学人体试验不止给受试者本人、家庭带来风险和受益，还包括社会或社会的对象团体。在考虑这些因素时，对受试者产生直接影响的受益及其潜在危险将起到决定性作用。在保护受试者权利的前提下，给受试者带来的利益足以弥补医学试验所带来的风险。

3. 受试者选择

知情同意是尊重原则的体现，风险和收益的评估则是善行原则的体现，要求选择受试者的程序和结果应遵守伦理要求则是公平原则的体现。公平原则包括两个层次，即社会和个人。研究者应公平选择受试者对象，针对偏好的患者，研究者不能只开展带来受益的试验，或者风险高的试验故意选择"不受欢迎"的对象。明确受试者类型对应参与试验研究的类型是对社会公平要求的体现，研究者应对不同种类的社会成员承受负担的能力进行评估，同时也要对已承受负担的社会成员再施加压力是否适当而开展评价。这体现了社会公平原则，因为试验对象的选择一般采用优先选择原则，如成年人优先于未成年人。同时对特殊种类的受试者可参加试验研究的条件作出规定，只有在符合特定条件时才可以参加试验研究。

（四）《涉及人的健康相关研究国际伦理指南》

1949 年，世界卫生组织和联合国教科文组织成立了国际医学科学组织委员会，该组织为国际性的非政府组织。国际医学科学组织委员会的宗旨是促进生物医药领域内的国际合作，与联合国及其专门机构尤其是世界卫生组织和联合国教科文组织保持协作，促进国际生物医学团体的科学利益。因此国际医学科学组织委员会颁布的相关生物医学受试者权利保护的规范，对联合国各成员方具有较大的影响力，尤其是为联合国各成员方制定自己的医学人体试验相关法规提供了较好的示范作用。[1]《人体生物医学研究国际伦理指南》于 2016 年修订为《涉及人的健康相关研究国际伦理指南》，旨在向发展中国家提供人体试验行政政策和相关法规实施方面的参考依据，强调伦理审查委员会通过坚守独立性避免潜在利益的冲突。[2]该指南的目的是规范各国的人的健康相关研究政策，建立健全伦理审查机制，要点如下。

---

〔1〕　Council for International Organizations of Medical Sciences, "International ethical guidelines for biomedical research involving human subjects", *Bulletin of medical ethics*, 182（2002），17.

〔2〕　安丽娜："我国伦理委员会的变迁、现状与监管研究"，载《山东科技大学学报（社会科学版）》2019 年第 3 期。

对于人类健康促进有新发现或新进展是开展人的健康相关研究的伦理合理性的前提。在研究的实施过程中必须保证受试者时刻受到保护、尊重和平等的对待，并且遵守研究的道德规范。申办者和研究者要确保包含人类受试者的研究有可追溯的科学文献，符合大众所认知的科学原理；任何涉及人类受试者的研究方案，必须都交由伦理审查委员会审核评估，审核评估的主要内容有两方面，首先是其科学研究价值，其次是其伦理合理性及可接受性，强调了研究的社会价值的重要性。[1]伦理审查委员会应与研究组相互独立，且其审查结果不能得到任何财物上的利益；国外组织的申办者和研究者，应向申办组织所在国或地区的伦理审查委员会提交研究方案进行伦理审查批准，伦理评价应按照研究实施所在国的标准进行。

征得本人自愿的知情同意是研究开始的必要条件，在个体不具备知情同意能力时，按照法律规范要求，研究者必须征得其法定代理人的知情同意。如果存在免除征求知情同意的任何情况都必须提交至伦理审查委员会审核批准。研究者向受试者传达解释信息时，必须使用易理解的言语或其他交流方式。作为受试者的权利之一，受试者可在任何时候退出试验并没有惩罚，同时仍享受其应得的利益；研究者应详细说明研究的意义、目的、实施计划、特殊之处、预期时间、研究提前结束或提前退出研究的可能性、是否提供受试者物质经济或者其他方面的酬劳。在研究结束之后，研究者应告知受试者与他们身体健康状态有关的一切发现；受试者有获得自身研究数据的权利、由参与试验引起的给个体（或他人）带来的一切可预见性的风险、不便或不适，甚至可能对受试者的伴侣的身体健康或生活幸福造成的影响；受试者参加试验研究所有可能预期的直接受益；研究可能带给社区甚至整个社会的利益，以及研究结果对科学知识的直接或间接贡献。

研究者和申办者必须在确定受试对象已经充分了解参加该研究的有关信息和后果，并给予其足够的时间认真考虑是否参加的基础上，才能征求其意见；杜绝使用不正当的手段，如欺骗、施加压力、恐吓或引诱受试者；如果研究的实施条件或实施计划发生了明显变化，或者出现其他可能会影响受试者继续参与试验的情况，研究者需在重新获得伦理审查委员会批准后，重新

---

〔1〕 周莹、陆麒："CIOMS 伦理准则的沿革对我国临床研究的影响"，载《医学与哲学》2019年第11期。

征得受试者的知情同意；持续时间长的研究项目，即使研究方案没有发生任何变化，也要按照之前的规定，在一定时间间隔期内，重新征得受试者的知情同意。

受试者有权对因参与研究发生的损失及开支提出补偿要求，并且得到相关范围内的免费医疗。未能在研究中直接获益的受试者可因参与研究导致的不便和浪费的时间而要求报酬和补偿。但是，研究者不可提供过高报酬，否则有诱导受试者参与试验的嫌疑。提供给受试者的所有医疗服务、报酬和补偿都须在伦理审查委员会批准后进行。

研究者必须对照人的健康相关研究的预期受益和潜在风险，坚持两者平衡并且风险最小化原则。采取的具有直接诊断、治疗或预防疾病的干预措施或治疗方案必须从可能的风险和受益的角度，与其他可代替方法相对比之下，是同样有利甚至更有利的情况。"有利"是指风险相对于受试者可预见性的受益而言是合理平衡的。不具有直接诊断、治疗或预防疾病的干预措施对受试者带来的风险，相对于社会可预见性的受益而言必须是合理平衡的。

研究者和申办者必须尽最大努力保证在资源有限的人群或社会开展的研究是针对研究实施所在地人群或社会的健康需求为优先原则的。适用安慰剂的条件如下：首先，目前没有公认的有效的干预措施时；其次，当研究不采用公认的有效干预措施时，受试者最大程度能感受到的只是暂时的不便或不适，延后症状得到缓解；最后，当采用公认的有效干预措施作为试验对照时，有很大概率会产生科学上假阳性或假阴性的结论，而安慰剂的使用不会导致受试者面对不可逆或更加严重的伤害。

由于受试者认知或行为障碍而不完全具备的知情同意能力时，研究者必须保证在研究开展之前采取以下措施保护受试者：若该研究在知情同意能力完好的人群中也能正常开展，则不可纳入知情同意受损的人群为试验对象。若研究是关于受损人群认知障碍与行为障碍相关领域的研究，即使已经征得在受试者能力范围内的知情同意，也要一直尊重受试者拒绝持续参与研究的权利；若潜在受试对象不具备知情同意能力，应征得其法定代理人的知情同意。

（五）《生物医学研究伦理审查委员会操作指南》

世界卫生组织在 2000 年发布了《生物医学研究伦理审查委员会操作指

南》。该指南的目标是提高生物医学研究伦理审查的质量，保证伦理审查的一致性，并在补充现行的法律、法规与规章制度及惯例的基础上指导各国伦理委员会制定规章参考依据。[1]依据该指南中制定的伦理审查质量标准，各国家和地区可制定、评估和修订符合各自国情的生物医学研究伦理审查的标准操作程序。该指南的主要内容包括以下几方面。

1. 伦理审查委员会

对研究进行独立的、称职的和及时的伦理学审查。在不受政治、市场、机构和职业的影响下，成立伦理审查委员会，同时开展运作和进行决策。在研究实施之前，伦理审查委员会负责对研究项目进行伦理审查和批准，对已经过批准、正在实施中的研究项目还应进行定期审查。伦理审查委员会应考虑受试者的个人利益和有关社区的整体利益，同时将研究人员的利益需求纳入考虑范围，遵守行政机构和现有法律法规的要求。

2. 伦理审查系统

为了最大限度地保护、尊重受试者，国家、社会团体和机构应组建伦理审查委员会，建立伦理审查系统。以促进生物医学研究在伦理和科学方面达到最高质量为目的。政府应激励国家、机构和地方建立独立的、多部门的、多学科的、成员主要是兼职的伦理审查委员会。并保证伦理审查委员会获得行政和财政的支持。

3. 伦理委员会的组成

伦理审查委员会应包括多部门、多学科、具有科学技术特长、年龄和性别分布适当的人，并有代表社区利益的非科学技术人员加入。伦理审查委员会委员的资格、任命条件、任期、伦理办公室、法定人数、委员培训、独立顾问均在指南中明确规定。

4. 伦理审查的申请

应由对该项研究的科学方面和伦理原则方面主要负责的，同时具有一定资格的研究者提交该研究伦理审查的申请至伦理审查委员会。

5. 审查程序

伦理审查委员会应审查研究计划和证明材料的适宜性和可行性，注意知

---

〔1〕 满洪杰：《人体试验法律问题研究》，中国法制出版社2013年版，第45页。

情同意书的签署经过。审查的主要内容包括研究的设计和实施步骤、受试者的招募、知情同意的获取经过、受试者隐私的保密、受试者的风险利益比、受试者的医疗和补偿。

6. 伦理审查的决定

伦理审查委员会在为生物医学研究伦理审查的申请决策时，应考虑利益冲突的避免，认真详细审查，参与审查人数合法，审查材料齐全，参与审查的人员独立。

7. 传达决定

应以书面形式、按伦理审查委员会相关程序将决定传达给申请者。应在作出决定的会议后两个星期内传达。

8. 跟踪审查

伦理审查委员会从作出决定到研究终止的过程中，跟踪所有作出批准决定的研究的进展。

9. 文件和档案

伦理审查委员会应按书面程序对所有文件和往来信件注明日期、建档并存档。文件存档至少到研究结束后 3 年。同时应说明文件、文档和档案的存取和返回程序。

（六）人用药物注册技术要求国际协调会议的《药物临床试验质量管理规范》（Good Clinical Practice，GCP）

1990 年，欧盟、美国、日本三方成员方发起人用药物注册技术要求国际协调会议（International Conference on Harmonization of Technical Requirements for Registration of Pharmaceuticals for Human Use，ICH）。主要由三方成员国的药品管理当局和三方成员国的制药企业管理机构组成。由于欧盟、美国和日本在国际制药行业中具有较高的技术领先地位和决定性的影响地位，这一组织制定的有关指南对世界各国药品注册和药物临床试验质量管理具有较大的影响力。2012 年，人用药物注册技术要求国际协调会议启动改革，并最终由一个封闭的国际会议体制，在 2015 年 12 月转变成为在瑞士民法下注册的技术性非政府国际组织。2017 年 5 月 31 日至 6 月 1 日，人用药物注册技术要求国际协调会议在 2017 年度的第一次会议在加拿大蒙特利尔顺利召开，会议通过了我国原国家食品药品监督管理总局的入会申请，总局正式成为其成员之一。

人用药物注册技术要求国际协调会议在 1996 年 5 月正式颁布《药物临床试验质量管理规范》（GCP）。该规范涵盖了以下几个方面的内容：（1）术语表，对申办者、研究者和伦理委员会的通用语言作了规定，共 62 个术语被定义，如药品不良反应（ADR）、不良事件、设盲、依从性、合同研究组织等；（2）13 条基本原则；（3）对伦理审查委员会的要求；（4）研究者的责任；（5）申办者的责任；（6）临床试验方案设计及方案修订的要求；（7）申办者在制定研究者手册时的责任；（8）临床试验的必需条件。

《药物临床试验质量管理规范》（GCP）中的重要内容包括受试者的知情同意，相关内容如下：（1）在征得知情同意的过程中，研究者应当遵循《药物临床试验质量管理规范》（GCP）和《赫尔辛基宣言》的伦理原则要求。（2）研究者得到可能与受试者的知情同意相关的新资料后，应及时修改提供给受试者的知情同意书和其他文件资料，并重新获得伦理审查委员会的赞成或批准。（3）研究者不应强迫或使用不正当的方法影响受试者参与或继续参与试验。（4）口头或书面形式的知情同意，都不应使用任何受试对象或其法定代理人放弃或看起来像是放弃任何合法利益的模糊字眼；或者免除或看起来像是免除研究者、研究机构、申办者应承担的责任的语句。（5）研究者或由研究者指定的负责人员应当告知受试者或其法定代理人所有与试验相关的书面材料和伦理审查委员会的赞成或批准意见。（6）关于试验的口述和书面资料所用的语言和表达方式对于受试者或其法定代理人或其他公正的见证人应当是通俗易懂的。（7）在有机会得到知情同意之前，研究者应当给予受试者或受试者的法定代理人充足的时间和机会了解咨询关于试验的详细情况，然后其再决定是否要参加试验。（8）在试验对象同意参与试验之前，受试者或其法定代理人应亲自签署知情同意书并标明日期。（9）知情同意书应当包含试验目的、试验程序、试验干预治疗措施和受试者随机被分配到各种治疗方法的可能、受试者的责任、带给受试者或者特殊受试者如胎儿或婴儿的风险以及可合理预见的获益。（10）没有可预见的临床受益时，受试者应当被告知可得到的可替代性的治疗程序，以及这些治疗的风险和受益；可获得的补偿或医疗服务；受试者的预期支出；受试者有权拒绝参与试验，或在试验任何阶段提出退出而不会被处罚或损失应得的利益；管理当局、伦理审查委员会、监察员和稽查员将直接访问受试者的原始医学记录用以查证临床试验具体步骤或真实数据，受试者或其法定代理人在签署书面知情同意书即授权这种访问；在适用法律的范围的，记录应保密。[1]（11）在参与试验之前，受试者或其法定代理人应收到已经签署姓名并标明日期的知情同意书的复印件。（12）当治疗性的或非治疗性的临床试验包括那些只能由其法定代理人表示同意进入试验的对象时，应当在试验的对象能理解的范围内告知其关于试验的信息。如果可以，受试者应亲手签署书面知情同意书并标明日期。（13）当开展非治疗性的试验时，若对于受试者没有合理可预见性的益处，应当由受试者本人同意参与试验、签署书面的知情同意书并标明日期。（14）非治疗性的试验可以由法定代理人代替受试者的同意进行，但是必须符合以下条件：试验的目的只能在不具备知情同意能力的受试者中完成；试验的预期风险很低；试验对于受试者健康的恶性影响已降至最小；该试验不被法律禁止；伦理审查委员会对接纳这些对象具有明确的批准或赞成意见，且该批准或赞成意见是书面的。此外，除非例外，该类试验只能在具有预期适用试验用药品的疾病或状态的患者中进行。（15）在特殊紧急情况下，若无法提前征得受试者的知情同意，应该请求受试者在场的法定代理人的同意。

（七）《涉及人体受试者卫生研究伦理审查标准与操作指南》

2011年，世界卫生组织颁布了《涉及人体受试者卫生研究伦理审查标准与操作指南》，目的是为负责审查与监管研究伦理问题的伦理审查委员会提供指导意义，并指导研究者如何进行试验研究的设计与实施程序，以提高伦理审查委员会的工作质量。《涉及人体受试者卫生研究伦理审查标准与操作指南》中制定了伦理审查体系的研究标准，同时对伦理审查委员会的工作人员、行政管理人员以及秘书处的标准与指南等也进行了规范。

（八）医学人体试验国际规范的法律效力与地位

根据前文所述，目前国际上与医学人体试验受试者权利保护相关的国际规范的框架主要由有关国际组织或国际大会颁布的公约、宣言、指南、法典构成。《赫尔辛基宣言》《涉及人的健康相关研究国际伦理指南》《涉及人体受试者卫生研究伦理审查标准与操作指南》属于国际组织或国际生物医学专门组织制定的伦理规范；《纽伦堡法典》和《贝尔蒙特报告》则是有关国际

---

〔1〕　郑航："ICH-GCP基本原则分析与启示"，载《中国处方药》2019年第2期。

组织或某个国家的专门机构制定的宣示性文件。虽然这些国际规范的国际法地位和约束力一直受到争论和质疑，但是，毫无疑问，目前的国际规范所确定的受试者权利保护的伦理原则已经被很多国家的国内立法引用，成为各国具有强制性的立法原则。即使有些国家尚未将上述国际规范中确定的受试者保护的伦理原则进行立法，未产生法律约束力，但是这些国际规范已经成为这些国家对医学人体试验受试者权利进行保护的重要法理基础。

二、区域性规范

（一）欧盟《关于人权与生物医学公约》及其附加议定书

1997 年，欧洲理事会在西班牙奥维多签署了《关于人权保护与运用生物学和医学有关人类尊严的公约：人权与生物医学公约》，又称《关于人权与生物医学公约》和《奥维多公约》。该公约的目的是促进各缔约方对生物学和医学相关的所有人类受试者的尊严与权利进行保护，不带有任何歧视地保证每个人的健康权利和其他权利及人身自由。第五章内容为"科学研究"（scientific research），对开展生物学和医学研究所必须遵守的准则、对参与试验受试者权利的保护、对无法作出同意表示的人的保护和对体外胚胎的试验作出了详细规定。

2005 年 1 月欧洲理事会在法国斯特拉斯堡签署了《关于人权与生物医学公约》的附加议定书，目的是进一步细化《奥维多公约》在生物医学研究中的宗旨和要求。附加议定书的法律效力与《关于人权与生物医学公约》一致。该附加议定书适用于在医疗卫生领域对人类受试者实施干预措施的所有研究，干预措施不仅包括有形的、可见的物理干预也包括对受试者心理产生影响的干预，还包括对体内的胎儿进行的研究，但是不包括围绕体外试验中的胚胎开展的研究。该附加议定书规定参加试验受试者的个人利益应当高于一切社会或科学的利益。试验只有在无可替代、可比较效果的方法时才可以进行，试验使受试者遭受的风险和负担与其产生的利益之间不能不成比例。只有经过对试验进行过科学贡献的独立审查，伦理学可接受性和研究目的的重要性的多学科审查之后，试验才可批准进行。试验应该具有科学上的正当性，符合科学质量的标准和相关职业准则和要求，并在合适的研究者监督之下进行。附加议定书规定应保持伦理委员会的独立性以及伦理审查的独立性，研究项目的伦理评估必须采用书面形式。附加议定书还特别强调了知情同意原则，规定了对特殊受试者的知情同意条款，例如，对不具备同意能力者、被限制自由者、临床急症患者等采取特殊的保护手段。此外，还规定了尊重保护受试者的隐私权和保守信息秘密权，同时规定研究者的注意义务，以及受试者对信息获得的意愿。附加议定书规定了受试者损害赔偿、权利救济和制裁的相关条款。[1]

（二）欧盟关于药物临床试验的指令

欧盟主要有五种文件构成其法律和法规体系，其中条例（regulations）、指令（directives）和决定（decisions）是具有法律约束力的文件。指令是欧盟签发给各成员国的文件，这些文件规定了各国立法所应达到的结果。各成员国必须采纳和通过这些指令。指令一经颁布，即使成员国尚未通过，指令在该国也产生法律效力。欧盟指令最终会融入各个成员国的法律体系。欧盟有关药品临床试验的指令，主要包括 2001/20/EC 指令和 2005/28/EC 指令。[2]

2001/20/EC 指令，2001 年 4 月由欧盟理事会和欧洲议会共同制定，全称是《关于对各成员国有关在人用药品临床试验行为中适用优良临床行为的法律、法规和行政规章进行协调的指令》，在指令中提出要求欧盟各成员国在开展人用药品的临床试验过程中执行药物临床试验质量管理规范，以此来协调规范各国关于人体临床试验的法律法规，建立一个透明且有公信力的程序。该指令对不能进行临床试验的条件提出了规定；也对如何尊重保护参加临床试验的未成年人及无自主行为能力甚至不能给出知情同意的成年人作出了规定；同时该指令规定了伦理委员会在临床试验中起到的作用，又规定了其在对提出申请的临床试验进行科学伦理审查时应遵循的程序；另外，该指令对具体试验行为的伦理原则、试验的终止、试验用药品的生产和进口也进行了规定；详细规定了开展临床试验的条件及步骤以及加强临床试验过程中出现不良事件和不良反应报告等内容。

2005/28/EC 指令，由欧洲理事会在 2005 年 4 月制定，全称是《关于建立人用试验性医药产品原则和优良临床行为指南以及对该类产品生产和进口

---

〔1〕 赵西巨："欧洲人权与生物医学公约（节译）"，载《法律与医学杂志》2005 年第 2 期。

〔2〕 肇晖、邵蓉："关于上市后药品再评价立法的思考"，载《上海医药》2008 年第 3 期。

核准的规范的指令》。该指令主要是对人用药品临床试验的相关质量管理规范的遵守进行指导，特别是对试验样品的规定，如对样品生产和进口的许可要求等。同时还有一个重要变化就是临床研究需要同时征得药品监督管理部门和伦理委员会的批准方可进行研究。该指令详细规定了药物临床试验所应遵守的行为准则，包括临床试验的设计、数据记录和报告方面的要求，同时对研究者、试验发起人和伦理委员会作出了具体的规定。[1]

三、主要发达国家的立法

（一）美国相关立法

20 世纪 60 年代，美国国会和联邦政府为加强对保护试验对象的权益制定并颁布了大量的法律规范，后续逐步形成了一套医学人体受试者法律保护领域较为成熟完善的体系。

1. 人体受试者保护的联邦法规概况

美国联邦一级的法律文件主要是联邦政府制定的法规和国会批准的法律。保护人体受试者健康和权利的法律主要是《公共卫生法》和《联邦食品、药品、化妆品法》，这是美国国会在 20 世纪 70 年代初颁布的两部相互独立的法律，以回应公众对人体受试者的健康与权益的保护是否到位的担忧以及新药与新医疗设备是否符合安全质量标准的担忧。《联邦法典》（Code of Federal Regulations，CFR）汇集了联邦政府所有行政法规和部门规章，是一部综合性的法律汇编，其中包括与受试者权益保护相关的联邦法规，再由经过合法授权的部门负责制定并定期进行修订，《联邦法典》中第 45 主题的第 46 部分（45CFR46）和第 21 主题的第 50 部分、第 56 部分（21CFR50，56）集中地对如何采取有效的措施以保护人体试验中的受试者作出详细要求。

（1）45CFR46。1974 年，美国健康与人类服务部制定该部分并负责直接执行，适用于联邦政府资助的大多数人体试验研究，共由四部分组成，分别是 Subpart A-D，Subpart A 部分又被称为普通规则（Common Rule），其中，规定了两种基本的保护措施，即伦理委员会审查批准和受试者知情同意。普通规则被 17 个联邦政府机构采纳，如国防部、消费品安全委员会、农业部、

---

〔1〕 陈永法主编：《国际药事法规》，中国医药科技出版社 2011 年版，第 90 页。

能源部、交通部、司法部、环境保护署、教育部、国家科学基金会等。Subpart B-D 对特殊弱势受试者群体的附加保护规定也被某些联邦政府机构采纳，如教育部采纳 Subpart D，主要是为了更加全面地保护参加人体试验研究的儿童受试对象；司法部则自主制定涉及囚犯的人体试验监督管理的法规，与 Subpart C 存在部分相似之处。

（2）21CFR50，56。美国食品和药品监督管理局（FDA）制定 21CFR50，56 并执行，21CFR50 主要规定受试者的知情同意内容，并要求对受试儿童增加附加保护，21CFR56 主要对 IRB 进行规定，如工作职责、人员构成和审查程序等。FDA 对上市前新的生物医药产品（如疫苗、药品、医疗器械等）的安全有效性进行评估，所以该条款同样适用于想要获得其审核批准上市销售的新生物医药产品的临床试验。FDA 开始应用普通规则以规范临床试验，为方便适用于其管理的研究，其修改其中部分内容，最终制定了 21CFR50，56，内容与 45CFR46 十分相似。本研究经过对比发现，二者的不同之处主要有：首先，45CFR46 适用于，在美国联邦政府的支持下，主要目的是得到新的知识和理论的基础性研究与临床研究。21CFR50，56 适用于上报 FDA 以期获得上市销售批准而进行的证明医学产品安全有效的临床试验，对试验的经济资助来源不予考虑。其次，对于跨国人体试验，45CFR46 承认其他国家政府机构批准的本土政府制定的法规，可以用于替代 45CFR46，然而 21CFR50 则不能被取代。最后，对儿童参加试验的条件要求，45CFR46 规定 IRB 可以放弃征求其父母或法定监护人同意的条件是，试验是出于考虑保护儿童的目的，而 21CFR50 则没有类似的规定。[1]

2. 联邦法规采用的保护措施

（1）知情同意。维护受试者权益的重要基石之一是知情同意。知情同意要求严格，要求每一个潜在的受试者既对人体试验全面了解，又自愿表达同意参与。普通规则要求研究开展之前征得受试者或其法定代理人的知情同意是前提条件。此外，还要求研究者留有足够的时间以便受试者可以充分考量参加与否，研究者要避免对受试者判断的行为施加影响。知情同意书面文件中用以表述的语言，受试者一定要完全理解。知情同意书中凡是涉及申办者、

〔1〕 唐伟华、王国骞："从塔斯吉到通用规则：美国保护受试者立法的历史发展与启示"，载《中国科学基金》2017 年第 3 期。

研究者以及该机构或其代理人免于承担法律责任的任何字眼都要进行明确描述以及认真说明。

普通规则对研究者应向受试者解释的内容作详细说明，包括研究意义、研究内容、研究实施的过程以及试验的时间上限；详细说明试验可能带来的任何风险或负担；说明试验对对象可能产生的利益或提供的试验报酬；说明除试验干预措施之外其他合适的治疗方法；描述研究的范围，尽可能地保存选取试验对象的记录；若研究的预期风险高于最低风险水平，知情同意书应向受试者解释若发生不良反应，会提供何种医疗和补偿措施，同时详细列出研究者和受试者双方负责交涉试验问题的联系人；知情同意书应重点标注受试者参与与否完全取决于个体的想法，受试者有拒绝或拒绝继续参与试验研究的自由选择权，并且不会造成任何利益损失。

（2）IRB 审查。普通规则要求人体试验开展的前提条件是获得 IRB 的审批，它授权 IRB 有绝对权力选择是否修改后再批准。普通规则并未对 IRB 要经过政府机构的认证作出硬性要求，但是要求 IRB 人员组成与工作规章制度必须符合规范。IRB 的人员是志愿者，其主要职责是检查新申请的试验方案和已经处于实施阶段的试验研究是否符合医学伦理，以最大限度地保护和尊重受试者。普通规则也对 IRB 的人员提出要求：第一点是成员必须至少来自五种不同的职业，包括但不限于科研人员、非科研人员和研究机构之外的成员，这是为了要求每一位成员应具备不同的专业知识背景以保证能够审查常规试验研究；第二点是成员性别比例要合理，同时注重协调种族文化背景差异；第三点是若审查的试验涉及弱势群体受试者，如儿童、孕妇、伤残人士、精神或认知障碍者等，IRB 必须考虑邀请对弱势群体试验具有丰富经验的专家协助审查。

IRB 审查会议必须要在大多数委员到场时方可开始，到场的委员还至少包括一名非科学领域的专家。研究方案若能够让在场大多数委员同意则表示通过审查。IRB 除了审查研究方案，还要定期审查正在执行的研究。IRB 成员不得参与有利益冲突项目的审查，除非依照 IRB 的要求事先披露涉及利益冲突的信息。为了保证试验监督的质量，IRB 要求试验进展过程中一旦出现不良反应事件，研究者要立刻报告，必要情况下，IRB 要再次对研究中采取的保护措施进行评价。

普通规则要求审查必须采用书面流程，包括试验审查、初步审查和再次审查的详细步骤、某类研究项目必须接受一年一次以上的审查决定、详细说明哪些项目还需要重新审查、将审查结果如何传达给研究者和研究机构。另外，研究者应该及时准确地以书面文件向 IRB 报告研究方案的变动与不良反应事件。

普通规则要求 IRB 按照以下标准审批：研究者必须获得全体受试者的知情同意；受试者每一个选择都是自愿的；将试验带来的风险降至最低；受试者遭受的风险与获得的利益比例均衡；研究计划中应制定足够的措施防止数据收集失误及泄露，并保护受试者生命健康；如果试验涉及容易受到胁迫或其他不当行为影响的受试者，如健康、经济、社会地位与教育处于弱势地位的群体，试验研究要针对其额外制定保护措施。[1]

（二）英国相关立法

英国的立法主要分为法规（legislation）、条例（regulations）和指南（guidelines）。与医学人体试验相关的主要政府机构或组织包括药品和健康产品管理局（Medicines and Healthcare Products Regulatory Agency）、药品监督管理局（Medicines Control Agency）、英格兰的卫生部（Department of Health）、健康研究管理局（Health Research Authority）、医学研究理事会（Medical Research Council）等机构。

相关法规主要包括 1968 年《药品法》（Medicines Act）、2000 年《无行为能力成年人法案》（Adults with Incapacity Act）、2005 年《意思能力法案》（Mental Capacity Act）、2012 年《卫生和社会照护法案》（Health and Social Care Act）和 2014 年《照护法案》（Care Act）。条例主要包括 2005 年《健康和社会照护研究管理框架》（Research Governance Framework for Health and Social Care）、2012 年《国家卫生服务伦理委员会管理协议》（Governance Arrangements for NHS Research Ethics Committees）。指南主要包括 2003 年《人用药品临床试验条例的咨询信》［Consultation Letter on the Medicines for Human Use（Clinical Trials）Regulations］、2004 年《涉及发展中社区人类受试者的研究》（Research Involving Human Participants in Developing Societies）、2004 年

---

〔1〕 李歆、王琼："美国人体试验受试者保护的联邦法规及对我国的启示"，载《上海医药》2008 年第 9 期。

《涉及儿童受试者的医学研究》（Medical Research Involving Children）、2007 年《涉及不能表示同意的成年人受试者的医学研究》（Medical Research involving Adults Who Cannot Consent）、2012 年《良好的研究规范：准则与指南》（Good Research Practice：Principles and Guidelines）。其中，2003 年由药品监督管理局颁布的《人用药品临床试验条例的咨询信》是对欧盟 2001/20/EC 指令的细化，是具体落实欧盟 2001/20/EC 指令的指南。因此，构成了英国医学人体试验受试者权利保护主要的操作指南之一。该指南共分为八个部分，其中第五部分详细描述了英国药物临床试验质量管理规范的要求，包括相应的标准、检查程序及执行，并规定了英国伦理委员会的管理机构及其设置和运行程序，强调了对不能作出同意表示的受试者代理同意的规定。

该指南对英国伦理委员会的监管机构，伦理委员会在医学人体试验中的设置、运行以及审批要求如下：新的英国伦理委员会管理机构（UK Ethics Committee Authority，UKECA）不是一个独立于政府部门的民间组织，而是集中了英国国家卫生秘书处、威尔士国民大会、苏格兰部长、北爱尔兰卫生部、公共安全部和社会服务的政府实体，伦理委员会管理机构必须通过政府部门进行官方行动，它的构成与 1968 年《药品法》成立的执照局相似。UKECA 除自身设置外，还应联合其他公共机构对各地的伦理委员会进行设置和重新布局。UKECA 可以自己设置一个伦理委员会并决定其在哪一地区开展伦理审查以及针对何种类型的医学人体试验开展审查，在某些条件下，它有权废除某个地方伦理委员会或者改变该伦理委员会的运行条件。UKECA 也拥有重组其他相关机构建立伦理委员会的权力，它有权监测伦理委员会的运行，并向其提供指导和建议。[1]

英国伦理委员会审查医学人体试验的伦理内容为：试验的相关性和计划，以及带来的风险和利益；研究者手册和试验方案；研究者及其支持员工的适格性，以及试验设施的质量；受试者招募方案，给予受试者的书面的或其他形式的信息；受试者获得知情同意的程序；由于参与临床试验受试者万一发生了伤害或死亡的赔偿或补偿提供；任何覆盖研究者和赞助者责任的保险或赔偿；补偿或激励研究者和受试者的奖金或经济补偿方案；试验赞助者和试

---

〔1〕 满洪杰：《人体试验法律问题研究》，中国法制出版社 2013 年版，第 45 页。

验地点之间的合作协议。英国伦理委员会根据上述内容给出开展试验与否的观点和建议。英国伦理委员会必须在收到有效申请 60 天内作出回应，包含基因治疗、人体细胞治疗等人体试验，英国伦理委员会可以延长 30 天即 90 天内作出回应。某些条件下需要申请者重新补充材料和咨询其他机构的伦理审查的，可以延长至 180 天作出回应。

该指南同时强调了不能给出有效法律同意的受试者的知情同意问题。以 16 周岁以下未成年人为受试对象实施的临床试验，必须要征得其父母或者其法定代理人的知情同意。对于英格兰、威尔士和北爱尔兰，若无行为能力的成年人参与的临床试验，如果干预措施符合患者的最佳利益，那么这样的试验是合法的，也就是由医生根据患者的状况决定是否参与试验，同时也取决于患者之前是否同意或拒绝参与治疗以及法定代理人是否给出有效的知情同意。法定代理人有两种类型：第一种是个人法定代理人，基于和无行为能力成年人的社会关系而进行代理；第二种是职业法定代理人，如果无人愿意代理，则被指派为该无行为能力成年人的代理人。

该指南还对紧急情况下的研究的伦理审查和知情同意进行了规定。有些研究可能在紧急情况下进行，如在意外事故发生后心脏骤停或头部受伤的情况下，没有时间找到法定代理人作出同意。为了使决策达到试验伦理可接受的标准，在受试者无法作出同意而参与临床试验的情形下，伦理委员会可以考虑事先建议的法定代理人。

（三）澳大利亚相关立法

澳大利亚有关医学人体试验受试者权利保护的相关立法包括 1989 年颁布的《治疗药物法案》（Therapeutic Goods Act）和 1992 年颁布并于 2014 年修订的《国家健康和医学研究理事会法案》（National Health and Medical Research Council Act），其中相关政府管理机构主要为国家健康和医学研究理事会（National Health and Medical Research Councrl，NHMRC）、澳大利亚研究理事会（Australian Research Council，ARC）、治疗药物管理局（Therapeutic Goods Administration，TGA）。其中，最主要的指导临床试验受试者保护的规范性文件是 NHMRC、ARC 和 TGA 发布的一系列指南，包括《涉及人体研究的伦理行为的国家声明》（National Statement on Ethical Conduct in Human Research）、《澳大利亚负责任研究行为法典》（Australian Code for the Responsible Conduct of Research)、《澳大利亚临床试验手册》（Australian Clinical Trial Handbook）等。其中，规范医学人体试验受试者保护的指南则首先参考《涉及人体研究的伦理行为的国家声明》，以下就该声明的内容进行简要阐述。

《涉及人体研究的伦理行为的国家声明》由 NHMRC、ARC 和澳大利亚副校长委员会（Australian Vice-Chancellors' Committee）共同制定，并由 NHMRC 于 2007 年出版，2015 年进行了更新和修改，声明共分为五个部分。第一部分阐述了涉及人体试验的伦理审查的价值和原则，强调了研究的科学价值和正当性，研究中应贯彻的公正、尊重和受益原则。第二部分阐述了研究伦理涉及的基本问题，包括风险、利益和知情同意，详细解释了风险的定义和识别，包括最小风险、伤害等，强调了潜在的利益应当超过风险；详细规定了"同意"的过程和要求，以及确定了禁止强迫任何人在一定压力下同意参与试验，受试者参与试验的经济补偿标准；规定了受试者有拒绝同意和收回同意决定的权利；同时规定了可以放弃同意的条件。第三部分则阐述了使用各种不同研究方法的伦理考虑，包括定性研究、数据库研究、临床试验和非临床试验、人体生物样本和人类基因研究。第四部分阐述了特殊受试者的伦理考虑，包括孕妇、未成年人、存在依赖或不平等关系的人群、对医疗高度依赖无法给出同意的患者、认知损害和精神疾病人群、涉及违法活动的人群和外国人。第五部分阐述了研究管理和伦理审查的操作流程，如伦理委员会的组成建立以及审查程序；伦理审查中的各方职责（审查主体的职责、研究者的职责、研究者与审查主体的沟通、研究者或专家在审查会议上的作用、参与者利益的考虑等）；规定了如何避免伦理审查的重复；利益冲突及其处理；对伦理审查的监督；处理申诉和责任等。

四、我国立法

2019 年《药品管理法》第 19 条至第 22 条等对药物临床试验作了比较系统的规定，临床试验由审批制改为到期默示许可制，强调加强伦理审查、贯彻知情同意制度，规定了知情用药制度，并且注重临床试验过程管理。《民法典》[1]第 1008 条对临床试验中的伦理审查和受试者知情同意也作了规定。我

---

〔1〕《民法典》自 2021 年 1 月 1 日起施行。《民法通则》《合同法》《侵权责任法》《民法总则》等同时废止。后不另做说明。

国临床试验法律规范主要以行政部门规章模式呈现，主要体现在《药物临床试验质量管理规范》《涉及人的生物医学研究伦理审查办法》等。

（一）《药物临床试验质量管理规范》

2003 年，我国国家药品监督管理局正式公布并执行《药物临床试验质量管理规范》。2020 年 4 月 23 日，为进一步推动我国药物临床试验的规范研究和质量提升，国家药品监督管理局会同国家卫生健康委员会颁布了《药物临床试验质量管理规范》，共由 9 章 83 条组成，自 2020 年 7 月 1 日起施行。该管理规范明确了药物临床试验的两条基本原则：第一是保证科学规范的药物临床试验过程和真实可信的结果；第二是确保受试者权益及健康安全得到保障，并明确指出受试者的个人权益必须高于科学和社会的利益，任何涉及人的试验研究都必须遵守《赫尔辛基宣言》的基本原则。第三章强调了受试者权益保护的问题，并指明保障受试者权益的主要措施是伦理委员会和知情同意书。

《药物临床试验质量管理规范》是当前我国进行医学人体试验受试者权利保护法律体系中最重要的规范性文件之一。虽然其并不是国家权力机关制定并颁布的法律，其性质仅为国家药品监督管理局会同国家卫生健康委员会制定和颁布的部门规章，但是其作为技术规范的法律性质为相关人体试验受试者权利保护提供了必要的伦理准则和操作规范，规定了相关主体在药物临床试验中的权利与义务，为人体试验的相关行为提供了必要的法律规制。

（二）《药物临床试验伦理审查工作指导原则》

2010 年，国家食品药品监督管理局印发《药物临床试验伦理审查工作指导原则》，共由 9 章 52 条组成，分别是总则、伦理委员会组织与管理、伦理委员会的职责任务、伦理审查受理申请、伦理委员会审查规定、伦理审查决定与送达、伦理审查后跟踪审查、伦理委员会审查文件的管理、附则。此外，附件中还列出伦理委员会负责审查的主要内容、伦理委员会需要留档保存的文件名称和专业术语表。该原则强调了伦理委员会规范运作的重要性，并加强对于试验项目的伦理审查。

（三）《涉及人的生物医学研究伦理审查办法》

我国国家卫生部于 2007 年颁布《涉及人的生物医学研究伦理审查办法（试行）》。该办法主要用于规范涉及人的生物医学研究的伦理审查工作，伦理委员会的机构设置，工作制度，伦理审查的方法、过程的监督与管理等。

然而，相关的伦理、法律和社会问题也随着我国人体生物医学研究的快速发展逐渐显现出来。根据一些案例可以发现，既往的伦理审查中存在审查流程欠规范、审查不及时、流于表面形式、委员会组织建设不统一、责任监管不到位等问题，为了促进医学研究中的伦理审查程序愈加规范，国家卫生与计划生育委员会于2016年重新修订，并颁布了新版《涉及人的生物医学研究伦理审查办法》，这是我国卫生行政部门针对临床研究的伦理审查专门制定的部门规章，尤其体现在将底线性的生命伦理准则法律化，以国家强制力保障其实施。2016年《涉及人的生物医学研究伦理审查办法》的颁布对保护我国生物医学研究中人类受试者的合法权益，维护受试者的尊严，规范伦理审查工作，具有重要的理论意义与现实价值。该办法详细规定了伦理委员会的职责和权力，制定涉及人的生物医学研究的伦理审查工作原则、流程与标准，明确规定了委员会和各级各类医疗机构的法律责任和义务。新版办法明显有很大的进步。

1. "涉及人的生物医学研究"的定义更明确

该办法对"涉及人的生物医学研究"进行了更加准确、全面的定义。涉及人的生物医学研究是指，采用心理学、物理学、化学、现代生物学以及中医药学等方法对人的心理生理行为、疾病的病因病理机制、发病症状，以及疾病的预防、诊断、治疗及后期康复开展研究的活动；新的医疗产品或医学技术在人体上进行试验研究的活动；通过心理学、社会学、流行病学等方法收集、储存、记录、使用、报告相关人的行为、生物样本、医疗记录等科学研究的活动。较2007年的办法，2016年《涉及人的生物医学研究伦理审查办法》把"对人的心理和行为研究，公共卫生领域的诸如流行病学研究，涉及有关人的数据、生物样本等"都纳入生物医学研究的定义中。

2. 伦理委员会的设立与人员组成更合理

伦理委员会的职责是规范生物医学研究过程，维护试验对象的尊严，保障其享有合法权益；伦理审查包含对涉及人的生物医学研究项目实施前的审查、项目开展进程中的跟踪审查以及研究活动完成后的复审等。新版《办法》清晰界定了开展涉及人的生物医学研究的医疗卫生机构是开展该项研究伦理审查工作的管理责任主体，医疗卫生机构应当组建独立的伦理委员会，并配备相应的设备、场所及专（兼）职工作人员来保障伦理委员会有效开展独立的伦理审查工作。伦理委员会的成员不得少于 7 人，分别是从事社会学、法学、生物医学、伦理学的专家以及机构之外的社会人员等，同时也应考虑委员的性别，在少数民族地区设立伦理委员会，还应当考虑委员的民族。这与 2007 年"不得少于 5 人"的规定相比有所增加，同时也是根据近 10 年来伦理审查的实践经验所得出的结论。另外，2016 年《涉及人的生物医学研究伦理审查办法》规定伦理委员会提出的决定应当得到半数以上委员的同意。

3. 增加了伦理委员会备案制

2016 年《涉及人的生物医学研究伦理审查办法》提出机构伦理委员会要在成立之日起 3 个月内在医学研究登记备案信息系统进行登记，并上报至本机构的执行登记机关备案。伦理委员会的备案材料包括委员会成员名单及个人工作履历；机构组成和部门职责；伦理委员会规程；伦理审查工作制度或者相关工作程序；其他备案的执业登记机关要求提供的材料。在每年的 3 月 31 日前，医疗卫生机构还必须提交上一年度伦理委员会的工作报告至备案的执业登记机关。

4. 加强了伦理委员会的伦理审查

2016 年《涉及人的生物医学研究伦理审查办法》明确了伦理委员会有权独立开展审查工作，在审查过程中，应遵守六项具体原则违规须承担相应的法律责任，六项原则分别是知情同意原则、特殊保护原则、风险管理原则、隐私保密原则、免费和补助原则、合理补偿原则，增强了该办法的实际可操作性，保证了伦理审查有章可循，而且伦理审查的原则中强调要对受试者给予合理补偿的原则，体现出尊重和保护受试者权益的坚定立场。召开审查会议是伦理审查的必要手段，与会委员经过充分讨论后达成一致意见，会议记录还必须记录其他意见及理由，充分考虑各种因素以最大限度地降低受试者面临的风险。改动已批准的研究方案时，若改动程度较轻，且对研究风险受益比没有影响，则可以申请简易审查程序，减少不必要的审查，以提高审查效率。

5. 增加了对伦理委员会的监管

该办法更明确地规定了伦理委员会监督管理的责任主体，譬如，医疗卫生机构是涉及人的生物医学试验研究伦理日常审查的监管责任主体；伦理委员会备案、伦理审查监督检查和监督管理的责任主体是县级以上地方卫生行政部门；国家和省级医学伦理专家委员在伦理审查监管工作中有各自不同的职责。还明确了省级医学伦理专家委员会对上受国家医学伦理专家委员会指导、检查、监督和评估，对下评估和检查医疗机构的伦理委员会，工作重点是评估与检查伦理委员会的组织结构是否合理、审查程序是否规范、审查过程是否独立、审查结果是否专业、项目管理是否有效等，同时要对其中发现的问题提出改进措施。

6. 完善了知情同意的过程和内容

相对于旧版而言，新版中针对知情同意内容和过程提出更加具体的要求。即规定：在征得受试者知情同意的过程中，项目研究者告知受试者知情同意书内容要按照其内容顺序详细解释，其中包括研究的目的、预期的效果和预计的试验时间，研究期间疾病治疗进展或可能带来的益处，以及可能遭遇的不确定风险；其他有益临床治疗方案或干预措施；受试者隐私的保护措施和保密程度，如果产生意外损害可以提供的治疗措施和经济补偿方案等。

（四）《人类遗传资源管理条例》

2019 年 5 月 28 日，国务院公布《人类遗传资源管理条例》，从 2019 年 7 月 1 日起开始施行。该条例的颁布是为了我国人类遗传资源有效保护和合理利用，是为了维护公众健康、国家安全和社会公共利益。

该条例规定，人类遗传资源分为人类遗传资源材料和信息两大类。人类遗传资源材料是指含有人体基因及基因组等遗传物质的器官、组织、细胞等遗传材料，而人类遗传资源材料在利用过程中所产生的数据等信息资料均属于人类遗传资源信息。该条例涉及医学人体试验的内容主要包括使用人类遗传资源试验的伦理审查、资源供给者的隐私保护以及利用我国人类遗传资源联合开展国际科学研究的法定条件等。

该条例中明确对我国人类遗传资源进行采集、保藏、使用、向外提供等活动，首先应遵守伦理原则并通过伦理审查。其次人类遗传资源提供者的合法权益应受到保护，尊重其隐私权，保证所有的活动均在取得其事先知情同意的基础上进行。买卖人类遗传资源的活动是严厉禁止的，但是按照法律规定提供或者使用人类遗传资源用于科学研究，对于合理成本费用的支付及收取不视为买卖活动。再者应当在遵守临床应用管理法律、国家行政法规、生物技术研究相关规定的前提下，开展生物技术研究开发活动或者临床试验。最后应当在符合下列条件的情况下进行我国人类遗传资源的国际合作科学研究：

第一，我国公民的生命健康不可侵害，国家安全及社会公共利益不得被破坏；第二，作为合作双方的中方单位及合作的外方单位，应具有法人资格，同时具备相关工作基础和能力；第三，合作研究目的和内容明确、合法，合作期限合理；第四，具有合理的合作研究方案；第五，方案中涉及的人类遗传资源应保证来源合法，并且种类、数量与研究内容相一致；第六，均已通过合作双方各自所在国（地区）的伦理审查；第七，研究成果归属清晰明确，利益分配的方案合理明确。

（五）《生物医学新技术临床应用管理条例（征求意见稿）》

生物医学新技术是一种完成临床前研究的医学专业手段和措施，在细胞和分子水平上实现疾病的诊断，帮助病人减轻痛苦、使病情得到缓解、脏器功能得到改善，从而消除疾病、恢复身体的健康，并且还可以实现疾病的预防来延长生命等。为保证生物医学新技术领域相关研究的顺利实施，2019 年 2 月，国家卫生健康委员会发布《生物医学新技术临床应用管理条例（征求意见稿）》，以规范生物医学新技术的临床研究及应用。

根据该条例规定，在基因编辑等生物医学新技术的临床研究和应用转化阶段，都必须通过行政审批。医疗机构生物医学新技术临床研究和转化应用的审批由卫生行政部门负责。其中，省级卫生主管部门负责对中低风险研究项目进行审批。而对于存在高风险的研究项目，省级卫生主管部门审核之后，再提交至国务院卫生主管部门审核批准；国务院卫生主管部门负责对研究成果转化应用的审核批准。

生物医学新技术的临床研究需由卫生行政部门审批，审批内容分为学术审查和伦理审查。学术审查主要包括以下六项内容：临床研究的必要性；临床研究方案的合理性、可行性、科学性、合法性；负责开展临床研究的医疗机构资质条件及专科设置的合法性；考察研究人员的能力水平；进行研究的风险评估并审查防控措施；特别是若存在公共卫生安全风险，审查其是否做好相应的防控措施。对于涉及生物医学新技术的临床研究责任主体以及研究主要负责人的资历该条例中均作了规定。如必须是三级甲等医院或三级甲等妇幼保健院才可开展临床研究，同时具备执业医师资格和高级职称的人才可任职临床研究项目负责人。

第二章 医学受试者权利保护的法哲学基础

第一节 自然法哲学基础上的人权保护

一、人权的哲学基石

自然法起源于古代希腊的自然法哲学。人们对自然法最初的理解是建立在对大自然的敬畏以及探索之上的，认为世界、宇宙中存在着一种永恒不变的标准和秩序，这是自然界得以延续发展的永恒动力。因此，自然法是从世界、宇宙的自然秩序中所抽离出来的，其是实现人类公平、正义目的的行为准则。它的范围不仅包括我们所认为的自然界，还涵盖了人类社会的生活秩序。自然法不同于实在法所包含的某一特定法律条文，作为抽象的社会准则，它一般以对个体自身道德要求的理想形式出现。罗马法学家曾将古希腊的自然法哲学纳入国家治理的法律建设中，人自出生起就是作为平等存在的主体，每个主体都具有追求幸福、自由、生命和财产的自然天赋权利，这被后世认为是"不言而喻的真理"，所以所有法律的制定都不得不以此为最高准则。

后期的自然法在经历了实证法的否认、文艺复兴和启蒙运动思潮之后，开始不断进行变革。19 世纪末 20 世纪初，资产阶级对封建制度和神权所进行的激烈反抗，使新自然法思想得以产生。其与古典自然法思想最大的不同之处在于：新自然法思想将基本理念从主观预设的纯粹唯理主义逐渐演变为人性理性主义，要求把社会权利与个人权利在正义和理性的制度下相互融合，将人的理智代替神的意志，与此同时也就肯定了"自然法是源于人的本性"的说法。正如马里旦所说，"人权的哲学基石渊源于自然法"。人权理论最初源于自然法学思想是毋庸置疑的，自然法的产生和转变为后世人类自我认识的觉醒和人权运动的兴起奠定了最基本的理论基础。自然法学派强调自然法作为普遍存在的理性的法律，是人类一切的法律。理性基于人类本性产生，而人类本性是一种意识性的存在，它理应包含其对自身权利的认知，如此便肯定了作为人的最基本的权利。人权在自我发展的早期历史阶段中，并非十分顺利。由于长期受到封建主义和神权的打压，人权缺少现实存在的必要支持，而自然法则可以完成对人身权利存在合理性的论证。

二、人权的发展

作为一项法律上规定的权益，人权诞生于古希腊罗马时期，其主要体现为实在法给予每个主体的权益。随着社会的发展，人权观念也在不断地进步，表现为每个主体天生所享有的基本的不容侵犯的权益，即作为抽象层面意义上的每一个个体所拥有的固有权益。作为一项资产阶级革命思想的衍生品，人权观点是随着西方社会文艺复兴时期的天赋人权学说的创设、发展繁荣而逐步传播开来的，其权益内容覆盖面随着西方资本主义制度的确立、稳固、完备而被西方资本主义国家法律认可并进行法律实施，所以人权观点有着丰富的含义，包含政治、伦理、法律等多个层面。[1]在当代社会，人权已逐渐国际法化，已成为人类的国际法权利。

卢梭是西方社会资产阶级革命时代的重要理论先行者之一，在其影响深远的著作《社会契约论》中说道"人是生而自由的，但无所不在枷锁之中"。因此，人们可以"理所当然"地做自己的主人，而不是谁的奴隶。人的权利是天赋的，但是国家、政权、社会等却是人为的。人的权利创造了一切，但是人的权利并不等同于权利的基础。并且，权利不等于权力，它并不由权力产生，也就不受权力的支配。[2]"天赋人权"作为一种思想学说产生了广泛的影响，而且形成了一套比较完备的学说理论体系，在西方资产阶级革命时代起了思想先导和行动指南作用。西方社会资产阶级革命成功后，"天赋人权"学说逐渐被法律化、制度化、规范化，最终成为西方资本主义社会的人权法律制度。

〔1〕 邓瑞平、王继宁："论'天赋人权'的法制化及其发展"，载《西南民族大学学报（人文社科版）》1997年第4期。
〔2〕 何兆武："天赋人权与人赋人权"，载《读书》1994年第8期。

三、受试者权利的人权属性

在第二次世界大战之后，人们逐渐提高对健康的要求标准，从而推动政府形成完善的受试者权利保护制度。除此之外，较强的人权理论和制度的保障都使得受试者的权利得到了切实的保护。近年来，我国越来越重视对受试者权利的研究，但是这仍未能转变医学受试者的观念。以"天赋人权"的权利法学理论为基础，充分借鉴域外医学受试者权利保护的立法经验来对受试者权利保护进行研究，对于我国医学试验参与者的思想观念转变以及法律地位的提升有着重要的理论价值与现实指导意义。人体试验伦理和法律规范即以保护受试者权利为基本逻辑起点，若不能有效保护医学受试者的正当权利，不但会使受试者参加医学试验产生消极抵触情绪，从而阻碍医学研究的深入推进和医疗卫生新技术的进展，而且还会损害其财产利益、危害其生命健康权益，还有可能形成医疗公共舆论事件影响社会和谐稳定。由此可知，强化医学受试者的正当权益保障不仅是建设法治中国的固有需求，而且是新时代对医疗弱势群体加强法律保护，实现社会实质平等的应有之义，是当代构建和谐社会"权利本位"的特有表征。[1]

医疗行为本身因为极强的专业性而产生医务工作人员与患者之间的不对等性，在医学试验中当然也存在这种关系。由于医学试验本身具有不成熟性以及未知的风险因素，作为受试者的普通人虽说会对其有一定的认识，但是因为不具备专业的医学知识，因此对于风险的评估自然没有医生深刻。一些医务人员可能会不完全告知受试者试验中的风险因素，通过对其知情权的侵害来减少志愿者对于风险的认识，从而诱使其参加试验来获取医学数据。在这种情况下，虽然决定是由权利主体自己作出的，但是因为有诱骗等行为存在，所以仍然违背了受试者的真实意思。由于临床试验存在固有的医疗风险，受试者在医学研究中经常处于被动和信息不对称的情形，医学受试者的生命健康权益往往会受到侵害，因此应当对医学受试者的正当权益给予必要的保护。受试者权利归属于人权范畴，应当对受试者及其权利实行特别的保护，

---

〔1〕 杨春治："医学临床试验受试者权益保护的理论逻辑和现实路径"，载《河北法学》2015 年第 3 期。

而且要以立法保护的形式彰显其神圣性。[1]赋予受试者法律权利有助于消除受试者与申办者、研究者之间的现实差距，弥补受试者在知识背景、抗风险能力、经济利益分配等方面的不足，提高医学受试者在临床试验研究中的参与地位。[2]

毋庸置疑，人体试验存在着极大的安全风险。对于人体试验者自身的安全而言，不管是研发新药还是新型的医疗器械，还是使用其他新的临床治疗方式，其中都充满着诸多未知的风险因素，也冲击着人类的尊严、安全和权利。[3]据研究表示，Ⅰ期、Ⅱ期临床试验的医疗风险不容忽视。最近几年，国内媒体报道了多起有关药物Ⅲ期临床试验中由于延误受试者治疗而导致患者受到严重的医疗损害的事件，并且新型医疗器械和新药Ⅲ期临床试验是在一步一步的临床试验安全性检验通过后进行的。[4]尽管我们一再强调应当维护每位受试者的人格与尊严，但是在科学研究的层面，当受试者的个人感受与临床试验的目的发生冲突时，其人格与尊严的保护可能难以得到保障的。面对极大的风险隐患，几乎没有人会情愿接受人体试验。但是由于经济上的压力或者是患有当前医疗水平仍无法有效治疗的疾病，对于参加医学人体试验的受试者来说，接受人体试验是一个迫不得已的选择。一般来说，愿意接受医学试验的主体通常是社会弱者。而我国为了促使一些人积极参与医学试验，经常会对接受者提供一定的补贴。不少志愿者出于对金钱的考虑而参加试验，这种原本是对受试者进行补偿的善意之举，有时会被"有心人"加以利用，例如为了获取金钱利益，一些志愿者可能被迫接受医学试验。即便如此，受试者出于外部或者内部的压力而冒着安全风险接受人体试验，其是否具有正当性与合理性仍需要进一步探索。

根据传统法学理论，人身权利神圣不可侵犯，作为权利的本人应当积极对待，而非消极处理。1995年的法国"投掷侏儒案"让人们意识到，人不应

---

〔1〕 顾加栋："医学研究受试者权利及其保护的基本问题"，载《医学与哲学》2015年第5期。

〔2〕 邵蓉等："对我国药物临床研究受试者权益保护的法理学思考"，载《中国药事》2011年第11期。

〔3〕 蔡昱："《涉及人的生物医学研究伦理审查办法》的缺陷和完善建议"，载《中国医学伦理学》2019年第10期。

〔4〕 顾加栋："医学研究受试者权利及其保护的基本问题"，载《医学与哲学》2015年第5期。

当把自己置于违背人性尊严之下。[1]该案件的判决认为，我们应当禁止那些允许别人把自己当成物品而非人类的行为，这是侵犯人的尊严的行为。人们往往认为每个人都应当维护自己的人格与尊严、生命与健康。这不仅是一种义务，更是一种本能。可是，若人们用"人格尊严"的观念约束当事人的意志或行为时，他的生命健康权也有可能受到一定的限制。例如，一个人有着无法承担的生存压力，但是出于"人格尊严"的考虑而有些拒绝接受人体试验，因此失去了收获经济利益或恢复健康的机会。这是否又是一种"剥夺"他人生存权利的表现呢？这种现象与保障人格尊严和法治精神其实是有些背道而驰的。只要按照法定程序，不触犯他人、集体和国家的合法利益，任何基于个人自愿而参与人体试验的行为都应被允许并受到尊重。[2]

如今，维护和保障人权已成为当前国际社会普遍认可的公民应享有的基本权益。同理而言，医学受试者的权益保护也应具有人权属性。在法治社会，法律是维护受试者的尊严与权利的最终途径。[3]在医学人体试验的整个过程中，医学受试者享有的广泛的合法权益，包括生命健康权、知情权和自主决定权等权利，这些都属于人权的基本内容。而发生损害后的医疗救治权和经济补偿权也在人权的范畴内。而上述权利在受试者保护规范中并未法定化、具体化，大多属于虚化的法律权利。只有这些"应然权利"转化为"实然权利"时，医学受试者才可能得到有效的法律保护。[4]

第二节　实在法基础上的受试者权利属性

一、关于权利的含义

在英文语境中，权利是个多义词，与"正当""正确"同义。古罗马时期，权利没有单独的字词与之对应，而是被包含在拉丁字"Jus"这个多义词

〔1〕 韩德强：《论人的尊严：法学视角下人的尊严理论的诠释》，法律出版社 2009 年版，第 163 页。

〔2〕 顾加栋："医学研究受试者权利及其保护的基本问题"，载《医学与哲学》2015 年第 5 期。

〔3〕 唐伟华、王国骞："从塔斯基吉到通用规则：美国保护受试者立法的历史发展与启示"，载《中国科学基金》2017 年第 3 期。

〔4〕 张力、刘小砚："论临床试验受试者权益保护——理论基础、现实困境与法律进路"，载《重庆理工大学学报（社会科学）》2015 年第 12 期。

当中，与"正义""法律""义务"被视为同一范畴。对于权利的内涵，学界存在不同的看法，诸如"利益说""资格说""意志说""可能说""选择说"和"规范说"等。[1]这些学说分别从不同的角度对权利作出了定义，并且从各自的视角出发，揭示了权利的性质和特征。了解这些学说有助于正确且全面地把握受试者权利的法律属性。

（一）"利益说"

"利益说"认为，权利的目的在于利益，它应当是被保护的主体所享有的利益。需要注意的是，这种利益既可以是物质上的，[2]也可以是精神上的。例如，受试者的补偿费用、误工损失，以及受试者的个人隐私、人格尊严。

（二）"自由说"

"自由说"认为，权利的本质是一种自由，被允许的自由。它既可以是行动的自由，也可以是意志的自由。主体可以根据自己的意志行使权利，不受他人的干涉或强制。就人体试验受试者而言，可以根据自己的意愿退出试验，其享有随时退出试验的权利。同时，人体试验受试者还享有获得补偿的权利。需要注意的是，自由并不是绝对的，而是相对的。康德曾强调自由意志行为限于一个人的行为是否能同他人的自由相协调。例如，人体试验受试者身体机能下降的补偿权利受限于社会经济发展水平和各方主体利益的平衡。[3]

（三）"资格说"

"资格说"认为，一个人享有某种权利的前提是被赋予某种资格。换言之，当主体被赋予资格，具有法律地位时，才能向他人主张权利，维护自身利益。[4]这一学说反映了近代人权思想的核心内容。研究者在人体试验过程中享有参与研究的权利。根据"资格说"的观点，这一权利是以研究者具有参与研究资格为基础，而资格的取得则以行政机关的批准以及受试者的同意等为基础。

（四）"主张说"

"主张说"认为，权利是一种正当的主张。举例而言，房屋的承租人在其

---

〔1〕［美］乔·范伯格："权利的本质与价值"，安恒捷译，载《朝阳法律评论》2014年第2期。

〔2〕南京大学法学院《人权法学》教材编写组编：《人权法学》，科学出版社2006年版，第7页。

〔3〕祝莉娟："医学人体试验的受试者人权问题研究"，上海交通大学2008年硕士学位论文。

〔4〕杨春福主编：《人权法学》，科学出版社2010年版，第26页。

租赁的房屋之上，可以要求他人承认其对房屋的合法占有。被侵权人可以要求不法侵害人赔偿其遭受的损失。权利之所以被设定，是为了保障主体有权向他人提出合法的主张。[1]所以就受试者的求偿权而言，其有权针对身体机能受损这一结果而向对方主张损害赔偿。

上述四种学说被学界部分学者接受并采纳，具有一定的代表性。但是我们认为，这些学说在定义权利时，维度比较单一，并不具备充分的说服力。费因伯格曾指出，应该把权利看成一个简单的、不可定义并且不可分析的原初概念。我们无法透过某个单一的维度来认知权利的所有内涵，因而要从多个维度进行把握。

二、受试者权利的法律属性

(一) 公权利属性

医学受试者与医学研究者一样，为人类健康事业发挥着巨大的作用。医学研究者通过试验推动医学的发展与进步，而医学受试者的参与保证了医学研究成果的安全性与有效性。马克思曾提出，人本应当作为目的而存在，但在医学研究领域，人却成为试验的工具，成为实现目的的手段。医学受试者利用自身的生物学属性，承担一定程度的风险，人之为人的权利面临着某种挑战。因而在国际条约中，受试者的人权保护受到关注。[2]将受试者权利定位在人权的层面上，体现了其具有的公权利属性。我们在权衡医学研究申办者权益，医学研究者权益及受试者权益时，应当优先保护医学受试者的权益。受试者可基于自身利益等正当理由随时终止试验参与，无须征得申办者与研究者的同意，更无须顾及或承担他人的任何损失。上述规则已成为医学研究领域的共识。当研究者或其他主体发现研究活动可能会损害受试者利益时，应当主动终止研究行为。在涉及损害赔偿事宜时，即使医学试验活动本身不存在过错，受试者也应当得到足额补偿，如此才能符合公平、公正的要求。在医学研究领域，我国制定了《医疗器械临床试验质量管理规范》和《药物临床试验质量管理规范》等规范性文件，明确规定了国家行政机关保护受试

---

〔1〕 张文显：《二十世纪西方法哲学思潮研究》，法律出版社 2006 年版，第 391 页。
〔2〕 欧洲理事会《奥维多公约》附加议定书第 3 条规定："人具有最高价值。参与试验的人的利益和福祉应高于任何社会或者科学的利益。"

者权利的责任，申办者、研究者的义务以及实现受试者权利的有关机制都是国家履行保护、保障受试者权利这项义务的具体表现。

（二）私权利的属性

受试者权利作为公权利，在权利保护力度上具有优先性。但是，公权利属于基础性权利，"宣誓立法"的意蕴相对更浓，未必能满足当事人对权利保护所提出的具体的、个性化的需求。现代社会中，国家越来越倾向于将公权利转变为私权利并加以保护，用私法保护促进个体公权利的实现。举例而言，我国宪法保护公民的人格尊严不受侵犯，并规定禁止对公民进行侮辱、诽谤和诬告陷害。此时，人格尊严作为公民基本权利被宪法予以保护。与此同时，我国《民法典》也作出了相应的规定，将人格尊严作为一项私权利予以保护。可以看出，两部法律相互呼应，从公权利和私权利两个维度，通过法律制裁和法律救济的手段共同保护公民的人格尊严权。在《民法典》公布并实施后，关于公民的生命健康权、人格尊严权以及隐私权等权利的民事责任体系已经较为完善，在保护人的基础性权利方面发挥着越来越重要的作用。

如今，医学受试者权益纠纷的案例越来越多，但是我国关于医学受试者人格尊严等私权利的专门立法仍然不够完善。司法实践中，受试者的权益大多涉及知情同意权和生命健康权，法院大多以侵权法的一般责任认定规则加以判决或处理。而《民法典》在这方面有很大的突破。[1]

三、受试者权利的应然性与实然性

一般而言，权利有应然权利和实然权利之分。应然权利是一种静态的权利，指的是权利主体在道德层面或是社会习惯层面应该享有的权利，包括应有权利和自在权利。实然权利是一种动态的权利，指的是权利主体真正能够行使的权利，包括法定权利和实享权利。权利只有得到法律的认可才能获得国家强制力的保障，才具有实然性。举例而言，从以往形成的社会习惯来看，烟民是享有吸烟自由的。但是随着健康知识的普及，吸二手烟的危害逐渐被人们重视。出于公共健康的利益考量，为了保障不吸烟者的身体健康，就必须

---

〔1〕《民法典》第1008条第1款规定："为研制新药、医疗器械或者发展新的预防和治疗方法，需要进行临床试验的，应当依法经相关主管部门批准并经伦理委员会审查同意，向受试者或者受试者的监护人告知试验目的、用途和可能产生的风险等详细情况，并经其书面同意。"

限制烟民吸烟的自由。此时，烟民吸烟的自由就成为一种应然的权利，他所实际享有的吸烟自由仅限于相关部门事先划定好的吸烟区。由此可见，并非所有的权利都必然会得到法律的保护。

受试者的权利也同样存在应然性与实然性。受试者的应然性权利主要源于人们对人权法律制度所达成的共识。受试者的生命健康权、隐私权、自主决定权等权利都是人权的基本内容。此外，公平公正、诚实信用、等价有偿等法治社会的共有理念构成了受试者应然权利的基础。受试者的医疗救治权、经济补偿权、提起诉讼权等权利皆源于此。不过，受试者的应然权利如若转化成实然权利，则要受到社会经济条件、社会文化观念、公共利益需求等因素的制约。

截至目前，我国尚未出台一部系统地专门规范人体试验活动的法律文件。相关活动的操作规范散见于国家药品监督管理局、国家卫生行政部门制定的部门规章之中，内容较为零散。受试者在权利受损时，往往会因为找不到法律依据而遭受败诉的风险。由此可见，立法的迟滞导致受试者的合法权益得不到及时的保障。不过，单有完备的法律也是不够的。法律的生命在于实施，法律不但要做到体系完善，还需要被严格地贯彻。毕竟，实享权利才是真正意义上的实然权利。

在法律制度的运行下，人们可以实现自己享有的权利，但是这不是绝对的。由于立法缺陷导致权利不具有可行性，或者是现实生活中社会经济等条件的落后，有些法定权利并不一定能完全实现。此外，人体试验研究者与受试者的信息不对称，受试者权利意识淡薄、法律知识匮乏等原因，使得违规操作的现象经常出现，更使得原本就不多的受试者权利一再受到挤压、停于纸面。中国部分欠发达地区一度成为受试者权益被侵害的重灾区。据报道，哈佛大学学生在中国进行的十多个人体基因研究项目，在确保受试者安全、监督管理和生命伦理等方面均存在违规操作等相关问题。这些项目多半打着"免费体检""免费治疗"的名义，利用受试者的善良与无知，通过隐瞒试验目的、潜在风险等重要信息，或者采取欺骗的手段，在受试者不知情的状态下，擅自取走基因样本，严重侵犯受试者的知情同意权。[1]在这样的环境下，

---

〔1〕 满洪杰：《人体试验法律问题研究》，中国法制出版社2013年版，第278页。

受试者权利的保护与实现根本无从谈起。

四、权利冲突与受试者权利的边界

权利冲突是指由于某些原因，受试者无法同时行使自己的数项权利，或者是由于受试者的权利与其他主体利益、公共利益发生冲突而不能继续行使某项权利。对于第一种情形，可以通过如下案例进行理解。有患者生命垂危，市面上的药物已无法医治，此时有一种新药可能有效医治他，但是这种新药尚未正式用于临床，并且这名患者已经处于昏迷状态。此种情况下，是否使用新药就涉及患者的生命健康权和知情同意权两项权利。如果使用新药，就必然会侵犯患者的知情同意权。但是不使用的话，患者的生命健康权又无法保障。在这个案例中，患者自身的两项权利产生了冲突，无法同时行使。而对于第二种情形，举例而言，在医学试验中，受试者为了自身的正当权益，享有自主退出试验而不受他人干涉的权利，但这一权利的行使势必会影响到医学研究申办者的利益，进而与申办者的权利发生冲突。双方不可能同时行使自己的权利，其结果必然是有一方要放弃权利。但是近些年，法律将受试者的自主决定权无限扩大，新的问题又出现了。医务人员的医疗特殊干涉权与患者的自主决定权的最终目标都是保护患者的健康权以及生命权，究其根本，二者在医疗行为中具有共同的目的。然而，医生干涉权的实质是在医疗过程中对于医疗行为根据其自主的判断进行干涉，这种权利的行使有意无意地会与患者的自主决定权相悖。而在现实中，自主决定权的行为主体即患者本身在医疗过程中拥有对其自身的处分权，并且这种关乎自身利益的自主处分权在法律地位上优先于医务人员的医疗干涉权，而两种权利相悖就容易导致医患之间的矛盾。在现实中，其主要体现在患者自主决定权的过分膨胀和医疗干涉权的滥用。比如，如果患者拥有完全的自主决定权，就容易与医疗干涉权发生冲突，在医疗行为中将医疗工作者置于两难的境地。具体而言，一方面受试者有权决定自己是否参加试验并且是否终止试验；另一方面，受试者作为普通民众，在医疗行为中对于身体状况的认识只能凭借自身的感觉来判断，无法准确了解身体的具体情况，而作为拥有丰富专业知识的医生则可以把握。所以，即使在患者已经签署了书面的知情同意书、医生处于对其生命健康权负责的前提下，仍需要谨慎地对待受试者在试验中遇到的风险因素。可是，这样就容易导致在医疗行为中，患者以为自己的身体状况没问题，可以坚持试验，与医生为了保障患者的生命停止试验相互矛盾；或者受试者仅凭主观因素认为身体不适便终止试验，使医疗资源浪费，这些问题最终都会指向医务人员。因此，这就要求我们在充分给予受试者自主决定权的同时，也要对医务人员的医疗干涉权作出详细的规定，告知医务人员以患者的生命权为前提，在何种情况下可以行使优先决定。面对受试者身体状况良好却执意要停止试验时，应当耐心地与其沟通，沟通不成则尊重受试者的意愿。即使这样，当前日趋复杂的医疗环境仍对医务人员提出了更高的期待—— 医务人员在紧急情势下是否可以行使医疗特殊干预权，又该怎样进行合法的干涉。法律对此应该作出明确规定，帮助医务人员了解权利的正确行使，从而与患者更好地配合疾病治疗研究。这种对医生权利的规定在一定程度上能够更好地保护受试者的人身权，使医学试验既能最大限度地维护受试者的正当权益，同时又能得出科学的医学根据。

权利边界，顾名思义，是指权利所能延伸到的最大边缘。合理划定权利边界有助于避免冲突。当下，资源紧张的现象存在于各行各业，医疗领域也不例外。任何人都不可能占有无限的资源，享有无限的权利。为此，立法者通过制定法律为权利划定边界。如果权利人在行使权利时超过了必要的限度或是没有履行相应的义务，则会构成权利滥用。同理，受试者的权利也有边界，如受试者的权利可能会受到经济文化等因素的制约。但是，这也可能出现一些问题。以受试者的健康损害补偿权为例，由于我国的社会、经济、政治等发展起步较晚，我国的人身损害赔偿标准明显低于发达国家的标准。基于此，一些跨国公司更倾向于在我国开展药物临床试验，这就增加了受试者权益受到侵害的风险。此外，由于法律的滞后性，基因隐私这类新型的隐私权得不到法律的确认。受试者能否用自身的健康和尊严换取经济利益，法律也没有给出明确的答复，伦理学上也尚无定论。由此可见，受试者权利边界的划定至关重要，不但涉及受试者的权益保障，而且关乎医疗卫生事业的稳定和发展。

上文提到了权利冲突问题，对于这一问题，大致有以下两种解决方案。其一是通过立法划定权利边界，从而消除冲突。以医学受试者的自由退出权为例，《赫尔辛基宣言》要求排除医学研究申办者和研究者的商业性权利，而对医学受试者的自由退出权予以绝对的保护。这就是通过规范来解决冲突。其二是双方协商或是请第三方进行评价，当没有规则可以遵守，且双方协商不成时，可以请求第三方介入。第三方主体根据价值位阶原则，在充分权衡双方利益，考量公序良俗与社会接受程度之后，作出取舍。价值位阶原则主要表现为，当公共利益与个人利益发生冲突时，公共利益优先于个人利益。当个人利益中的不同权益发生冲突时，生命权优先于健康权，健康权优先于其他人身权利，如知情同意权、隐私权等。值得注意的是，《赫尔辛基宣言》强调的是个人本位，即受试者的退出权被赋予绝对的自由，这与前文提及的价值位阶原则相矛盾。我们认为，在特定情形下，即使是为了公共利益的需要，也不能侵犯受试者的生命健康。

第三节　社会法哲学基础上的功利主义

基于维护公民个体的生存和发展需要，减轻因生产和分配不均引起的社会矛盾，我国法律体系出现了一个新型的法律部门即以调节社会福利、社会保障以及劳动关系为领域的社会法。社会法作为第三法域，由公私法相融合而产生，并且以社会为本位。社会法的权利靶向指向的是以整个社会为单位的共同利益。因此，社会法需着眼于整个社会的共同利益，构建社会法要有社会观念和全局意识。社会是由其中单独的个体构成，所以对社会共同利益的保护最终需要落实到公民具体人权的保护上，即法律需要保障公民有尊严地生存和发展。而在对社会整体利益的探究上，社会法的主要观点与功利主义理论的观点不谋而合。例如，边沁的功利主义道德原则学说的主要观点认为个人利益应作为所有人们为人处世的缘由，最大多数人的幸福即为最大的幸福，[1]可以牺牲少数人们的利益。

一、受试者作为手段的特征比较明显

众所周知，近几十年来，人体试验在医学领域出现的突破性进展中处于举足轻重的地位。医生的职责是千方百计为病人解除病痛、救死扶伤，使人

---

〔1〕　李忠林："从理性主义到功利主义"，载《理论与现代化》2005 年第 3 期。

们重获健康生活，而要实现这些目标除对医生的执业能力有要求外，还很大程度地依赖于医学者所做的人体试验研究而取得的成果。医学研究受试者在人类健康事业的发展中厥功至伟，正像《赫尔辛基宣言》所描述的那样，医学要想向前发展，就要做好现代科学研究，然而这些研究最后还是取决于对医学受试者所进行的人体试验。[1]但是，任何事物都具有两面性，医学进展在不断增强的同时也带来了人体试验的"副作用"—— 受试者的尊严、健康乃至生命安全存在着受侵害的风险。背后的原因是我们没有充分重视受试者的权利，受试者作为人的应有"目的性"常常被忽视，受试者作为工具或手段的特征则比较明显。[2]既未能在损害发生前采取相关保护措施，又或者当侵害发生时也没能适当采取措施控制损害的进展。

二、功利主义理论发挥着举足轻重的作用

新药物、新疗法在研发过程中一个不可或缺的关键环节是临床试验，这就必不可少地涉及受试者，因为这些研发的成果绝大部分是为了投入人类社会的，从受试者的临床反应来观察新药物或者新疗法是否积极地作用于人的身体健康是检测其成果最有效的途径。而作为临床试验法律关系中的弱势群体，医学受试者的权益很容易遭到侵犯。在过去，大多数学者是从生命伦理学和普遍人权理论的角度来阐述受试者权益保护的理论基石的。实际上，在医学受试者权利保护领域中，功利主义理论具有不可替代的功能。功利主义者认为道德评价的依据取决于事物发展的结果，主张医学研究（人体试验）的最终目标是满足主要人群的幸福，必须依据医学试验取得的成效来判断受试者拥有哪些权益以及对其采取什么样的医疗措施。具体应用在医学受试者领域，功利主义者认为是通过收益的大小来决定受试者权利救济的限度和范围。[3]虽然在医学人体试验方面，为受试者提供服务基于效益方面的考虑是不高尚的，但不惜一切代价来满足每位受试者的需求，也有可能是一种好高骛远的

〔1〕 张力、刘小砚："论临床试验受试者权益保护——理论基础、现实困境与法律进路"，载《重庆理工大学学报（社会科学）》2015 年第 12 期。

〔2〕 姜柏生、顾加栋："人体试验受试者人格权保护研究"，载《中国卫生事业管理》2013 年第 12 期。

〔3〕 张艳梅："医疗保健领域的功利主义理论"，载《医学与哲学（人文社会医学版）》2008 年第 9 期。

想法。因此,在医学受试者权利保护方面,功利主义理论起着举足轻重的作用。

功利主义理论作为一种伦理方面的观点是以现实益处或成效作为辨别道德的基准。它的含义具有狭义与广义的区分。近代起源于英国的西方功利主义学说是狭义的功利主义的化身;把追寻和兑现人们的益处与美满奉为圭臬,并且以此作为判定所有事情、言语及行动好坏的基准的观点则属于广义的功利主义。[1]西方功利主义是本书所商榷的关键之处。

在功利主义学说中,杰里米·边沁和杰姆斯·密尔是影响力最大的人物。边沁是早期功利主义的代表人物,边沁的功利主义理论是有缺陷的,他把功利主义价值观简单一元化,即痛苦和快乐是可以换算的,而没有考虑到质的差别。他告诫我们:人们的使命就是把苦楚降到最低以及尽其所能地愉悦,从而使功利最大化。作为功利主义的后继者,密尔的理论则相对更加完善,他不仅提出了"最大多数人的最大幸福",并且还利用区别愉悦方面质的差异来化解边沁理论上存在的困境。[2]这些在密尔的《论自由》《功利主义》两部巨著中都有所展现。虽然这两位大人物的理论或多或少都存在不足之处,但不可否认的是,他们的观点在当时都极大地丰富了功利主义理论。

功利主义非常关注行为的后果,期望满足最大多数人的最大幸福,甚至作为人类文明社会的美好夙愿。功利主义独具一格的地方在于它拿出了一套新的具有重要影响的伦理思辨方法,认为应该尽力地消除人们的痛苦与悲催,从而让人们感到生活快乐以及提升幸福感,也就是说从行为的结果是否有助于实现最主要人群的最佳利益,来进一步判定行为是否正当。功利主义者认为应当把实际问题放在具体的场景加以剖析,对照可供抉择的具有差别的活动的结果,作出最佳的判断,而不是忽视实际活动所处的场景的繁杂性。所以,功利主义理论更加重视人类的现实好处和人们当前的生活情况。

三、医学受试者权利保护受阻于功利主义理论之分析

功利主义理论更加重视人类的现实好处和人们当前的生活情况,力求实

---

[1] 张运霞:"论功利主义的当代价值",载《中南民族大学学报(人文社会科学版)》2008年第4期。

[2] 庄晓平、郝文君:"密尔的功利主义如何成为生命伦理学自主原则的理论基础",载《学术研究》2012年第12期。

现最大多数人的最大利益，可又为何会阻碍医学受试者的权利保护呢？这主要是因为：

功利主义的目标是满足最大多数人的最大幸福，这有可能会在小批人群和主要人群之间出现利益方面的矛盾，最终可能会损害或剥夺小批人群的现实利益。而医学受试者往往是相对弱势的群体，对于人体试验成功后社会的利益来说他们的利益显然是微小的。

本研究认为，人的利益大体可分为两类：一类是普遍认可的利益，如身体健康、学有所成等；另一类是个人所特有的特殊利益，如计划、目标和偏好。功利主义的宗旨是在临床医学实践运用中实现"患者的最佳利益"，而判断患者的最佳利益有两个准则：一是主观准则（广义的最佳利益）；二是客观准则（狭义的最佳利益）。"狭义的最佳利益"是指主要基于客观的因素（如患者的医疗状况、风险利益评估等）来辨别病人的最高利益；而"广义的最佳利益"除考虑客观因素外，还要考虑患者的主观偏好和愿望等因素。显然后者在追求实际可视利益的基础之上考虑了患者的感情需求，更具有人文色彩。然而在当今，医疗实践中还是出现了许多如应当尊重依据宗教信仰而拒绝输血等越来越偏向于主观标准的情形，因此，唯有重视患者的主观偏好和愿望，在医疗干预决定中，才能更好地了解患者的最佳利益。无论是在轻微的疾病治疗上，还是面对病危的病人的想法时都应该这样。

从"广义的最佳利益"的定义出发，除诸如受试者的医疗状况、风险利益评估等客观因素必须评估以外，也应考虑个人价值观和主体的偏好。既然如此，受试者的生活质量标准也就顺理成章地成了应考虑的范围。本研究主张，"生活水准"是在保障最低生存需求的前提下追求更高一层的精神需要，不仅是个人的社会价值，更是个人的生命价值。在密尔看来，功利主义就是以"最大多数人的最大幸福"来辨别一个行为的是非，关键在于行为的结果是否增进了人们的幸福而避免了痛苦。[1]密尔的伦理理论在临床医学活动的落实就是高度重视患者的自主行为，即推崇患者的自主行为是为了维护患者或受试者的最佳利益，能够最大限度地促进患者的"最佳利益"就是正确的行为，

---

[1] 庄晓平、郝文君："密尔的功利主义如何成为生命伦理学自主原则的理论基础"，载《学术研究》2012年第12期。

否则反之。[1] 然而，现实中很少有医学研究者是真正地尊重受试者的"最佳利益"，相反，有些医学研究者往往扭曲了"功利主义"，注重的是试验的效果、研究的经济效益或者是对社会利益的考虑。在多数医学研究者看来，自己的研究是对社会的巨大贡献，是造福全人类的，那么，牺牲少数受试者的权利是在所难免的，是可谅解的，如温斯坦和斯塔森的高血压研究得出的结论就是为了社会的利益而导致个人权利遭受损害。这显然是不道德的。以下案例即可论证。

老王是某家大医院的权威专家，始终秉持着"最大多数人的最大幸福"为最高功利的行为准则。老李虽已届不惑之年，但活得很平庸。某天，他去老王的医院做常规检查。不料，此时医院中有四位伟大的人物身患重病急须救治：一位伟大的医学专家，可以治愈成千上万人的疑难重症；一位伟大的药学家，正在研究可治愈疟疾的药品；一位伟大的物理学家，将研究出新的动力能源以解决能源危机；一位伟大的哲学家，正创作能指导社会实践、极大解放人们思想的著作。他们急须进行器官移植，否则，他们的生命将岌岌可危，并且为人类创造的价值与研究成果也将随之终止。但老王清楚，只有老李才符合这些移植要求。从密尔"功利主义"思想的教义出发，作为功利主义追随者的老王，为了社会的最大利益，理应牺牲老李这个对社会贡献不多的平凡小人物的权益，从他身上取出相应的器官移植给这四位伟大的人物。倘若如此，老王便很容易陷入"囚徒困境"：若这么做，老王的行为不仅侵犯了老李的生命和人格尊严，甚至违背了人类医学道德伦理底线；若不这么做，老王将陷入另一困境，因功利主义对结果的极度重视而产生消极责任。

那么，何谓消极责任？它是指如果一个人对事件结果的发生负有责任，则不论情形是故意的还是因无法阻止而造成它的发生，他都负有一样的不可推脱的责任。[2] 若老王不取出老李的器官，则有可能延误治疗时机致使四位权威专家不治身亡，那么他们的研究成果就不能转化为应用，很多本来可以获救的人也将因病痛等死亡，从而有可能延缓整个社会发展的进程。出现

---

[1]　庄晓平、郝文君："密尔的功利主义如何成为生命伦理学自主原则的理论基础"，载《学术研究》2012 年第 12 期。

[2]　庄晓平、郝文君："密尔的功利主义如何成为生命伦理学自主原则的理论基础"，载《学术研究》2012 年第 12 期。

这样的结果是老王的行为所间接引发的。作为功利主义者的老王，他这辈子都要因功利主义所衍生的消极责任而受到心灵上的谴责。[1]显然，在这个案例中，如果以功利主义理论来指导，那么势必会对老李的权利造成巨大的侵害。

再类比医学研究，功利主义具体应用在医学受试者方面，则体现为运用经济成本效益分析方法，即判定受试者权利救济的限度和范围是通过收益的大小来决定的。比如说，对比研究带来的社会效益，受试者的利益是微小的。在试验中，研究者应该兼顾各方利益，力求满足各方需要。但实际情况却往往是无法兼顾各方利益的，那么功利主义者就容易陷入"舍小取大"的选择，因而导致了欺骗、侵犯权利等违背道德原则甚至违法犯罪的行为。因为在不道德研究者看来，比起救济这些受试者的权利，不如将更多的成本花在试验上。可以这么说，在宏观中，功利主义理论主张医学人体试验应该功利最大化，即尽可能多地满足最大多数人的利益。这就导致了研究者往往没有充分尊重受试者的合法权益而致使受试者的权益受到了不法的侵害。正是由于功利主义的目的在于满足最大多数人的最大幸福，这必然会侵害和褫夺小批人群的利益，进而或许会出现一些蒙骗、损害权益等背离伦理品德准则的行为。而在微观中，功利主义理论主张资源利用的社会效益最大化，即通过评判社会标准和医学标准来进行权利救济。因此，对社会贡献大的人享有优先保护权。这就极易造成不公的现象，如给予对于医学研究有重要价值的研究者优先权（如降低处罚力度），而对权利可能受到侵害的受试者的救济则往往是不够的、不足的甚至是忽视的。

医学受试者在人类医疗卫生事业的发展中厥功至伟，但他们的尊严、健康乃至生命安全却存在着受侵害的风险。功利主义理论非常重视人们的具体利益以及充分重视当前的生活境况，力求实现最多数人的最大利益从而达到功利最大化。但"鱼和熊掌不可兼得"，功利主义奉行者往往可能导致牺牲受试者的权利。医学人体试验领域基于效益方面的考虑而为受试者提供服务尽管往往是不道德的，但不顾结果想要保障每个人的权益，这也是不切实际的。医学研究是纷繁复杂的，若我们仅仅从某一视角看待人体试验，往往会错过

---

〔1〕 庄晓平、郝文君："密尔的功利主义如何成为生命伦理学自主原则的理论基础"，载《学术研究》2012年第12期。

许多信息，从而故步自封，陷入困境。只有不断开阔视野，用多种角度看待事物，借助反思平衡的办法去行动，才能产生积极的意义。因此，功利主义在医学受试者权利保护方面发挥着不可替代的功能，我们可以在反思中总结出更好的措施来保护受试者的合法权益。

第四节　现代法哲学基础上的倾斜性保护

现代法是具有现代法治思想的法律的集合总称。现代法的发展要得益于近现代以来人权、民主思潮的兴起，基于此，现代法确定了以人为本的基本思想，即告别中国古代的皇权至上和西方中世纪的神权至上、宗教主义带来的不平等的权力压迫。将人对幸福的追求化为上天赋予人无差异的权利，从而为人的生存和发展提供了合法性和合理性的支撑。与此同时，现代法的时代性还需要其应对因过分追求形式公平而导致的社会弱势群体的问题，这就为弱势群体倾斜性保护的产生提供了必要性。

对弱者加以保护以及立法上专门予以倾斜照顾共同造就了倾斜保护规则。作为一种有效的调节社会利益关系的保护机制，它是维护当今社会上特殊群体以及弱势群体利益的方式，是追求社会实质公平的产物。弱势群体倾斜性保护所代表的法律所指向的权利义务主体为特定的某一部分人群，即权利的享受和义务的履行具有主体限定性，以完善少部分人权利的缺陷来实现整体的利益保护。一方面，现代法的发展需要确定对弱势群体倾斜性保护，这样才能弥补因生产、分配不均带来的权利瑕疵。另一方面，弱势群体的倾斜性保护也可以深入现代法的保护范围，将权利的实现落实到最细微之处。弱势群体作为一个经常被提起的相对概念，从社会学方面来讲主要是指那些因为生理缺陷或者社会条件在经济、政治、文化等领域中处于不利地位，从而被边缘化或者缺乏竞争力的特定人群。[1]然而，在临床试验的受试者中，弱势群体的范围更为广泛，既包括社会性的弱势人群，也包括生理性的弱势人群，亦即那些因为身体疾病、年龄大小等丧失自主能力的人。

---

[1]　江一峰等："临床试验中的弱势群体及其伦理保护"，载《医学与哲学》2017年第6期。

一、人体试验中的弱势群体

人体试验中生理性的弱势群体是由于不能清楚且充分地表达自我意思，从而无法自主地参与知情同意过程的人群，因此在临床试验中往往更容易处于弱势地位，典型的如孕妇、儿童、精神疾病者和认知障碍者等。而社会性的弱势群体是由于缺乏社会所需要的话语权或者竞争力的人群，因此在临床试验中则更容易受到某种诱惑或外来压力的影响，同时也会承受更大的研究风险，如雇员、囚犯、学生和终末期病人等。

（一）生理性弱势群体

儿童由于智力认知能力等诸多方面的不足，无法有效地理解临床试验的各种信息及其存在的风险。不仅如此，儿童由于未达到法律上规定的年龄，仍不具备完全的行为能力，尚属于限制行为能力，所以在关于临床试验的风险因素的告知以及知情同意书的签署等方面，都需要由其法定监护人代其完成。除了孕妇自身的安全健康外，试验还可能给胎儿带来风险，因此需要加倍注意。怀孕期间会存在各种意想不到的特殊情形，需要面临更多潜在的、额外的临床试验风险。对医务人员来讲，相比于可控性较高的孕妇而言，胎儿还是一个尚未真正可把控的个体，所以在出现意外情况之后对胎儿采取医疗措施的实施难度也就更大。即使有些试验不会直接给孕妇的身体造成损害，但是对于脆弱且不稳定的胎儿来讲，形成的影响却是未知且无法估计的。认知障碍者和精神疾病者不同于可以根据行为确定想法的儿童和孕妇，这类人群的认知能力和行为控制能力处于不特定的状态。简言之，认知障碍者以及精神疾病者的判断水平和作出理性决定的能力在不同的时间有着轻重不同的能力缺陷，且具有模糊性和不特定性。所以在具体实践中，要具体分析行为人当时的精神状态。

（二）社会性弱势群体

终末期病人，主要指的是因为患有难以治愈的疾病而使身体机能处于枯竭状态的病人。这类群体所处的阶层较为广泛，有可能是在社会阶层中没有话语权的群体，也有可能是政治、经济、文化地位较高的群体。然而相同的是，每况愈下的身体状况会使他们产生对于高质量生活的渴望。在主观上，终末期病人大多抱有"破罐子破摔"的心理态度。因为无法从现有的应用医学中缓解病痛，所以更希望可以直接从医学试验中获取生命利益，从而承受着试验风险来接受人体试验。囚犯，更容易受到外部压力和诱惑的影响，不过对于他们来说，"自由"对其的诱惑才是至关重要的。通过临床试验证明，如果以让囚犯在试验期间得到与家人接触的机会为条件，那么囚犯愿意承担风险接受试验的概率会大幅提高。为了能够在短时间内招募到足够数量并且符合要求的受试者参加临床试验，试验机构首先会考虑把机构内部的职员以及在读学生作为受试对象。就雇员来说，因为处于公司某一特定岗位，所以就易受到公司方面施加的压力，即使受试者真实的意愿是拒绝参加试验，但是迫于上级给予的压力而不得不参与试验。就仍处于消费者地位的学生来说，往往会被较高金额的试验补贴所吸引，在不了解试验风险因素的情况下贸然地接受试验。同时学生的社会力量弱小，发生临床试验损害事件之后的维权成本也就较高。

二、对弱势群体的法律保护原则

要想切实保护弱势群体的社会地位，首先要从严贯彻人文主义。对于作为拥有社会资源较多的强势群体而言，其可能利用现有的资源寻求更多的特权来扩大自身利益。反之弱势群体则更希望通过法律的保障来改善自身不利的社会处境来享受平等的社会地位。由此产生的普遍性和例外优待之间的利益对立就需要法律在把握公平、正义的行为原则之下制定相应的条文规范来平衡双方的矛盾和冲突。本研究认为，正义是指对经济、政治、社会、文化等各领域中的善恶是非给予确定的价值衡量及分辨标注之一。作为人们行为准则以及长期的价值追求，正义运用于社会生活中，大多指符合社会要求的伦理规范的举动。随着生产力的发展以及资源的不断积累，社会中不可避免地会划分出弱势群体和强势群体两大团体，而此时正义的实现就在缓和双方冲突中显得尤为重要。法律作为一种正义实现的手段，旨在通过贯彻公平、平等的价值理念，加之国家对违法后果的强制性惩罚，从而调整不平等的社会关系。

（一）倾斜性保护原则

基于弱势群体已存在社会地位低下的现实，如果仅凭借形式平等只会加剧失衡主体之间的矛盾和冲突，因此我们需要利用倾斜性保护原则来实现实质平等。为此我国确立了"倾斜性保护原则"——以不平等的并且特定具有保护性倾向的法律制度来矫正失衡主体之间的社会关系，从而达到对各主体权利的保护。这样看来，倾斜性保护原则改变的不仅仅是一种社会现象，更是法律追逐正义迈进的一大步。倾斜性保护原则体现倾斜社会关系，是社会法的重要基本原则之一。我国社会法学者认为，倾斜性保护原则由两部分组成——理论部分和具体立法，概括而言即理论层面的倾斜保护理念和具体实践层面的倾斜保护立法。"倾斜保护理念"作为立法的依据，以保护社会弱势群体为起点，以维护社会公平正义为最终目的，将这种思想贯彻实施到具有特殊保护性质的法律规范中，用来弥补弱势群体在权利占有方面的不足和资源享受方面的缺陷，从而达到实质平等。倾斜保护主要是在立法上对现行法律的关系进行倾斜性的调节，而"倾斜保护立法"既是理念的保障也是理念的具体措施。若想追求实质意义上的平等，只有设置合理的差别待遇，对受试者给予适当的倾斜性保护，才能从根本上保护医学受试者的平等权。[1]通过给予弱势群体更多的法律保护和社会关注，把部分个别利益置于整个社会利益中，使得社会弱势者具有社会认同感和社会归属感，进而来缓解由不平等带来的冲突。倾斜性保护的实质是一种合理的主体需求，并不与"法律面前人人平等"相悖，所以在司法实践中我们仍需遵守平等的法律原则。

（二）弱势公平对待原则

从理论上探讨，弱势公平对待是以存在类的区分为前提的，通过对个人权利的倾向性，更好地保护"社会上的弱者"，而倾斜保护则属于弱势公平在制度设计层面的具体回应。罗尔斯的《正义论》提到，"正像真理是思想体系的首要美德一样，正义也是社会制度的首要价值"，除此之外，他还明确了两个著名的正义原则：机会平等和差别原则以及平等自由原则。罗尔斯的主张与我们现在所讲的对弱势群体给予合理的制度保护有一定的相似之处，我们称其为差别正义。相比较来说，弱势公平与强势公平是一对相对概念，具体表现在：根据"强弱身份"的社会关系主体给予区别对待，

---

〔1〕 邵蓉等："对我国药物临床研究受试者权益保护的法理学思考"，载《中国药事》2011年第11期。

从而实现整个社会的整体平衡。[1]而"区别对待"的关键措施在于：应在社会资源的分配中合理地倾斜于弱势群体，并将这种分配机制制度化，利用法律的强制力来支持其更好地实施，以实现公平正义。正如桥本公亘所说的，平等不应该是绝对的平等，而应该是相对的平等。因为现实中的社会个体之间具有复杂性和多样性，由分配不均和地位不平等导致的权利实现能力不尽相同。如果在此情况下我们还忽视差异，过分强调绝对平等，只会让强势者愈加强势，弱势者愈加弱势，加剧社会主体的矛盾和冲突，实质上是不平等之举。

为了平衡由形式平等带来的社会关系上的实质不平等的现象，倾斜性保护作为"弱势公平"之下的法律原则应运而生。一方面，强势公平以"法律面前人人平等"为追求，是近代法律得以发展的理论基础。如果抛弃了"平等"这一理念，法律对人们生活的调控就失去了合法性的制度来源。另一方面，强势公平通过人为分离人的社会属性，让其脱离现实情况，不能有效地改变由于影响力、地位、机会、财产、身份等给每个人造成的差别所带来的不同的境况，但是这些都会造成人与人之间强与弱的巨大鸿沟，最后会出现严重的社会偏见。所以，为了有效地化解上述强势公平带来的窘境，非常有必要引入弱势公平的理念与制度。[2]即使是对于部分个体利益，我们也应该有相应的政策制度将他们纳入法律保障之下，通过特殊化的利益倾斜来对特殊主体进行权利修复，缩小不同主体之间的差距。

我们需要明白罗尔斯所说的"最后应有利于地位最差者的区别存在"不是指破坏原有的强势公平，也不应该是有损于大多数主体的权益。对于部分个体利益的保护不是无底线，在合理的范围之内进行保护并不与社会多数成员的利益有冲突，并且我们最终追求的目的是需要有益于整个社会的长期进步。

三、对弱势群体的法律保护措施

"如何保护弱势群体权利"是每个国家都在思考的难题。弱势群体作为普遍存在的群体，在不同的领域都或多或少地存在，如我们所熟知的妇女、儿

---

[1]　姜涛："为了社会正义：将倾斜保护原则植入刑法理论"，载《江淮论坛》2013年第2期。

[2]　姜涛："为了社会正义：将倾斜保护原则植入刑法理论"，载《江淮论坛》2013年第2期。

童、农民工等人群。导致弱势群体出现的缘由是多种多样的，主要涉及生存状况较差、社会地位低下、利益分配不均、制度缺失等因素。这些原因造成的直接结果就是弱势群体逐渐被社会排斥，进而群体边缘化，权利极易被侵犯并且侵犯之后的损害赔偿的实现可能性也比普通个体要低。所以，我们要谨慎对待有关弱势群体权益保障的立法活动，并且对相关事项加以注意。

在人权保护中，我们需要对受试者的弱势地位予以特别关注。受试者基于疾病诊治需要等动机参与医学研究，但因医学知识的缺乏，医患之间普遍存在信息不对称现象。这些因素导致受试者难以通过自己的努力维护自身权益，其弱势地位特征非常明显。需要注意的是，受试者不同于我们通常理解的先天的弱势群体。受试群体不具备先天身份的特性，是为了参与试验活动临时组成的，具有临时性。而先天的弱势群体的身份地位相对固定。基于公权利属性及弱势地位特征，国家对受试者的权利保护负有一定的义务。如果邀请弱势群体作为受试者，必须按照倾斜性保护原则、弱势公平对待原则切实实施保护弱势人群健康和权利的措施。例如，研究者必须保证以儿童为试验对象的研究符合以下几点要求：该研究主要是为了获得儿童健康的知识；若以成年人为受试者，无法保证研究同样有效地进行；征得儿童法定代理人的知情同意；征得受试儿童在其能力范围内所表达的同意参与试验研究的意愿；尊重儿童提出是否参与或继续参与试验的意见。

2013 年版《赫尔辛基宣言》首次关注弱势群体的心理改变，在第 19 条增加了弱势群体心理改变评价和特别保护的规定。[1]在当前的医学受试者权益保护法律实践活动中，没有专门的受试者权益保护法律依据，往往按照医疗损害纠纷来处理，也没有专门的受试者权益救济机制。若医学受试者因参加人体试验导致人身权利受到损害后，受试者往往因为维权成本高和法律制度有待完善而不能获得及时的处理和合理的损害赔偿。此外，参加人体试验的主体多数文化程度较低，存在权利意识水平上的欠缺，所以在进行医学研究时应该明确受试者的弱势地位，主动对其权利进行保护。一方面，受试者常常会因为人体试验所获得的利益而将这些试验药物视为"救命稻草"，即使

---

〔1〕 姚树森、范贞："《赫尔辛基宣言》修订与受试者权益保障"，载《中国医院》2014 年第 2 期。

还未对风险因素进行理性的认识和评估，就冒进地参与未知风险的临床试验。另一方面，由于受试者缺乏相关的专业知识背景，存在医学知识上的鸿沟，即使他们想独立地判断其中的利弊得失，也不容易明白这些试验活动中的具体细节和认清其中存在的各种试验风险。为了能使受试者权益得到切实的落实，这种责任就自然而然地落在了医学研究的执行者身上，相应的监管审查也就得由行政部门负责。现如今我们要做的就是通过制度构建严格的知情同意以及伦理审查的程序，借此来增强对参与人体试验主体的权利保护。只不过这些制度并不是万能的，仍然存在很多缺陷，以至于其执行力度还不足。我们不难发现，无论是医疗伦理委员会的审查制度还是受试者的知情同意制度，运用在具体临床实践中效果甚微。究其原因是其缺少强有力的制度保障，而仅止步于形式，最终的结果便是不能够发挥其应有的作用。

相比于早已采取了全面的社会福利制度来缓和社会矛盾的发达国家而言，他们在人权法院中出现的是反向歧视的问题，也就是说他们认为，过分地保护弱势群体会损害社会大多数人的利益。可是包括中国在内的发展中国家面临的主要问题还是对弱势群体的"倾向性保护"力度不足，根据我国特殊的现实情况，我们采取的对策主要还是"反歧视"。这也就能够解答为什么我国大多数立法都不同程度地表现出对弱势主体的倾斜性保护。对弱势群体的倾斜性保护的产生是为了纠正近代所主张的片面强调形式平等原则的结果。弱势群体由于受到特定条件的限制，这种从属地位一定程度上导致其将自身的权利附着于强势主体，丧失了权力行使的自主性，他们在社会竞争中属于相对劣势一方。对弱势群体权利的保护是一项漫长、复杂且需要系统建构的社会民生工程，需要建构者具有坚强的毅力和足够的耐心。

同情弱者，给予他们合理的特殊保护是法律实质平等的表现，也是社会生产力高速发展之后对人们道德素质的要求。倾斜性保护的实现，符合了社会公平正义的要求，即使是处于不利地位的公民也可以分享社会改革发展的成果，这才是真正的公平正义。因此，整个临床试验体系都应该明确，人体试验若以弱势群体为研究对象不应该由于害怕风险的发生而规避问题。[1]在完善科学的研究方案、明确知情同意制度以及进行合理的事后补救措施等一

---

[1] 江一峰等："临床试验中的弱势群体及其伦理保护"，载《医学与哲学》2017年第6期。

系列人性化并且合法的制度措施之后，这些临床试验从一定程度上应该被得到鼓励和支持。另外，对于申办方、研究机构、研究者和伦理委员会而言，保持密切的合作以及及时作出意外处理预案是对弱势群体最为直接和有力的保障。

第三章　医学受试者权利保护的医学伦理原理

第一节　医学受试者权利保护的医学伦理基础

法律的发展与健全必须要跟上社会发展的步伐，对新型的事物要有足够的应对能力。德沃金认为，如果法律不能有效解决由社会和经济的迅速变化所带来的新型争端，它就失去其社会组织工具性的价值，人们不能依赖它解决问题，就将会采取暴力、恐吓、威胁等方式方法来解决他们的争端，这样法律对于社会和经济生活将变得没有关系与意义。[1]道德与法律同为维系社会关系的手段，同样也要遵循规律，道德的发展必须也要跟上社会发展的步伐，否则，脱离了人们现实的社会和经济生活，只剩下形式的话，自然也会被人们当作无用的东西。法律与道德相辅相成，互为补充，从某种意义上说，法律中一系列的权利义务规定以及惩罚性的规定，可以被看成道德规范"法规化"的显性表述。因此，法律原则的提出，必须要有道德上的合理性作为依据。

开发可以改善、增强人类健康的有益知识或增加对生物学理解的可推广知识是医学研究的目标。医学的目的是为人的，因此，医学研究的过程终究离不开人体试验这样的关键环节。所以医学研究在实现宗旨性目标的过程中也必然充满着对于人这个主体的责任关照，需要法律的保障，而道德上的合理性成为法律原则的依据。对于人这个主体的责任关照即对于医学受试者个人权益的保护。医学伦理学意味着对受试者生命、身体、健康的尊重，是受试者权益保护最根本的理论基础。[2]受试者权益保护的价值目标作为一个与

---

〔1〕　余涌：《道德权利研究》，中央编译出版社 2001 年版，第 10 页。
〔2〕　张力、刘小砚："论临床试验受试者权益保护——理论基础、现实困境与法律进路"，载《重庆理工大学学报（社会科学）》2015 年第 12 期。

医学研究的目标相交融的价值目标被凸显出来。

　　医学受试者权益保护的价值目标不等同于普通的个人利益或者个人价值目标，因为其存在于整体的医学研究中，它将个人权益的关注融入对于生命的敬与爱、对于医学价值的追求等，包括敬畏生命、医学义务、医学公正和医学公益，这也是医学研究的价值目标。

一、敬畏生命

　　生命之伦理首先在于敬畏生命。阿尔贝特·施韦泽在《敬畏生命：五十年来的基本论述》一书中强调：人应当持以敬畏之心，对待世界上的一切生命。人类应当有怜悯之心，不只是包括对待人类自身，应当给予一切生命体同情和帮助。这将有益于所有的生命，促进生命的发展，而这无疑也是有益于人类的。人类如果忽视对其他生命的尊重，自己的尊严也是没有保障的。因为任何事物都具有普遍联系的特征，世界上不仅有人类这一种生命体，还有其他各样的生命体，而且每种生命体都不能孤立地存在于世界。任何一个生命的存在，都是处于与其他生命及整个世界的关系中。面对世界以及与世界的关联，人类早就应该深刻地认识到：无论哪种生命，都具有自身的价值，所有的生命体与世界环境构成了不可分割的、完整的整体。由此，施韦泽推崇敬畏生命的伦理学：只追求内心修养，而不需要外部行动的伦理学不能达至自我完善。行动的伦理学想要有所作为，必须将内心修养外化为外部行动，外部行动表达出内心修养。敬畏生命的伦理在做这方面的努力并且能够做到这一点，它既回答了基本的伦理问题，又尽可能地深化伦理的见解，并将它付诸行动。[1]"敬畏生命"是对生命的态度，而施韦泽更是从哲学角度赋予它更为深广的内涵与意义，从而开创出伦理学的新领域——"敬畏伦理"。善与恶相对，相反而行，善旨在保护和推动生命，恶旨在阻挠和破坏生命。世界的头等大事即敬畏生命以及生命的休戚与共。[2]施韦泽"敬畏生命"理念的提出具有深刻的意义，产生了巨大的影响力，因此，敬畏生命观日渐被公

---

　　〔1〕[法] 阿尔贝特·施韦泽：《敬畏生命：五十年来的基本论述》，陈泽环译，上海社会科学院出版社 2003 年版，第 25 页。

　　〔2〕[法] 阿尔贝特·施韦泽：《敬畏生命：五十年来的基本论述》，陈泽环译，上海社会科学院出版社 2003 年版，第 25 页。

众普遍接纳，并成为生命伦理教育理论上的终极目标。1953 年，施韦泽荣获诺贝尔和平奖，他用行动践行了对于年轻人的期待，即"要有博爱与惠群的心愿"。施韦泽告诫我们：无论何种生命，我们都应当尊重、关爱、敬仰和维护，无论对待何种生命关系，我们都必须持以尊重、关爱、敬仰和维护，这是最基本的立场、观点和方法。

施韦泽的敬畏生命观发人深省，其实敬畏生命思想却是古而有之，孔子说："君子有三畏：畏天命，畏大人，畏圣人之言。小人不知天命而不畏也，狎大人，侮圣人之言。"[1]孟子认为："君子所以异于人者，以其存心也。君子以仁存心，以礼存心。仁者爱人，有礼者敬人。爱人者，人恒爱之；敬人者，人恒敬之。"[2]这里的"畏"与"敬"是独立分开的两层内涵，融合于儒家仁爱的总体思想，但对外在的环境（天）、对人、对于各种关系，也体现了儒家式的敬畏思想。纵观人类道德的发展史，无论是生命神圣论、生命质量论还是当下的生命价值论都是敬畏生命思想的具体表达，并且体现了敬畏生命思想内涵的演变。

传统医德一直遵循的是生命神圣观，生命神圣观作为社会一般性原则，被社会广泛认为是最基本的道德理论，在当下依然发挥着重要作用。生命周期对于个体来说是唯一的，不可复制、不可重复，生命是认知、体验、思考或者拥有一切的基础。没有生命，就没有个体的任何行动，同样，没有生命，人类也无法开展任何社会历史活动。所以，从古至今，人类为延长生命而作出的各种各样的努力从来没有间断过。追求生命，追求健康是人的自然本能。医学的诞生正是人类这种努力的结果。医学是人类社会发展的必然产物，从自疗到互相帮助，再到专业医师的出现，医学从诞生之初就是为了维护人的生命，包括延长生命和增进健康。因而，医者必然以救死、活命与扶伤为最根本的职业职责。"医者，生人之术也。""医道，古称仙道，原为活人。"传统医者的职业道德深受生命神圣伦理观的影响，医学领域当中所有的医学行为也是生命神圣伦理观在实践中的贯彻。尊重和爱护人的生命，维护和捍卫人的生命的职业才是符合道德意义的行为。随着医学实践的发展，医学道德日益稳定化、规范化，在传统生命神圣观的影响下，病人的生命利益和健康

---

〔1〕　李泽厚：《论语今读》，中华书局 2016 年版，第 10—29 页。

〔2〕　南怀瑾：《孟子与离娄》，东方出版社 2013 年版，第 20—36 页。

利益高于一切的医学道德规范体系和具体道德条目，成为医学领域中最传统，也是最重要的道德规范。不可否认，生命神圣观在医学的发展过程中，一直发挥着重要的作用。它一方面界定了医学的目的，医学应当实践医学人道主义，另一方面界定了医者的职责，医者在任何时候都应当以病人的生命和健康为重。在现代医学实践中，由于生命神圣观过于追求生命的数量而忽略生命的质量，忽略生命的价值而逐渐被质疑，但即便如此，没有任何理由否定，它依然发挥着积极的道德作用，而且这种道德作用会一直保持着活力。一般情况下，医务人员都不应当抛弃为人道行医，为病人谋利益的根本道德信条。

生命质量观作为生命神圣观后产生的一种新的生命伦理观，应时而生。生命质量观是以人的体能和智能等自然素质的高低、优劣，来评价生命对自身、他人和社会的影响和意义，从而根据这种评价对生命区别对待的一种伦理观。其基本内容是强调人的生命价值，不是在于生命存在本身，而是在于生命存在的质量；人们不应仅仅追求生命的长度，更应该追求生命的质量。[1]生命质量观并没有否定生命神圣观，但由于其观点过于关注生命存在的质量，在实践应用中容易走向非人道主义，导致对生命敬畏的降低，所以并没有能够成为医学实践中起着主导作用的生命伦理观。

随着社会的发展以及一些价值理论（实用主义价值学、马克思主义价值学等）的兴起与繁荣，从 20 世纪 70 年代开始，生命价值观日渐被人们关注和重视，尤其在医学领域。生命价值观将生命神圣与生命质量相统一，既维护人的生命神圣，同时又重视人的生命质量与价值。当今社会日益重视生命价值，当代医学道德的主导思想渐渐或者已经转向生命价值论，生命价值观也日益成为当代人类对人的生命的驾驭与死亡的控制的重要根据。生命价值观是运用差别对待方式的伦理观，依据的是生命对自身、他人和社会的效用。[2]生命价值观建议从两个角度来考虑生命价值的程度：内在价值与外在价值，即生命本身的质量体现以及生命对他人、对社会的意义。在考虑生命价值时既要考察生命内在价值，也要考察生命外在价值，内在价值与外在价值要统一。

陆树程教授将敬畏生命思想的发展脉络分为"天择时代""人择时代"与"道择时代"的敬畏生命观，其实就是体现了生命神圣观、生命质量观与生命

---

〔1〕 孙慕义主编：《医学伦理学》，高等教育出版社 2015 年版，第 119 页。

〔2〕 孙慕义主编：《医学伦理学》，高等教育出版社 2015 年版，第 119 页。

价值观的延续性且同向性发展。在"道择时代"，通过凸显人的主体性，敬畏生命观是对以生命神圣为核心的生命伦理观的扬弃，敬畏生命、尊重生命、关爱生命仍旧是其价值评判原则，但已经被赋予现代的价值论概念，构建了现代生命观。基于全球对理性中心主义的反思，人类走向天人和解、追寻合规律的"道"，最终由此形成现代生命观。[1]我们可以这样来理解"道择时代"的敬畏生命观："道择时代"敬畏生命观中的"道"，以追寻人心之善为基础，以坚持适度原则为保障，以追求共同福祉为目标，是合乎规律的道。[2]

敬畏生命，尊重生命，是一个人的基本准则，更是医学的目的与存在价值。当代医学敬畏生命观首先是基于生命神圣论基础上，对人的价值存在的终极珍视；当代医学敬畏生命观绝对不是一个抽象的存在，而是融入医学工作的任何环节中，包括医学研究，如人体试验。

二、医学义务

美德或正当是义务论的终极标准，美德用正当自身来说明。经典义务论认为，道德标准的存在独立于功利目的，一个行为是否正确，只有从义务原则去考量。康德认为人是目的而不是手段。每个人都知道人应当是目的，并不是手段，但我们往往会做到将自己作为目的，却不能将别人也当作目的。他人也是作为个体的"目的本身"，作为一个道德主体，拥有绝对的、无限的道德价值，个体的"目的本身"价值，应当被认识和尊重。因此，在医学试验中，尤其是危险的人体试验，绝对不能在病人不知情的情况下直接进行，即便是为了医学知识的进步。个体都是自身的福祉，为了其他人的利益或自我欲望而牺牲，这个决定权在个体自身手里。我们没有权利要求一个人为了其他人的利益而牺牲自己的利益。因此在医学实践活动中，义务论重在强调医务工作者对患方和社会所应承担的责任，重在强调医务人员应当遵循的行为准则。医学活动起源于人类的生存实践、生活实践和生命实践，是人类基本的、特有的、重要的社会活动，从诞生伊始，它就以研究和维护人类健康为其主要目的，同时避免对人类造成伤害，在此基础上行善。因此，对于医

---

〔1〕　陆树程等："全球发展视阈中的敬畏生命观"，载《科学与社会》2017年第4期。

〔2〕　陆树程等："全球发展视阈中的敬畏生命观"，载《科学与社会》2017年第4期。

务人员的道义感与美德要求很高。加上医患之间专业信息知识的不平等，很大程度上，需要医务人员对整个具体的医疗实践活动承担更多的责任。康德认为，义务具有道德上的强制性。什么是义务概念，即通过法则来压迫或制约自由任意的概念。这种制约既可以是外在的强制，也可以是内在自我的强制。很多情况下，这种制约是无条件律令、命令或者法则。但因为人毕竟不是圣人，而且个体之间道德感有很多差异。公共法则虽然具有威信，但挑战公共法则也有一定的诱惑性，通过主体自我的控制和约束，可以做到遵循公共法则，但自我控制和约束并不是令人愉快的事情，所以外在的强制是必要的。[1]

因此，从古至今，医学实践都是医学技术与医者道义的有机统一，医者道义以其道义上的强制性，保证医学即便是在医疗信息资源占优势的情况下也能够善意地对待病人，做到不伤害和行善，而对于特殊的医学科研领域，更是如此。医学整体的方法和技术本身是医者道义行善的工具。医学义务论明显暴露出来的问题是，每个人被当作有无限价值的理想并不总是现实的，过于强调个人的目的在医学中意味着只要病人一息尚存而不管其生命质量、生命价值都要全力抢救，不顾医疗资源、社会资源的极大消耗，实施过度检查、过度治疗，这样对个人权利的义务就侵犯了对公共权利的社会义务，因此两者利益之间的权衡与协调是医学伦理学绕不开的争议话题。

不管如何，从根本上说，医学是一门为人的学问。为人，意味着尊重、关爱、服务和奉献，而道德的突出特征也是奉献，所以医学道德是一种高于一般奉献的更为深刻的奉献。医者道义是奉献之基，而医学技术是奉献之资。医学义务的实现既离不开道义的价值导向，也离不开医学技术的精湛使用。医学技术日益发展，从古代传统医学的技艺到当下各种先进的医疗设备，大大推动了医学治疗的效果。但是，医学技术是一把双刃剑，如果医学技术偏离了医学道义的方向，便也是与医学目的背向而行。那么，如何克服现代日益先进的医学技术所带来的可能性弊端呢？任何技术的使用，都不能违背人道主义最基本的要求，医学技术是更好地实践医学人道主义的手段。因此，"在医学界为什么如此热切地呼吁人道主义的确立，就是为了克服医学技术所

---

〔1〕 舒远招、吴雪："从义务论的角度看康德的正义思想"，载《道德与文明》2019年第1期。

带来的可能性弊端……为了克服由于医学技术带来的现代医学的矛盾"。[1]

毋庸置疑，医学的出现是因为有生命，医学最直接的服务对象是人、人的生命以及人的健康。这也是长期以来，医学目的以人为中心的重要原因。从医学诞生以来，医学始终将治疗伤病、延缓死亡、恢复健康作为职业的道德目标。而随着医学理论与实践的进步和人们健康理念的改变，人们在关注医学迅猛发展的同时，也在关注着由于医学高新技术的发展所引发的社会、伦理、法律等相关问题。生物心理社会医学模式已经取代了传统生物医学模式，目前有专家甚至提出了人文医学模式的概念，医学模式的转变体现当下的医学发展的进一步要求。人的两种属性，即自然属性和社会属性，都是医学要关注的对象，尤其是体现社会本质的社会属性。因此，当下医学所关注的对象既包括病人的疾病，也包括患病的个体；既包括个体的人，也包括社会的人和人的群体；既要重视疾病的治疗，也要重视疾病的预防；既要致力于研究如何延缓人的死亡，延长人的寿命，也要重视人的生命质量、生命价值，注重全身心、全方位与全程的关怀和照料。

三、医学公正

医学公正是个体健康权利得到维护的重要保证，也是受试者权益保护的价值目标之一。在西方传统文化中，权利与公正是紧密联系的两个概念。

如对于"权利"概念，在亚里士多德哲学那里并没有得到明确的表述，但是"权利"概念在亚里士多德那里依然可以得到大致的理解，比如"公正"概念和"应得"概念。"公正"侧重于强调对人在社会共同体中与他人和社会之间的关系应当如何，"应得"是公正概念的核心内容。虽然表述不明确，但权利问题的重要内涵之一正是被"公正"和"应得"很好地表达了，即每个人的要求和行为都有正当与合理的"应该"与界限。每个人对他人和社会的要求和行为也都有正当与合理的"应该"与界限。具体说来，个体在对待自己方面，什么是正当的行为？个人在面对他人方面，什么是正当的行为？个人在对待社会方面，什么是正当的行为？当个人与他人或者社会利益发生利益冲突时，当讨论利益的先后次序的时候，"公正"与"应得"就是

---

[1]　崔新萍、郭玉宇："医学的人文意蕴及对医学院校人文教育的几点建议"，载《中国医学伦理学》2008 年第 5 期。

一个权利的表达。当个体在具体情境中，如果为了某种态度、某种选择和某种追求提供道德或法律上的支持和辩护，运用了诸如"公正"或"应得"这样的概念，那么，它实质上表明的就是一种道德权利或法律权利观念，而这项道德权利或法律权利即持某种态度，取某种选择、做某种追求本身。[1]

伦理学体系庞大，分支众多。一般认为，伦理学包括元伦理学、规范伦理学与应用伦理学。元伦理学体现了伦理学的语言体系特征与思辨特点，自20世纪初至20世纪60年代，元伦理学一度是潮流。但是随着社会各个层面的发展，越来越需要实践性更强的伦理学，所以出于社会现实的迫切要求，规范伦理学与应用伦理学日渐抬头，越来越成为伦理学舞台的主体，探讨社会各个领域的道德问题。公正观即正义观，正是在这种哲学文化转变的背景下，对于正义以及各个领域中的正义问题的研究引起了全世界的关注。

对当代世界影响最大的可以说是罗尔斯"原初状态"中的两个正义原则。罗尔斯认为，人们可以在他所说的"原初状态"中选择两个正义原则。第一个是"每个人对与所有人所拥有的最广泛平等的基本自由体系相容的类似自由体系都应有一种平等的权利"；第二个是"社会和经济的不平等应这样安排，使它们在与正义的储存原则一致的情况下，适合于最少受惠人的最大利益；并且依系于在机会公平平等的条件下职务和地位向所有人开放"。[2]罗尔斯的正义论在美国乃至世界上的影响很大，这种广泛的影响也体现在医疗领域。但是，我们也必然清楚地知道，任何理论皆有一片与之契合的土壤，所以正义论的影响力再大，也不意味着它必然可以适用于中国本土的情况，或者成为中国医学领域、生命领域公正价值的解释源。罗尔斯认为"正义类似真理是思想体系的首要价值，也是社会制度的首要价值"。[3]

美国医学哲学家恩格尔哈特先生指出，生命伦理学是文化进行自我理解的一个核心成分，它的主要工作是致力于"帮助一种文化澄清其关于现实和价值的观念"。这个观点提醒我们在思考本土伦理问题时重视并检讨自我文化的重要性。[4]正如赵汀阳所说："罗尔斯的'初始状态'假设，虽然简洁美

---

〔1〕 余涌：《道德权利研究》，中央编译出版社2001年版，第128页。

〔2〕 余涌：《道德权利研究》，中央编译出版社2001年版，第45页。

〔3〕 ［美］约翰·罗尔斯：《正义论》，何怀宏等译，中国社会科学出版社1988年版，第10-12页。

〔4〕 ［美］H. T. 恩格尔哈特：《生命伦理学基础》，范瑞平译，北京大学出版社2006年版，第24页。

好，却不符合现实……而是完全空想的'初始状态'，这样容易将问题简易化，漏掉太多不可或缺的变量，以至于最后不知道所说明的到底是谁的生活状态。"[1]因此，无论对待哪种权威的正义理论或者观点，都应采取审慎的态度。正义是医疗制度最重要的理论基础，同时也是应追求的价值目标。鉴于中国传统缺乏对于正义观的系统理论，在关于正义的道德哲学研究中，当下中国社会包括医疗社会，可以积极学习有益资源，如公正、权利等一系列概念。医学公正是属于社会公正的一个非常重要的内容之一，从制度层面看，医学公正是社会医疗活动领域的一项最基本的价值观念与准则。所谓医学公正就是给每一个个体应得的本分。在医疗资源享用以及分配的社会运作中，医学公正在医学社会中追求一种这样的状态：社会中的每一个个体可以被公平地分配或合理地使用卫生资源，而且平等地享有卫生资源的权利。除此之外，医者与患者平等，同时医者应该对患者一视同仁。可见，医学公正的前提是对每一个个体医疗权利的尊重。

形式的公正与实质的公正是公正原则的两个主要内容。由于医疗资源的有限性，医学公正原则无法在任何时候都能达到绝对的公正，或者说形式上的完全公正，所以我们在理解医学公正原则时，形式的公正需要去追求，但是实质的公正应当被重视与兼顾。形式的公正更多地呈现出一种理想状态，以个体为单位，在与患者个体的交往过程中，公正公平地对待每一位患者，不因患者的性别、职业、经济基础的差异而有所不同。但是由于医疗资源的有限性，在公平对待每一个患者个体的过程中，有时不能兼顾所有患者的医学需求，尤其是稀缺医疗资源的需要。实质的公正更多的是体现在资源分配中的公正，包括宏观分配与微观分配。在分配医疗资源时，一般以公平优先、兼顾效率为基本原则，尽力优化配置和利用医疗卫生资源。宏观分配的主要工作是衡量卫生保健投入在国民总支出中的合理比例，以及卫生保健的总投入如何在各级医疗部门以及医疗部门的不同层次中进行合理分配，这类工作往往是由立法和行政机关进行的；微观分配包括在临床诊治中所进行的面向具体病人的各种卫生资源的分配，如住院床位、手术机会及其时间以及重大、稀有医疗资源的分配等。稀有医疗资源的分配，是由医院和医生在实际工作

---

[1] 赵汀阳：《论可能生活：一种关于幸福和公正的理论》，中国人民大学出版社 2004 年版，第154 页。

中进行的。关涉一些重大疾病时，医疗公正是特别重要的原则，而"稀有"二字也说明了不可能做到满足每一位患者的需求，即无法做到形式的公正。人体试验的医疗活动中会涉及医疗资源的使用、受试者的选择、受试者的角色分配等工作，在具体处理这些工作时，也需要彰显医学公正。

四、医学公益

传统功利论将利益作为终极目标，从而以利益来说明美德、正当，而判断某一个行为道德上的好坏主要是由结果决定的。如边沁（Jermy Bentham）提出的功利主义（Utilitarianism）：计算一个行为所提升快乐的程度（the happiness promoted），最正确的行为是使最大多数人得到最多的快乐（the greatest happiness for the greatest number）。而对效果强调的不同层面可以分为功利论和公益论。功利论的伦理学理论以行为的目的和效果来衡量行为价值。这种理论认为为了使得道德行为取得善的行为结果，应该将调整人们的利益作为确定道德规范的目的。公益论的伦理学属于后果论的伦理学，但这个后果并不只是指向个人利益，而是着眼于社会整体公共利益，因此所谓的后果是与社会公共利益相关的，以此为目的，在此基础上确定道德规范。当下的这种伦理学理论，公益论认为道德规范的确定必须要有利于人类的共同利益。

最早用于社会实践的功利论以最大的善为追求目标，由于倾向于经济利益，在大力推动整体世界社会发展的同时带来了环境污染、资源短缺、贫富差距拉大等全球问题凸显的结果。随着社会实践的进一步发展，最大的善到底是什么，引起了社会广泛的思考。真正的最大的善，应当是从整体和长远的利益去考量，从人类利益的角度去考量，当下更倾向于以代表整体利益的社会为利益主体的公益论，不只是看个体利益，更看重公众利益。个人健康利益是社会公益的一部分，社会公益是社会整体的健康利益，后者利益必然要通过前者表现出来，因此社会公益与个人健康利益应该相统一。

由此，医学公益论对医疗活动提出了更高的要求，必然要包括兼容观、兼顾观和社会效益优先观。[1]首先，个人利益、集体利益、社会公益三者兼

---

〔1〕 刘婵娟："医学伦理审查的现实困境及在中国的建构"，载《中国卫生事业管理》2018年第1期。

容并统一；其次，个人利益、集体利益、社会公益三者兼顾；最后，既坚持经济效益，又坚持社会效益，同时社会效益优先的原则。

人体受试过程蕴含着不可避免的道德矛盾。

（1）医学研究者的权益优先，还是受试者的权益优先？随着社会经济的进步与发展，社会的观念也发生了变化，权利意识是重大的社会话题，这个权利不仅包括人类，也扩展到其他生命体，甚至包括人类赖以存在的各种环境因素。医学研究中，动物试验与人体试验都是非常重要的环节，同时都是不可逾越的环节，一直以来，动物权益保护问题与受试者权益保护问题是生命研究中非常重要的伦理学问题。如何对待动物这样的受试对象，无论是从动物权利的角度还是从人的敬畏生命、同情怜悯的角度，善待动物都没有任何异议。而关于如何保护受试者权益的问题就更为深远，因为这是涉及道德主体之间的关系问题。

所以，在人体试验中，如何对待医学研究者与受试者之间的伦理关系呢？应该从两个层面看待。其一他们存在着试验项目中的工作关系，其二他们存在着道德主体间的关系。那么，说到道德主体，无论是研究主体还是受试者，都有相应的道德权利，这些道德权利有时并不是同向的、和谐的，甚至是发生矛盾的，其核心是双方的权利和义务是什么，以及两者之间的关系问题。

（2）受试者的权益优先，还是医学事业发展优先？任何一项人体试验的结果都会有两种可能性，可能成功，也可能失败。皆大欢喜的结果是成功，至少受试者与医学事业发展双向的利益呈现出和谐的状态，即受试者主体权益与医学事业发展利益之间的同向性与一致性。但是，也会经常出现试验失败的情况，但是就试验失败的情况，也可能会有不同的具体情况。其一是试验失败了，在这个过程中，受试者没有受到明显的伤害，包括身体上与精神上的。客观上说，此次人体试验尽管失败了，但是只是试验没有成功而已，没有造成受试者明显的负面影响。那么我们可以吸取教训，总结经验，为下一次的努力做准备。其二是试验失败了，在这个过程中，受试者受到了明显伤害，包括身体上与精神上的。尽管我们也可以总结经验，为下一次的努力做准备。但是对于受试者的伤害是无可挽回的。同时，某些研究、试验的进展，无论成败，对医学发展都有明显的意义，而对受试者个人权益是完全不一样的，可能使其受害，也可能使其受益。在医学事业发展价值与受试者权益保护两者不能同时兼顾的情景下，谁的利益优先？

（3）研究者群体内部的利益孰先孰后？医学研究方往往是一个研究团队，在医学研究中目标一致，共同形成研究方的利益，但是也有可能会出现一些伦理冲突。主要的可能性矛盾在于既包括在特定的医学研究中，如何共享试验信息、如何共享相关资源、如何具体使用相关试验经费等问题，也包含特定的研究项目完成后，如何共享试验收获，如荣誉享受分配、奖金分配和论文署名先后等。

在面对各种道德矛盾时，如何进行道德选择，医学公益论是一个重要的思考方向。当然医学公益并不是受试者权利保护思考中的唯一理论基础，敬畏生命、医学义务、医学公正都是不可或缺的理论基础，唯有综合各种伦理思想，才能更全面、更合理地去讨论伦理原则。本研究认为在人体试验过程中，应当恪守试验目的纯正原则、受试者利益首要原则、知情同意原则与医学公正原则。哲学原则背后集中体现了生命伦理主要的理论思想，而在医学实践中，这些伦理原则光靠自律的道德约束是远远不够的，也应当成为人体试验过程中的法律考量。

总而言之，医学研究中受试者权利保护是一项重要的伦理课题，敬畏生命、医学义务、医学公正与医学公益等形成受试者权益保护的价值目标，诸如此类的目标与医学研究的目标交融在一起，从伦理价值目标来看，也是一致的。

第二节　医学受试者权利保护的伦理原则

在人体试验过程中，医学受试者不仅要遵守相应的法律原则，同时要以相应的伦理原则严格约束自己的行为。经过几次调整与修订，《涉及人的生物医学研究伦理审查办法》自 2016 年 12 月 1 日起正式施行。这意味着更为权威、更为规范的伦理依据已应用到医学实践中，尤其是涉及人的生物医学研究，该办法第 18 条集中规定了包括知情同意原则、控制风险原则、保护隐私原则、特殊保护原则、免费补偿原则、依法赔偿原则等涉及人的生物医学研究应当遵循的伦理原则，关注受试者的各项权利，这些原则在人的生物医学研究中已经发挥了积极的道德约束和伦理引导功能。依据上述涉及的人的生物医学研究的多项具体伦理原则，基于敬畏生命、医学义务、医学公正与医学公益的医学研究伦理价值目标，本研究认为，在人体试验过程中，医学研究者应当严格遵循试验目的纯正原则、受试者利益首要原则、知情同意原则和医学公正原则。

一、人体试验目的纯正原则

所有涉及人的生物医学研究过程中，尤其是在直接的人体试验中，作为医学试验的对象，受试者时刻面对着可能性的与不可预料的医学伤害，这是由试验性质决定的必然带来的风险。基于敬畏生命的伦理基础，医学试验的伦理诉求一方面应该是追求对全体人类生命体有益的试验结果，另一方面是保护实实在在的生命体，这两项伦理诉求的实现，都需要医学科研工作者高度的道德责任才能保障，尤其是后者。"道德责任"是指个人和群体必须承担的义务，每个道德主体都应按照对其社会团体和整个人类至关重要的道德原则行事。[1]对于试验结果科学性的伦理追求往往与科学试验者的长远利益绑定在一起，如果说个人层面的伦理目标的实现需要极强的道德责任的话，对于受试者权益的保护就需要非一般的道德责任。作为医学科研工作者，试验目的必须纯正，正确认识试验的伦理目标，从而树立高度的试验道德责任。一旦医学科研工作者道德责任不足，很容易产生负面结果，甚至有些负面结果是无法挽回的。对于医学科研工作者，这是首先需要伦理规约的对象。与此同时，很多时候被忽略的一个问题是，受试者也是医学试验的参与者，实际上他们有两重身份，即受试者与参与者，作为前者，他们是受保护的道德主体，作为后者，他们是参与医学试验的道德主体，显然，在受试者参与医学研究的过程中，也必然存在道德责任的问题。近年来，有学者也提出了参与医学试验的道德责任问题，在某些情况下，我们每一个人都承担着这样的道德义务，而这样的义务可能会超越一般性的伦理原则。当然，参与医学试验的道德责任也并非局限在参与的义务性层面，还有动机层面。试验目的的纯正原则不仅体现在医学研究人员身上，也体现在受试者身上。

---

〔1〕〔美〕Rosamond Rhodes："参与研究何时会成为一种道德责任？"，詹可、王玥译，载《中国医学伦理学》2018 年第 7 期。

（一）人体试验目的纯正原则的提出

人体试验目的纯正原则的提出，最早就是直接针对医学科研工作者的。"二战"期间，无数犹太人、波兰人等被德国法西斯关押在各种条件恶劣的集中营里，当时的纳粹医生丧失了最基本的医学人道，利用这些被关押的人做了各种惨无人道的人体试验。而在中国，大量平民和被俘的军人被日本731部队关押在秘密基地，日本军医认为这些被关押的人都是没有价值的生命，称他们为"原木"，因此他们可以摒弃基本的道义，做同样惨绝人寰的人体试验。1946年，纽伦堡军事法庭在对主要纳粹战犯进行审判后，随即对20名德国纳粹医生进行了审判。这些审判案的判决书中包含十项声明，后来被称为《纽伦堡法典》，首部国际性的关于人体试验的伦理学法典诞生。《纽伦堡法典》第2条规定，试验最后获得的成果应该是对社会有利，并且是富有成效的，而且是用其他研究方法或手段没有办法达到的，即这个试验方法或者手段具有不可代替性。《纽伦堡法典》并未明确列出试验目的的原则，但试验目的的要求由该法典分别从社会和个体两个角度被规定下来，即对社会有利与对受试者无害。

1964年，医学目的原则首次在《赫尔辛基宣言》中被提出，此后进行过多次修改，不断地得到完善。而明确将医学正当目的表述为促进医学事业的发展是从2000年版《赫尔辛基宣言》开始，并作为一个重要的基本原则延续下来。如该宣言"前言"中的第6条，明确规定了人体试验的正当目的。2002年，世界卫生组织与国际医学科学组织理事会联合制定了《涉及人体的生物医学研究国际伦理准则》，在该准则"导言"中也强调指出了医学目的的重要性，并且对于正当的医学目的进行了规约。

无论是医学科研实践还是国际相关文件，医学目的都越来越被凸显出来，因为这是医学科研的发端与起始，医学目的正当必然成为国际条约当中的重要原则。本研究认为，目前对于人体试验医学目的原则的讨论还应该继续深化下去，一方面，继续强调为了医学事业的发展、社会的发展，保证医学试验发展的正确方向，另一方面，将这样的目的也延伸到个体即受试者身上，让受试者充分参与试验目的的讨论。回归到1946年《纽伦堡法典》当中隐含的医学目的的双重性，如果在道德责任方面能够双管齐下，可以更好地实现医学研究的伦理价值目标。

（二）人体试验目的原则的双方性与双重性

人之存在的理想状态最实在的表现就是人的健康存在。正如学界一再强调的医学以人、人的生命、人的健康为服务对象。因此，长期以来，医学一直在探讨人如何更健康、人如何更长寿这样的问题和方法。医学的目的就是人，通过增进人的健康而为人，即通过预防疾病、治疗疾病、恢复健康、减少死亡、延长寿命而促进个体幸福，推进社会幸福。行动中的目的非常关键。如此追求人之健康幸福的医学目的应当贯穿于医学领域包括预防、检查、诊治、手术、护理、康复、试验等在内的任何一个阶段和环节。人体试验的研究方与参与方必须皆确立合乎伦理的目的，这是试验目的原则的双方性。

人体试验的参与方是人，人体试验的目的是人，对于人的理解应当包括涉及的人，既包括作为非受试者存在的人，也包括作为受试者存在的人。在传统医学目的的讨论中，经常更多地指向非受试者存在的人，即抽象的人类，背后是医疗整体的发展。实际上，无论是非受试者存在的人，还是作为受试者存在的人，都应该被医学目的考量，且可以当作平行的两大目的，而后者的目的是经常被医学忽略的。那么，人体试验的目的应当是，首先，维护和促进人类的健康水平和医学科学的发展，实现社会整体上的医学目的；其次，分两种情况，如果受试者是作为病人身份参加的，那么此项人体试验的目的在于在实现促进人类健康水平和医学科学发展的同时使得该具体病人得到及时的新药新疗法救治、恢复健康。如果受试者是作为健康者的身份参加的，那么此项人体试验的目的在于在实现促进人类健康水平和医学科学发展的同时尽可能地避免降低受试者的健康水准。

在人体试验的目的原则中特别强调目的的双重性，即要包括针对受试者的目的性，这是非常有意义的。人体试验目的纯正原则中对病人受试者与健康受试者的双重伦理考量，即人体试验目的原则的双重性。因为单纯从功利论的角度来说，如果不考虑人体试验相关个体的目的指向，任何人体试验都是"有价值的"，成功也好，失败也罢，因为任何试验，都可以总结教训，积累经验，为下一次的试验提供经验准备。

（三）人体试验目的纯正原则的内容

人体试验目的纯正应当成为人体试验的首要要求，因为实在目的存在于主观动机中，应成为重要的伦理原则，并且贯穿于整个试验过程。相对于试验目的指向的双重性，人体试验目的纯正原则也应当分为两个层面，即人体试验的研究方层面与参与方层面。人体试验的研究方的目的纯正在于，归结一点就是在医学研究的过程中使自己的研究行为符合防病治病、增进人民健康、促进医学和整个卫生事业的发展，造福人类这一伟大目标。脱离了这个目标就谈不上医学研究的职业道德，其他医学研究的具体规范也就无从谈起。为此，医学科研工作者要坚持为人民健康服务的方向，在选择医学研究课题、课题设计等方面首先要考虑国家、社会的健康利益和广大人民的健康需求。

对于参与人体试验者的目的纯正要求的关键点在于，关注医学研究的价值目的，经过审慎的思考与家庭讨论，充分了解人体试验的过程以及对于受试者的要求，确认自己是否符合受试者的范围，以认真、严肃的态度对待人体试验，而不是随意地参加与退出。尽管在伦理学的讨论中，考虑到人体试验的特殊性，受试者可以随时地退出而不应当承担任何法律责任，但是作为受试者，应当有认真对待人体试验的道德责任。医学的发展离不开医学研究和人体试验，离不开医学研究者，同时离不开医学受试者。比较理想的状态是，大多数人都理解、接受并认可有益的社会项目合作的必要性，甚至因为特别理解，所以能够对这些社会合作表达感激。这些项目是让社会受益，所以要求每个人都能尽自己的力量，大多数人可以做到配合与依从。然而，在医学领域尤其是医学试验中，并没有出现这样的理想状态，公众意识的范畴里还没有这样的社会合作之配合性理解，甚至没有被纳入生物伦理学界的意识之中。[1]在针对医学研究者关于试验目的的要求，体现在两个方面，第一个方面，医学科研工作者应当尽自己所能，进一步地了解疾病病因及其发病机制，以推进疾病的预防、诊断和治疗，在此基础上，促进医学事业的发展和人类的健康。第二个方面，即涉及人类受试者的医学研究中，作为医学科研工作者要主动保障受试者的相关权利，包括隐私、尊严、安全和原有健康，尽可能地让受试者从参与人体试验中受益。

随着高新生命科学技术的迅猛发展以及国际社会的多样化合作，诸多人体试验涉及跨国合作，或者获得其他国家相关机构资助，或者其他国家来本地进行疾病研究，或者各种方式的平行合作，等等。医学试验的目的纯正原则

---

　　[1]　[美] Rosamond Rhodes："参与研究何时会成为一种道德责任？"，詹可、王玥译，载《中国医学伦理学》2018 年第 7 期。

除应当与上述条件一致外，还应当与东道国的工作重心和健康需求相契合，尊重东道国的法律规范和公序良俗，特别是提供资金资助人的商业动机不能危害东道国受试者的合法权利。

人体试验的目的纯正，同期应当透明和公开。依据《纽伦堡法典》相关规定，医学研究人员的基本义务之一就是把试验目的告知受试者。《涉及人体的生物医学研究国际伦理准则》中"涉及人体的生物医学研究的伦理学论证和科学性"之准则在确认某一项人体试验的道德合理性时，首先强调的也是医学目的，即"涉及人体的生物医学研究的伦理学论证基于有希望发现有利于人民健康的新途径"。在该准则"评注"中明确规定，这类信息是交由伦理审查委员会审查的首要信息。对试验目的及其对受试者的主动告知的审查是伦理审查委员会的主要审查工作之一。

人体试验目的纯正原则杜绝一切形式的学术不端行为。在生命医学科学研究过程中，几乎所有的不端行为背后都有一个不纯正的试验目的。因为不纯正的试验目的，急功近利，或者忽视、无视试验的科学目标和伦理目标；或者科研设计缺乏全面、充分的科学论证；或者科研涉及缺乏严谨的伦理论证，甚至用欺骗的手段糊弄伦理审查；或者在试验过程中弄虚作假，隐瞒、篡改、编造试验数据；或者无视受试者权益，发生各种侵权行为。生命医学科学研究中的不正当行为具有极大的危害性。人体试验中的不端行为，其目的纯粹是个人的私利，它不但败坏科学道德，损害医学科学事业，而且会伤害受试者的生命健康，伤害人类群体的生命健康，还会带来严重的社会问题、生态问题。所以，应该充分关注生命医学科学研究领域中的道德机制建构，不仅要提升研究者的自律素质水平，也应深化生命医学科学研究领域中的道德的自律机制，同时主动向受试者普及生命科研道德知识，从而有效克服生命医学科学研究中的不正当行为。

二、受试者利益首要原则

在人体试验过程中存在着各种各样的矛盾，最大的矛盾便是医学研究的利益与受试者利益之间的冲突与矛盾。伦理矛盾难以避免。作为以道德为研究对象的伦理学，是一门特殊的学科，它总是要去讨论个人利益和社会整体利益的关系以及发生在各个领域中两者的矛盾。效益论告诉我们应当兼顾个体利益与社会整体利益，而当两者发生矛盾和冲突的时候，社会整体利益优先。因而，从伦理学的角度讨论，一般情况下，确实是社会整体利益优先于个体利益。但是在一个特殊的道德境遇下，即便是伦理学角度的探讨，也有例外情况。医学研究领域就是属于这样一个特殊的道德境遇，尤其在人体试验中，受试者的利益恰恰是优先的，是应该放在首位的。而基于医学伦理中道德利益关系的讨论和人体试验的特点，一般情况下，受试者权利的维护应该放在优先的位置。

（一）受试者利益首要原则的提出

1964 年版《赫尔辛基宣言》在前言的第 5 条中明确提出：在人体试验研究过程中，"人类受试者的健康和利益应该被当作首要考虑的因素，其次才是科学和社会的利益"。这是人体试验的基本理念。受试者利益首要原则一方面是纠正过去曾在人体受试者犯过的极端错误行为，另一方面，更为重要的是强调人是目的的理念，医学人道主义精神由此也凸显出来。2013 年版《赫尔辛基宣言》的 37 个条款中，前言之后的一般性原则第 1 条（总第 3 条）便提到："我最首先要考虑的是我的患者健康，在提供医护时应从患者的最佳利益出发。"紧接着一般性原则第 2 条（总第 4 条）继续强调：医生的责任在于保护和促进患者的健康，包含那些参加人体试验的患者。

1964 年版《赫尔辛基宣言》开始提到受试者利益的首要原则，在多次的修改中，一直贯彻着这样的原则，同时不断地被进一步论证与强化。目前，2013 年版《赫尔辛基宣言》中第 3 条、第 4 条、第 7 条、第 8 条、第 9 条、第 14 条、第 15 条、第 17 条、第 19 条等条款都属于直接提出保护受试者权利的原则，其他原则即便没有直接提到，也是与保护受试者利益相关。《赫尔辛基宣言》强调受试者利益首要原则符合医学人道主义精神，同时也彰显了医学公正。任何生命医学科学研究的目的应该是推动医学事业的发展，造福于全社会的。试验成功了，极大地推动医学试验的发展，整个人类社会受益；试验失败了，给医学的发展提供了经验与教训，从而可以进行下一步的研究，而失败产生的后果（有可能是致命的）让参与的受试者承担，甚至以他们的生命健康作为代价，这是非常不公正的。《医师法》赋予了医学研究者开展人体试验的权利，而保护受试者利益是开展临床研究时一条最重要的伦理原则，这意味着医学研究者的必要自律以及对自我的权利进行自我约束。

（二）受试者利益首要原则的主要内容

1. 对试验者的伦理规约

受试者利益首要原则的具体实施，在很大程度上有赖于医学研究者的伦理行为，是对于临床研究人员的原则性要求。[1]试验者在人体试验参与的各方中处于主导地位，起到组织者、策划者、实施者的作用。所以对试验者进行伦理上的规约是保证该原则实施的关键。伦理规约贯穿着整个医学试验研究的始终，对试验者的伦理规约始于试验方案的设计。无论开展什么样的医学研究，在方案设计前，医学研究者应做整体上的充分准备，熟悉有关科学文献资料，获得充足的试验信息，遵照多数认可的科学原则完成试验方案设计。同时，了解相关的法律法规，了解相关的伦理原则，一般情况下，科学上不可靠、风险大的研究，在伦理上也是不合乎要求的，科学论证是伦理论证的前提条件。医学研究者拥有开展临床研究的权利并不意味着他们可以为所欲为，应自觉使临床研究设计具有社会价值，能使患者受益或促进医学进步。[2]因此，人体试验研究中，研究者与受试者法律关系一旦明确，在开展人体试验前，研究者应当在第一时间对受试者亮明自己的身份，即让受试者明白，自己不仅是兼有临床医师与试验研究者双重角色的，还是纯粹的试验研究者；在试验开展过程中，若研究者具有临床医师与试验研究者双重角色，他就应当尽到两份责任——不仅要担负起相应的医疗保健责任，还要担负医学研究中的工作职责。若属于纯粹研究人员，还应该建议受试者去寻求必要的医疗保健。而这些情况不仅应该向医学伦理审查委员会进行呈报，还要接受其监控和审查。

2. 对受试者的最大化保护

在人体试验的全过程中，我们要保护受试者利益，因为受试者利益是全方位的，所以受试者的权利能否得到最大化保护是最为重要的问题。所谓最大化保护就是施以必须的、负责任的、全方位保护的承诺和措施给人体受试者。首先，保护受试者是受试者享有保护权利的客观要求，所以是必须的；其次，保护受试者是出自试验者真诚的主观动机和责任感，所以是负责任的；最后，

---

〔1〕 何玲玉等："临床研究之伦理治理框架：Emanuel 八个'伦理原则'的审辨"，载《医学与哲学》2019 年第 16 期。

〔2〕 陈旻、莫楠："论研究者发起临床研究的伦理自律"，载《中国医学伦理学》2017 年第 5 期。

保护受试者要全面着眼于其生理、心理、社会适应性等全面利益以及研究所及的全部环节，所以是全方位的。

能否做到最大限度地保护受试者涉及人体试验的一切问题。因此，医学研究中，首要且核心的伦理准则，就是保护受试者。而其他伦理原则的实施程度，与如何保护受试者利益息息相关。

（三）特殊问题：人体试验资源的适当保护

从研究对象的参与程度来说，人体试验研究有两种情况：第一种是医学研究涉及受试者的整个个体；第二种是只涉及受试者身体的某一部分，如仅从受试者自身中提取而用于研究的组织、血液、细胞、基因等。从广义上而言，受试者本身及其组织、血液、细胞、基因等都归属于医学人体试验的宝贵资源。若是前者，作为整体的人，受试者是人体试验的重要参与人员，绝对不会，也不能被作为单纯的人体试验资料。他们的权利可能会被最大化保护。但是如果是属于后者，问题就有点特殊。

第二种情况属于研究对象为狭义的人体试验资源问题，下一代的人体资源也应该被加以保护。从伦理学的角度来说，有两个理由。一是虽然组织、血液、细胞、基因等仅属于脱离了整个人体自身的生物性资料，但它仍然具有独特的人格属性，尤其是高新生命科学技术发展的今天，从它或者它们可以检测出个体的很多信息，它或者它们从某种程度上来说可以代表个体；二是在现实中，生物资源保护的问题也日渐引起社会的重视。人体试验资源的争夺式开发研究竞争日趋激烈，如何有效保护生物资源就成为各国尤其是发展中国家亟须解决的当代问题之一。当前，欧美发达国家还在不断利用发展中国家丰富的生物遗传资源开展科学研究，以便对其开发和获得更多的受益，发展中国家的人民的权利意识在觉醒并开始要求公平分享其权益，《生物多样性公约》就曾提及过这样的案例。在高新生命科技日益发展的今天，适当保护人体试验资源是最大化保护受试者权利的不可或缺的内容。如何适当保护人体试验资源？从观念到行动，都必须要有相应的调整。首先，在观念上应该把人体试验有关资源当作受试者本身的蔓延，对其妥善保护；其次，在人体试验开展进程中，提取和运用人体试验资源不得侵犯受试者的合法权益，并且应该符合通行的生命医学伦理准则；最后，对所有人体试验资源出口都应当有严苛的限制和监管，不能允许因地区、部门或个人的私利而使用放任甚至不当交易的方法。

三、知情同意原则

（一）知情同意权的提出

侧重于整体利益的中国本土传统文化对于个体的道德权利并没有一个系统的说明或者特别的论述，而在医学领域中，更是强调"医者父母心"，所以传统医德中涉及医患关系更多地表现出一种家长主义的医患关系，医者是权威，医者是家长，在这个基础之上，要有仁心且应施行仁术。所以知情同意权并非传统伦理文化的直接传承。知情同意权更多的是强调沟通的体现主体间互相平等的医患关系，客观上，知情同意权是随着西方医学伦理学的传入，而日渐被人们所重视。在这重视的背后，是医学技术的发展、医学知识的相对普及以及人的权利意识的增强。知情同意权虽然不是由中国传统文化直接产生的，在当下的医疗社会中，知情同意权却是患者特别重要的权利，这个权利需要患者和医生共同关注。另外，中国传统医学文化中强调的医乃仁术、大医精诚、医者仁心等传统医德充实了知情同意权的具体内涵，知情同意原则的实施也需要结合中国当下的特定文化土壤。

从《纽伦堡法典》最早提出这项权利之后，毋庸置疑，在人体试验中，知情同意权已经成为受试者必须享有的重要权利。1946年《纽伦堡法典》的第1条就是，"人类受试者的自愿同意是绝对必要的"。肯定人体试验受试者的相关权利是这部历史非凡文献的逻辑起点。受试者最重要的权利就是享有知情同意权。随着医疗社会的进步，医疗知情同意的理念很快进入医疗临床实践领域。在1957年美国发生的一起医疗官司判例最早引出了司法实践中关于知情同意的讨论。该司法判例规定，知情同意权是病人享有的重要权利；病人应被主动告知种种可供选择的诊治方法的利弊，病人在得知信息之后，对诊治方案作出同意与否的决定。从此，知情同意原则已经从人体试验领域推广到医学领域中的任何一个环节，在医患关系中，这是普遍被认可的一个非常重要的原则。

1964年版《赫尔辛基宣言》之所以得到全社会的广泛关注，最大的贡献之一就是将知情同意的"知情"与"同意"的内涵分别进行了非常具体的介绍，分别体现在1964年版《赫尔辛基宣言》第22条、第24条、第27条、

第 28 条、第 29 条等条文中。《赫尔辛基宣言》从 1964 年第一次诞生开始，迄今被修订了多次，而不管怎么修订，在涉及人的生物医学研究的原则规定中，知情同意原则始终都被定位为调整受试者与医学科研、医学科研工作者之间关系的关键原则。在《赫尔辛基宣言》之后，其他陆陆续续出现的与科研伦理相关的国际性研究报告或者全国性研究报告，在强调受试者知情同意权以及医学科研知情同意原则之重要性问题上，表现出必然的一致性。如美国《贝尔蒙特报告》、国际医学科学组织委员会与世界卫生组织联合制定的《涉及人的健康相关研究国际伦理指南》以及我国《医师法》《药品管理法》《药物临床试验质量管理规范》《医疗器械临床试验质量管理规范》《涉及人的生物医学研究伦理审查办法》《药物临床试验伦理审查工作指导原则》等，无一例外地都有对于知情同意原则的相关规定与解释。现代医学中对于知情同意的解读，主要依据就是《赫尔辛基宣言》。国际医学科学组织委员会与世界卫生组织联合制定的《涉及人的健康相关研究国际伦理指南》中关于知情同意原则的规定也是对《赫尔辛基宣言》中涉及知情同意原则的细化说明和补充说明，要求避免毫无理由的欺骗、不正当影响或恐吓；只有在确定了未来受试者对有关事实及参与研究的后果已有充分了解，并有充分机会考虑是否参加研究之后，才能去征求其同意；一般规定是从每个未来受试者获取已签名的同意书，作为知情同意的证据——研究者对这一规定的任何例外均应说明理由，并应取得伦理审查委员会的批准；如果研究条件或程序有了明显变动，或者获得了可能影响受试者愿意继续参加研究的新信息时，应更新每个受试者的知情同意书。

从伦理的角度，知情同意权是个体的道德权利之一，是人体试验尊重受试者或者患者自主权的具体体现。知情同意原则是医学临床实践中有效处理医患关系的一项特别重要的法律伦理原则。其实质主要是临床医务人员应该向患者提供包括诊断意见、病情分析、治疗计划和治疗费用等方面确凿且详细的信息，并且要把为患者所作出的诊断及治疗方案及时地与其进行有效告知。这些信息要着重于医疗诊疗方案的本质、功能、根据、侵害、危急、很难推断的医疗意外情形以及可供选择的替代医疗方案的利弊等信息，使患者或患者家属能够完全充分熟知后自主作出判断并且能够作出相应婉拒或同意的首肯。临床医生要在得到患者或患者家属的确定的同意后才可最后决定和施行由其认可的医疗诊断计划。人体试验中的知情同意权与临床医疗中的知情同意权是同样的权利，但是具体内涵要更为深刻。因为人体试验作为试验就意味着每时每刻、各个环节都有风险，这样的风险直接关系到受试者的身体健康、心理健康乃至整个生命安全，所以关于是否参加人体试验，受试者有权利在人体试验之前就获悉与该试验相关的一切必要信息，在没有任何强迫、压制和欺瞒的前提下，可以根据自己的情况和利益自由自愿地作出判断和选择。在人体试验中，只有受试者真正地被尊重，知情同意权才能得到真正的落实。所以，知情同意权体现了试验双方主体的平等关系，人体试验相关的一系列约定是在平等关系基础上构建的合作契约，合作契约双方应当始终保持平等的关系。

（二）人体试验的知情同意原则

1. 知情同意原则的一般内容

人体试验中的知情同意原则就是指在医学研究活动中，为了尊重和保护受试者的利益，让受试者全面知悉、充分理解整个试验的目的、过程、风险以及本人的相应权利等，并在此基础上自由自愿地表达是否参加的权利。[1]

知情同意原则包括全方位的具体要求：首先，试验研究者应该将人体试验的研究目的、研究方法、研究过程、预期益处和潜在危险等信息向受试者进行真实的、充分的告知，让对方充分知情，并且帮助对方充分正确地理解。其次，在受试者知情并且作出同意表示的过程中，研究者绝对不能采取任何强迫性的手段或者施加不正当的影响、引诱和威胁，受试者通过自己的理性思考，作出自由自愿的选择。再次，如果受试者本人是儿童、老人或者其他限制行为能力者，医学研究者必须征得其法定代理人或委托代理人的知情同意。最后，知情同意原则的落实需要在医学受试者允诺参加医学试验之后签署正式的人体试验医疗知情同意书，但是医疗知情同意原则的施行并非以一份知情同意书的签署作为完结，它渗透、贯穿于试验过程的始终以及试验者与受试者双方的整个互动过程中。作为一切涉及人体研究活动和行为的最重要的伦理原则，知情同意原则的出发点是尊重受试者的尊严，保护受试者的权利。

知情同意权的明确以及知情同意原则的提出体现了对患者人格的尊重、

---

[1]　李晓洁、王蒲生："大数据时代的知情同意"，载《医学与哲学》2016 年第 5 期。

对患者自主性的尊重和对生命整体的尊重，尤其是在当下价值观念多元化的时代。[1]

2. 知情同意的具体内涵

知情同意的具体内涵包括两个方面，即理解基础之上的充分知情和自由自愿的真正同意。只有理解知情同意的具体内涵，才能真正触及知情同意的伦理价值，而不是将它理解为一个表面上的形式。

首先，理解基础之上的充分知情。理解基础之上的充分知情表达了两个具体要求，即知情和理解，且两者是交织在一起的同步行为。如有学者认为，知情有两个要素，其一是信息的内容，研究者必须向受试者明确阐明试验目的及背景、试验步骤和过程、试验室检查项目、试验分组、可能的风险和可能的受益等。其二是对信息的理解，由于临床试验的专业性和科学性，不可避免会涉及一些专业性较强的医学术语。对于文化程度、教育背景不同的受试者而言，专业词汇可能不容易理解。所以知情同意书的表达要通俗易懂，必要时对专业术语作出让受试者可接受的解释说明。

对于知情，其实就是让受试者知道一切应该知道的医疗信息。医学研究者一般应该主动告知医学受试者以下方面的几点重要信息：医学研究的背景、目的、方法、内容、步骤和时限；要求医学受试者参与医学研究的时间周期；此项医学研究大概会给受试者带来什么益处，并且要告诉受试者哪些收益是确定的，哪些收益是可能性的；医学研究的参与会给受试者本人带来哪些可能性的风险和不适；就受试者的实际情况和当下的医疗条件，可能给予的有益的替换治疗方法；对受试者个体信息的保密方面的规定；目前的医学临床中，受试者可以得到哪种方案的治疗，与医学试验的优劣比较；医学研究受试者如果是因为参与研究而致使受试者遭到了人身损害，可以免费得到医疗治疗的权益；若医学研究受试者由于参与医学人体试验研究而致使受试者死亡或残疾，应为受试者近亲属或本人提供经济赔偿，并且应明确医疗损害赔偿的额度；受试者对医学研究有拒绝参加的权利，而且有随时随地退出医学研究的权利。受试者不会因为拒绝参加医学研究而在临床治疗中有不公正的对待，也不会因为随时随地地退出医学研究而受到惩罚，更不会失去应得的

---

〔1〕 赵海燕、陈晓阳、杨同卫："论我国知情同意免除的法律规定之缺陷及其完善"，载《中国医学伦理学》2008 年第 6 期。

利益。

上述情形是对医学试验者的一般性要求，此外还应视具体情形向受试者告知其他必要信息，譬如研究设计的具体方法、选择他作为受试者的缘由、可能终止试验的特殊情况等。

前文在论述试验目的纯正原则的相关内容中提到过这样的观点：参与人体试验的道德责任也并非局限在参与的义务性层面，还有动机层面。试验目的纯正原则不仅体现在医学研究人员身上，也体现在受试者身上。这是对于试验目的纯正原则的拓展性理解。在落实这个层面的试验目的纯正原则时无疑和知情同意原则中允许受试者可以随时随地退出医学试验的具体内涵发生了冲突与矛盾。这就要求医学研究者在招募、邀请受试者的工作过程中，让受试者充分地知情和理解，确保受试者是自由自愿地参与医学试验，尽量避免受试者中途因为对于医学试验进一步认识而产生思想方面的改变。但是如果受试者选择中途退出，医学研究者应当无条件地尊重。试验目的纯正原则之于医学研究者是绝对的道德义务，而之于受试者是相对的道德义务。

首先，对于理解，就是要求研究者不仅让受试者知情，同时要确保受试者是在理解基础上的知情。第一，要有详细的知情同意书，在知情同意书中应当全面地介绍前文中已经提及的信息；第二，知情同意书的书写必须客观、通俗、便于理解，用受试者所能理解的语言和方式来传递信息，如果有必须出现的医学专业术语或者英文字母，知情同意书上要有合适的解释说明；第三，医学研究者应当主动帮助受试者理解整个的知情同意书的内容，耐心地为受试者解答他们提出的任何问题，有文化或语言障碍时应为他们积极提供帮助；第四，允许与鼓励受试者与亲友商议；第五，医学研究者应该主动检查受试者理解信息的程度，以确保他们对于信息的正确与完备的理解。

其次，自由自愿的真正同意。自愿的真正同意是医学研究者务必保证受试者作出参加医学试验的决定是在充分理解医学试验所有应该知道的信息的情况下，即在充分理解医学研究的背景、性质、目的、程序、利益、风险、赔偿以及相关权利的基础上作出的理性判断。在这个过程中，没有任何外力的影响（如胁迫、诱导、欺瞒），完全是出于自由自愿，从而作出参与研究或者不参与研究的决定，不应该存在任何可能影响自由决定的关系。具备完全行为能力和有真正的自由和自主性是自愿同意的先决前提。

（三）知情同意特殊问题的处理

1. 知情同意权的代理情况

和临床治疗一样，在人体试验中，也会出现知情同意的代理情况，尤其是试验性治疗。在某些情况下，不是由受试者本人，而是由代理人行使被代理人及受试者（患者）的知情同意权。大多情形下，这类特殊群体的医疗知情同意权应当由其代理人代为，如智力障碍者、精神障碍者、婴幼儿；再如虽有完全民事行为能力，但因为生活习惯、思想观念、文化程度等因素的制约，难以正确理解医学信息的患者；又如基于安全或公共利益的考量，在某些特殊情况下必须依法接受强制性隔离、住院、治疗等患者，如严重精神障碍者、传染病人等。[1]知情同意权的代理包括两种类型：其一，无民事行为能力者或限制民事行为能力者的法定代理；其二，有民事行为能力者的委托代理。对于无民事行为能力者和限制民事行为能力者，人们习惯认为具有紧密关系的家庭成员和近亲属可以成为患者知情同意权的法定代理人。委托代理即有完全民事行为能力的患者委托他人代其行使知情同意权，被委托的人应该遵照被代理人的最佳利益在委托范围内作出与被代理人相关的各种选择与决定。

由于经济条件、社会条件以及文化背景的差异，我国和西方国家在对患者知情同意权的认知和应对的各个方面都存在理念或方式的差异性。忽略了中国本土的观念习惯，完全照搬西方的尊重个人自主权利的做法是行不通的；而完全按照传统的方式，即只要家属同意即可，也是不合理的。所以，既要考虑到传统文化的影响，也要认识到个人权利意识的提高。因此，应当确保代理人是受试者明确委托的，同时代理人的实施意见也是充分体现了受试者的主观意愿和最大利益。

2. 知情同意的免除情况

知情同意的免除情况一般有以下两种具有代表性的情况，一种是由试验的性质所决定的不可获得受试者知情同意的情况，另一种是出现危急情况所决定的来不及获得受试者知情同意的情况。

首先，试验的性质所决定的不可获得受试者知情同意的情况。在一些医

---

〔1〕 张晓隆："代理行使知情同意权的难点探究"，载《中国农村卫生事业管理》2009 年第 2 期。

学试验中，如人类行为的试验，尤其是心理学的试验，需要受试者在未知情况下进入试验的状态，如果经过知情同意的过程，受试者无意识中可能会有一些应付或者抵抗试验的行为，就无法达到医学试验的目的和科学标准。一般认为，心理学的试验如果对受试者几乎没有身心的伤害，可以不用通过知情同意的程序。即便是属于知情同意的免除情况，这样的特殊试验最起码也要做到以下几方面的伦理要求，即没有什么风险或者风险最小；已经尽可能地保护了受试者的权益与福利；如果不取消知情同意，医学研究无法进行或者无法达到科学的结果；试验研究方已经提供了合适的信息。

其次，出现危急情况所决定的来不及获得受试者知情同意的情况。在临床诊疗中，有知情同意权的免除情况，在一些特殊的情况下，为了病人的生命安全以及根本利益，医疗干涉权可以超越病人的知情同意权而进行医疗上的干预与救护。知情同意的免除情况是临床诊疗中的特殊问题，同样也是人体试验中的特殊问题。在医学试验中，面对没有家属陪伴（没有代理人）的危重病人，在当下医疗条件下还没有成熟的急救方法的情况下，为了病人的利益，顶着风险去抢救。在这种情况下，以危重病人做人体试验的受试者也是必然的，也促进了急诊急救医学的发展。无论是从科学的角度，还是从功利主义的角度来看，危重病人作为临床急诊急救方面的人体受试者，无论是对病人个体来说还是对医学科研来说，都是有益的选择。但是，从生命伦理的角度来说，知情同意原则作为尊重医学受试者自主权的有效展现，危重患者也应当享有这样的自主权，拥有知情同意权。知情同意原则的落实在这种情况下必然会遇到"瓶颈"和两难：患者拥有知情同意权，这种权利不可被剥夺，但是考虑到患者的客观情况，而在治疗期限内往往无法及时获得其或者其代理人的知情同意。如果试验成功皆大欢喜，如果试验失败，病人家属的追责难以避免。

为了急诊医学也即整个医疗卫生事业的发展需要，同时为了特殊的危重病人自身的利益，"推迟同意"概念于 1980 年由美国学者福斯特和罗伯逊提出。"推迟同意"是指知情同意的推迟进行，即在没有可以替代的成熟的治疗方法之情况下，在无法取得知情同意的情况下，可以对病危患者直接实施必要的创新性、研究性治疗，病危期过后，在妥当的期限内再补充医疗知情同意这道程序。"推迟同意"概念出现之后便在部分医学科学研究中开展实施。

然而，由于在施行过程中出现的不尽如人意的现象，便遭到了社会各界的诸多质疑。经过一番调查研究后，1993 年，美国食品和药品管理局（FDA）与美国国立卫生研究院（NIH）共同发表了官方的质疑。两部门认为，"推迟同意"需要有一个必要的补充，即只有在危重患者担负最低医疗风险时，才可实施"创新性疗法"。然而即使这样的补充也没有很好地化解此项问题。

医学界对于这类难题一直处在讨论过程中。针对危急患者的实际情况，1996 年美国食品和药品管理局（FDA）提出了"免除知情同意"的新规范，而且对此规定了严格的适用要求：患者处于危及生命的紧急境况，现有的医学治疗方法并非最佳或者不成熟；不能得到患方的有效医疗知情同意；有让患者直接获益的很大可能性；若不豁免医疗知情同意，医学研究就不能开展；研究方案界定了一个治疗期限，若不在此期限内获得知情同意，那么研究就没有办法施行；医学伦理委员会对医学研究进程已进行认证并确认同意；此项医学研究已对公众进行了信息公开；与社区代表进行了协商。[1] 上述规定梳理了免除知情同意的各类情形，非常重视对危重病受试者的保护，尤其强调要让他们从医学试验性治疗中获得直接受益。所以，不允许危重患者参与比标准治疗有更大医疗风险的人体试验。临床试验知情同意豁免的条件需要同时符合以下几个方面：获得知情同意不可能或不现实，受试者的权益不会被侵害，受试者的隐私能够得到很好的保护，研究风险不大于最小风险。[2]

3. 免除知情同意是否免责？

国外关于知情同意的免除条件的探讨，我国可以适当借鉴。问题是，知情同意获得法律与道德上的免除后，医学研究者可以获得法律与道德上的免责吗？免责就是在法律上与道德上不负任何责任。法律问题往往与道德问题交织在一起，这里我们仅讨论是否可以在道德上的免责问题，作为法律免责的参考。事实上免责问题分为两个层次，即"合理合法的免除知情同意是否免责"和"知情同意是否免责"这两个问题。

〔1〕［美］Mark Siegler："美国与知情同意有关的一些问题"，郭莉萍译，载《医学与哲学》2001 年第 12 期。

〔2〕刘锦钰等："临床研究豁免知情同意的情形分析与探讨"，载《中国医学伦理学》2019 年第 10 期。

如何正确回答这个问题？我们要充分认识和把握责任与知情同意各自的本质及两者的相互关联。责任在实质上解决的是客观必然性与主体行为自由的关联，是具体针对主体的。作为行为主体，对自身的行为应该妥当把握，如果出现对社会或他人的不良结果，就应该担负相应的责任。而医疗知情同意是医学人体试验诸多责任的要求和内容之一，其实质则在于维护医学受试者的自主权益和健康权益。在人体试验中，不经受试者知情同意，即便是在符合免除条件的情况下进行人体试验研究，若造成受试者损害肯定要承担责任，只是在定性层面上应该与不符合免除知情同意的人体试验行为区别开来。更全面地讨论，即便是落实了知情同意权的人体试验，如果在研究中因为研究者存在行为上的过失或者恶意，造成了受试者的损害，医学研究机构与医学研究者都必须承担责任。

四、医学公正原则

（一）程序公正原则的提出

公正原则包括内容公正原则和程序公正原则，内容上的公正是目标，但是由于资源的有限性，内容上的绝对公正无法实现。程序公正原则的提出也有着重要的意义，与内容的公正构成公正原则缺一不可的两翼。前文中所强调的无论是目的纯正原则、知情同意原则，还是受试者利益首要原则，无不与医学公正目标相关联，都在不同角度、不同层面指向公正理念，并呈现出对医学公正的诉求。如果这三大原则更多的是在表达内容公正的话，在这样一个原则体系中还需要程序公正原则作为必要的补充。所以程序公正原则应成为该原则体系中的第四个原则。以上原则体系可以合乎公正合理地进行，程序公正原则必然要作必要的保证。罗尔斯在其著作《正义论》中富有层次地论述了程序公正，他认为程序公正包括不完善的程序公正、完善的程序公正和纯粹的程序公正三种类型。完善的程序公正和纯粹的程序公正在现实生活中是无法达到的，因为现实生活中有着难以预计的复杂性与多变性，都只能作为理论上的理想状态。现实生活中，不完善的程序公正属于最常见的程序公正类型，然而即使是不完善的程序公正也要通过追求公正的艰苦努力才能达到。就医学试验包括人体试验的领域而言，我们在理解与践行这个过程中的程序公正时，必然要考虑各种各样的情况，包括时代背景，具体国家的政治背景、文化背景、经济背景等因素，要与具体的情况相结合，以适应不同的社会具体特征。从公正理念的发展轨迹来看，程序公正原则在内容公正原则之后提出，这是公正原则的发展。就我国对于公正理念的思考发展进程来说，也一直将内容公正放在更为重要、更为核心的地位，程序公正往往被忽视。本书认为，鉴于程序公正原则容易被忽视的实际情况以及程序公正原则的重要意义，应该重视人体试验过程中的程序公正原则，并且从道德和法律两个维度进行保障。我们应当重视程序公正原则的价值和意义。结果的公正离不开程序的公正，唯有程序公正才能达到结果的公正。

（二）人体试验的公正原则

1. 受试者的公平选择

人体试验方案确定后，所有人体试验的第一步都是选择受试者。选择受试者应该遵循世界上通行的公平准则，需要公平分配收益与负担，应尽可能地避免受试者只承担试验风险却无法获益的情形出现。[1] 作为承受人体试验的试验参与者，受试者是非常特殊的参与主体。医学研究者或者研究机构在选择受试者时，能否体现公平原则以及如何体现公平原则，都是值得研究的问题。随着医疗技术的进一步发展，受试者选择的公平原则更加受到各方的关注。2013 年版《赫尔辛基宣言》中，除涉及知情同意在内的条款内容体现了对受试者公平选择外，还有其他条款也有如何更合理、更公平地挑选受试者以及规定风险、负担与受益相关的具体内容，如第 16 条至第 18 条；还有关于弱势群体作为受试者的公平选择的内容，如第 19 条至第 20 条。弱势群体如果成为受试者，他们的权利易于被忽视甚至被侵害，所以弱势群体知情同意权的落实更在于研究者的主动责任。在选择他们参与人体试验时，既要认真考虑保障弱势群体享有由于参与人体试验可能获得的益处与机会，又要充分考虑避免使其遭到任何形式的损害。对那些处于弱势地位的受试者给予更多的保护与关怀，使每个人各获其利，各得其所，才能有助于实现实质正义。[2]

但是涉及需要弱势群体参加的人体试验，获得他们的知情同意的过程存

---

〔1〕 张海洪："伦理审查批准标准解读与探讨"，载《中国医学伦理学》2019 年第 11 期。

〔2〕 张力、刘小砚："论临床试验受试者权益保护——理论基础、现实困境与法律进路"，载《重庆理工大学学报（社会科学）》2015 年第 12 期。

在很大的难度。难度在于同意是不是出于自由自愿。因此，若需要弱势群体参加医学人体试验，就必须谨慎选择，大多需要满足下面两个因素：首先，弱势群体作为受试者是必须的，如果没有弱势群体或者达不到一定的数量，医学研究无法开展。其次，研究目的是获得与弱势群体相关的医学知识，以及与改善针对弱势群体特有的健康问题相关。两个条件互为相关，只有符合这两个条件，才可以将特定的弱势群体作为受试者。而一旦弱势群体作为受试者进入医学试验，也必须充分尊重弱势群体作为受试者的各项权利。第一，弱势群体受试者和一般受试者一样有权合理地享有研究所带来的可能性机会和好处。第二，研究者要将弱势群体受试者的利益放在首位，尽可能地降低试验的风险。第三，如果无法获得弱势群体受试者本人的知情同意时，应当获得他们的委托人或者法定代理人的同意。

2. 人体试验的补偿公正问题

一般的医学试验必然都需要一定的资助才能开展，包括人体试验。一般而言，人体试验资助主要源于以下几个途径：国际组织研究基金资助、国家研究基金资助、国外商业资助和国内商业资助。但是涉及国外的资助经常可能会出现一些伦理问题，譬如，文化观念的冲突、研究资源的保护、商业目的的定位、资助机构非科学意志的干涉等，其中关键问题在于如何有效平衡资助者与试验者以及其他参与者之间权利与义务的公正分配。

当下医学社会，国际化合作越来越多，外部机构在国内进行的医学试验也越来越普遍，由于法律制度的滞后性以及传统文化权利意识的淡薄，受试者权利受到侵犯的现象或者被不公正对待的事件时有发生。针对医学试验的国际化趋势，《涉及人体的生物医学研究国际伦理准则》针对"由外部资助的研究"给予了双重的伦理审查规范。首先，外部资金资助单位不允许不公平地对待东道国的国家，必须依照东道国的伦理和科学准则提交研究规划方案，而且要允许医学伦理审查部门对其监管和审查，在此所使用的伦理准则不能因为不同的国家而表现出差异性。其次，在外部资助机构的医学研究方案通过了所在国的科学与伦理审查，并且获得允许之后，应该提交至东道国的伦理审查部门，接受是否符合东道国科学与伦理标准的审查，只有审查通过后才可以在东道国进行相应的科学研究，并且要遵守东道国的医学科研中的相关制度与规定。外部资助机构的义务在该文件中得到了明确规定：资助所在国发展单独实施类似医学科学研究的能力；为医学受试者所在群体提供必要的基本医疗卫生服务；合理医疗风险之外，保障医学受试者所在社区及其本人不会由于实施此项研究而境况恶化；保障所有由于参加医学人体试验研究而被侵害的医学受试者可得到免费的医疗卫生服务，若受试者在医学研究中由于伤害致死、致残，必须给予近亲属或本人合理的经济赔偿；保证将医学人体试验研究中所发现的有关所在国或社区卫生的信息及时通报给东道国的有关部门或群体。我们在建构符合我国当前实际情况的医学人体试验伦理标准体系时，应该借鉴国外研究成果，立足本土问题，应重点加强防范和妥善化解研究者与商业资助者协同侵害受试者权益、资助者越位、非医学目的干预过多等可能性的现实困境难题。

（三）重要保障：伦理审查委员会的监督

客观上，医学试验尤其人体试验存在诸多的利益冲突与伦理矛盾，为了保证人体试验整个过程都在医学目的与医学伦理的轨道之上，一方面需要研究者的医学责任与道德自律，另一方面也有必要建设伦理上的他律机制。严格的伦理审查制度是人体试验必需的，伦理审查机构的严格审查程序的执行是人体试验符合伦理的重要保障。

伦理审查委员会是随着医学技术的发展和医学研究的深化而必然产生的道德应对。1946 年《纽伦堡法典》及 1964 年版《赫尔辛基宣言》都没有提及或者涉及伦理审查的问题。1975 年版《赫尔辛基宣言》出现了一个非常笼统的规定，"用人体作受试者的每一个试验方法的设计和执行，必须在试验报告中明确记录，并送一份至特别任命的委员会备案，以供考虑、评议和指导"。《赫尔辛基宣言》首次提到伦理审查委员会。2000 年版《赫尔辛基宣言》正式补充了人体试验伦理审查的规定，这个补充具有重要的理论意义和实践价值。2013 年版《赫尔辛基宣言》第 23 条专门讨论伦理审查委员会的标准问题，延续了之前对于伦理审查的条件，并且还着重指出，"临床试验实施前，研究方案应该提交给相关研究伦理审查委员会进行指导、评估、考量和批准。该委员会应当运作透明，应该独立于申办方、研究者及其他所有不妥影响之外，而且必须具有正式资质。该委员会还应该考量到本国或研究项目开展各国的法律、法规，以及适用的国际标准和规范，但是本宣言为受试者所制定的保护条款决不允许被删除或削减"。

20 世纪 80 年代末，伦理审查委员会被引入国内，并与当时的国内医学环境接壤，从而呈现出中国本土化的形态，即侧重点在于推动医德医风的建设，很多时候被称为医院伦理委员会。1989 年，天津市医学会组织起草了《医院伦理委员会组织规则》（草案）；1990 年，该草案正式通过。继天津市医学会医院伦理委员会成立之后，国内其他一些医院也开始阐释组建医院伦理委员会，目前，已经达到普遍设立的状态。而在学术界，关于医院伦理委员会的性质、人员组成、功能一直在讨论与实践的过程中，也日益对医院伦理委员会的实践运行发挥重要的实质性的作用。2010 年，国家食品药品监督管理局正式发布了《药物临床试验伦理审查工作指导原则》，该原则为药物临床试验伦理审查的规范作用提供了制度上的依据。2016 年《涉及人的生物医学研究伦理审查办法》提出，在全国医疗机构范围内，每一个从事涉及人的生物医学研究的医疗机构都必须设置伦理委员会，由该委员会对涉及人体受试者的医学研究项目施行前瞻性审查，并且发挥实质性的规范作用。2019 年修订的《药品管理法》第 20 条强调药物临床试验应经伦理委员会审查同意，并且要保证伦理审查过程独立、客观、公正。

中西方的医疗伦理审查委员会具有较大的差异。从时间维度而言，我国的医院伦理委员会起步较晚，到今天，发展时间不长。从内容上看，西方伦理审查委员会成立的初衷是保护受试者以及审查监督人体试验，这些内容一直是伦理委员会的重要工作职责，而我国医院伦理委员会的成立最初是为了加强医德医风建设，伦理审查只不过是其延伸的一个工作职能。从客观上来看，医院伦理委员会在刚刚被引入时，国内的医学临床研究还比较少，没有什么高尖端的医学科学研究，随着医学技术的快速发展，医学临床研究也遇到了大量棘手的伦理问题、法律问题和社会问题，且这些问题都是交织在一起，这些发展状态促使国内医疗机构的伦理委员会必须深化其功能，提升其使命，医疗伦理审查的功能同样成为医学伦理委员会的核心职责。[1]从本质上而言，我国医院伦理委员会的角色与功能的转变、发展同时也是伴随着社会权利意识的增强、规则意识的增强，与此同时，医院伦理委员会也日益从医疗机构领导层面脱离出来，成为专门的独立机构，在组成队伍中，除了医

---

〔1〕 张娟、张会杰："从受试者保护视角看医学伦理委员会的发展历程"，载《湖北民族学院学报》2017 年第 1 期。

者，必须要有医学人文工作者的参与，从多个维度去审查医学试验的可行性与过程的伦理性，从而让伦理委员会发挥更加公平合理的调节功能。

伦理审查委员会是保证人体试验程序公正的重要监督机构，而人体试验程序公正的保证有助于其他原则的落实。要特别强调的是，必须保证伦理审查委员会的独立性，只有具备独立性，它才能真正发挥伦理监督的重要作用，才能称得上是有实效的"伦理把关人"。应该尽快明晰人体试验伦理委员会的法律主体地位，同时厘清伦理审查委员会与开展人体试验活动相关机构如科学研究机构、医疗卫生机构等之间的法律关系。[1]伦理审查委员会的职责是审查医学研究的整体与环节是否符合医学伦理规范，每个具体医疗机构的具体伦理审查委员会都有自身的一套系统性的运行程序和工作原则，不管以什么样的方式进行表达，都应该遵循重要的伦理原则，包括试验目的纯正原则、受试者利益首要原则、知情同意原则和公平对待原则。伦理审查委员会应当以专业、谨慎、独立的姿态进行伦理审查工作，保证人体试验朝着医学人道主义精神的方向进行，最大限度地保护受试者的利益，实现医学研究的伦理价值目标。

---

〔1〕 李一丁："我国人体试验伦理委员会法制发展现状评介"，载《医学与法学（医学版）》2017 年第 2 期。

第四章　医学受试者权利保护的一般问题

第一节　医学受试者权利保护的主体与责任

一、医学研究中的法律关系与相关主体

法律关系，是以现有的法律规范为前提，在主体之间形成的以权利和义务为内容的社会关系。义务主体依法履行义务，权利主体得以享受权利。若义务主体怠于履行义务，则权利主体可以通过追究对方法律责任的方式使自身的权利获得救济。医学研究法律关系则是以医学研究相关的法律为前提，在受试者、研究者等主体之间形成的以权利和义务为内容的社会关系，其核心是受试者权利保护。[1]

在医学研究活动中，研究者与受试者之间的关系是基本的法律关系。药物试验、人体试验等医学研究由申办者发起，研究者设计、实施，受试者参与，相互配合，共同验证新药物、新器械、新方法的疗效及安全问题。这一活动中所涉及的法律主体包括受试者、申办者、研究者等主体。相较于一般的民事活动，医学研究活动具有其独特性。无论是在研究方案的设计上，还是在受试者的招募上，或是在研究活动的开展上，申办者和研究者无疑是主动的、具有支配性的一方，而受试者则是处于被动的、弱势的、易受控制的一方。加之，医学研究中相关权利涉及受试者的人格尊严，具有公权利属性。《药物临床试验质量管理规范》等法律文件均强调了国家机关及社会团体等第三方机构或组织的监管，由此又形成了国家有关部门、伦理委员会组织与研究申办者、研究者之间形成的监督与被监督的法律关系。在监督与被监督的法律关系当中，国家有关部门、伦理委员会也属于法律关系主体。

---

[1]　满洪杰："关于受试者知情同意权的立法建议"，载《四川大学学报（哲学社会科学版）》2018年第3期。

受试者权利获得全面保护是医学研究开展的基本要求之一，各参与主体均负有相应的责任。并且，医学研究的性质决定了申办者、研究者和受试者有着不同的关注点和目标，各主体的保护义务应该通过相互制约而实现相互配合。譬如，在研究中受试者知情同意权的保护问题上，一方面，需要国家相关部门广泛开展宣传教育活动，提高大众对医学研究行为价值的认知与风险防范的意识，从而提高知情同意的权利意识；另一方面，在具体的医学研究中，申办者应当拟定符合国家规定的知情同意书的文本，交伦理委员会审查通过后，由研究者在研究工作中交受试者阅读，征求其意见，而受试者则应当本着对自己负责的态度积极行使自我决定权。违反规定侵害受试者知情同意权的，国家有关部门可以行使处罚权。再如，在受试者隐私保护及个人信息权保护方面，申办者、研究者、国家有关部门以及其他参与方也应当相互制约并相互配合。

二、受试者权利的自我保护

受试者是指参与人体生物医学研究，作为试验对象或研究对象的人类个体。一般来说，受试者主要包括以下两类人群：一类是患有医学研究目标疾病的患者，另一类是参与试验的健康志愿者。为了保护受试者权利，我们认为，受试者应该具有与医学研究活动相适应的同意能力。[1]一般而言，医学研究的同意能力应该比民事行为能力有更高的要求。其不仅受到主体精神状况和年龄的影响，还与受试者的患病状况、健康程度、科学素养、文化程度、行动能力等密不可分。

正确行使自主决定权是受试者权利自我保护的基本要求之一。受试者的自主决定权主要体现在两个方面，即自愿加入和自愿退出。自愿加入指的是受试者客观、充分了解研究信息后，在没有受到利诱和胁迫的情况下，作出是否参与的决定。《纽伦堡法典》第 1 条明确强调受试者"应处于有选择自由的地位，不受任何势力的哄骗、蒙蔽、欺瞒、挟持、干涉或者其他某种隐蔽形式的强迫或压制"。自愿退出指的是受试者有权决定随时退出试验研究，而无须说明理由。依据《人体生物医学研究国际伦理指南》第 6 条的规定，

---

〔1〕 医学研究中的同意能力是指受试者能够理解研究的目的、研究的基本步骤，能权衡其利弊得失，能对面临的选择作出评价，能理解所采取的行动的后果，能根据已有的知识作出决定。

受试者的自主决定权除了包含对已有信息的判断，还涉及对任何新信息的决断。[1]不管受试者基于什么理由退出，都不会因此遭到不公平的对待。受试者应当充分理解拟开展研究的原因、参与研究后将进行的研究内容，充分关注拟参与研究后带来的不便、拟参与研究的近期和远期风险、有无误工等损失补偿等。必要时，可以与家人或其他人员进行讨论，以保证参与医学研究的行为符合理性。受试者参与医学研究前的理性决定既是对受试者自身的健康和尊严负责，也是医学研究顺利开展的重要保障。

受试者权利自我保护还有赖于受试者对医学研究方案的遵守。经伦理委员会审查过的医学研究方案，其目标之一就是受试者健康权的保护。相关的机制包括药物使用剂量、方法等安全性的控制，紧急情况发生时的医疗救治等。在医学研究中，受试者应当严格按照研究方案配合研究者按步骤开展研究，如实陈述病史及其他健康信息，积极完成相关的检验检查，反馈研究中出现的生理、病理、药理现象，以便医生及时采取处理措施（包括退出医学研究）。

在我国，强调受试者权利自我保护尤为重要。一方面，我国的受试者保护机制尚不健全，研究中申办者、研究者保护受试者权利工作的外部监管尚不到位，受试者权利受损后的利益补偿标准还不高。受试者健康权等人格权益一旦受损，损失难以弥补。另一方面，因为社会经济发展水平的差异，部分受试者基于免费看病、免费检查、交通误工补偿等方面的考虑而参与医学研究，对潜在风险缺少理性的思考。医学研究机构应当加强临床研究相关宣传，通过开展印发手册、专题讲座等途径增加受试者对医学研究基本规律以及其合法权益的认识，提高受试者自主权益保护的意识，[2]告知其权益受到损害时如何采取有效救济措施等方面的内容，卫生行政部门和药品监管部门应当对上述工作进行必要的监督。此外，还可借鉴美国的做法，由政府相关部门主办临床受试者网站，开展临床试验的宣传，具体提供临床试验资源的链接和最新的临床试验进展，解答临床试验的潜在益处和风险，并告知受试

---

〔1〕《人体生物医学研究国际伦理指南》第6条规定："如果研究的条件或程序发生了显著的变化，或得到了可能影响受试者继续参加研究意愿的新信息，要重新获取每位受试者的知情同意。"

〔2〕李继红、刘福全："临床科研项目受试者权益保护策略初探"，载《中国医学伦理学》2019年第2期。

者权益及风险。

三、医学研究申办者的保护义务

申办者是指负责医学研究的发起、管理和提供临床试验经费的机构、组织或个人。其职责履行将对保障试验数据的真实有效、临床试验受试者的安全起到重要作用。[1]现实中，申办者有的是新药研究开发公司或生产许可证申报单位，有的是为了药品进口注册的目的而在我国进行临床试验的国外企业。就主体的性质而言，申办者既可能是政府、企业，也可能是非政府组织或者个人。现今，我国医学研究的申办者主要集中于各类医药企业。临床研究是由申办者的申请启动的，医学研究的申办者是医学临床试验法律关系的主体之一。虽然申办者与受试者一般没有直接沟通、交流的机会，但事实上，申办者是受试者权利保护的最有力的支持者，也是最密切的利益相关者。研究进展是否顺利、受试者权利是否受损，都直接关系到申办者的利益。研究不顺利，则其商业利益受损。受试者受损害，则申办者将要承担赔偿或补偿责任。故而，申办者不仅有保护受试者的义务，还需要监督研究者有无侵犯受试者权利的行为。[2]

申办者保护职责的实现，首先，依赖于制定科学的研究方案。在制订方案的过程中，申办者应当注重保护受试者的权益和安全，将其一并视作医学研究的目标，在制定有受试者参与的研究方案时，应当获得足够的安全、有效的数据的支持。研究方案制定时应当明确保护受试者权益的关键环节和数据，应当有识别关键环节和数据风险发生的机制。其次，申办者应当以研究合同的形式约定研究者保护受试者权利的职责，并对研究者的研究行为进行有效监督，促进研究活动中受试者权利保护工作的落实。申办者应当组建研究和管理团队，加强对研究者的培训，建立监察制度，安排监察员，承担对医学研究全部相关问题的管理职责，对研究过程进行监督和指导，促进研究方案的贯彻与落实。申办者还应当建立医学专家团队，及时对医学研究中出现的受试者安全风险问题进行解答，提出解决方案。再次，涉及试验用药品、医

---

〔1〕 杨帆等："药物临床试验中申办者与其他主体的法律关系研究"，载《中国新药杂志》2016年第12期。

〔2〕 满洪杰：《人体试验法律问题研究》，中国法制出版社2013年版，第278页。

疗器械等研究用品供给的，试验用品制备应当符合相关生产质量管理规范，应当采取措施确保试验期间试验用品的稳定性，应当向研究者和临床研究机构提供试验用品的书面说明，告知试验用品的使用、储存及相关记录。最后，申办者应当为生命健康权受损的受试者提供医疗保障及相应的补偿（赔偿）。医学研究中出现受试者健康受损或损害其生命权的，即便不存在医疗或技术过错，仍然应当予以救治或补偿（赔偿）。近年来一个值得关注的现象是，不少国外大型医药企业在我国进行了大量的人体试验。这种现象的出现，一方面可能与我国庞大的健康产品市场有关。另一方面也表明，我国受试者权利保护可能尚处于较低水平，医学研究成本不高。尽管目前受试者权利保护纠纷尚未高发，但立法者仍有必要参考其他国家的立法，明确申办者补偿（赔偿）标准。

四、医学研究者的保护义务

一般意义上的医学研究者，是指实施临床试验，并对受试者的权益和安全以及临床试验质量负责的试验现场的组织或个人。在医学发展的初期阶段，研究者多以个人身份出现。在现代医学研究中，为了保证受试者安全、提高研究的效率，涉及药物、医疗器械等健康产品的医学研究都必须在各种有资质的研究机构中进行。受试者权利保护以研究机构为最终责任者。因此，保护受试者工作中的"医学研究者"既包括医学研究的负责人，也包括医学研究团队中的其他成员及医学研究机构的相关部门。从应然层面而言，医学研究者和受试者拥有共同的价值追求，即为了保护医学受试者的人格尊严及生命安全，因此，医学研究者是否依据法律对受试者充分履行了医学告知职责对于实现受试者的知情同意权以及达成受试者和研究者正当权益的利益平衡都具有非常重要的理论价值和现实意义。

研究者与知情同意的实施。知情同意制度是受试者权利保护的屏障，研究者是受试者是否行使知情同意权的直接责任主体，在试验之初，研究人员或研究者必须对医学受试者充分告知说明与人体试验有关的全部事项，包括试验的目的、风险、补偿机制、伦理委员会的同意意见等各种书面信息。[1]

---

〔1〕　张海洪："伦理审查批准标准解读与探讨"，载《中国医学伦理学》2019年第11期。

在涉及受试者生命健康安全的事项上，要突出做好强调工作。医学研究者应始终将受试者的健康和权益作为首要考虑，对于受试者的质疑，要正面、如实、细致地解答。权利与义务这对范畴拥有非常高的一致性，这就要求医学研究者要始终以站在维护受试者权益的立场作为思考问题的起点，充分地维护受试者的知情同意权，并且通过研究者与受试者之间的良好互动来实现二者间的相互性。若研究者得到或许会影响受试者继续参加试验的新信息时，必须对受试者及时告知说明。若受试者不具有完全民事行为能力，则应当告知其法定代理人，并且做好相应的记录。研究人员不得使用强迫、利诱等不恰当方式干涉受试者作出参与或继续参与医学临床试验的决定。在有关临床试验的文件中，如果出现免除临床试验机构及相关人员责任的，或是加重受试者责任的，受试者放弃主要权利的，这些内容均应当被认定为无效。在受试者签署知情同意书之前，研究者或指定研究人员应当给予受试者或其法定代理人充分的时间通晓临床试验的相关细节及注意事项，并详细解答受试者或其法定代理人提出的有关困惑。研究者应当提供受试者或其法定代理人已签署姓名和日期的知情同意书的原件或副本。

关于研究方案的遵守与执行。研究者应当及时向医学人体试验伦理委员会提交临床试验方案，经伦理委员会审查并批准通过后，严格遵循并执行该方案。当确有必要修改试验方案时，必须向伦理委员会提交书面申请，并取得伦理委员会的批准同意。研究者应当全面了解并掌握临床试验用药的性质、效果、作用及安全性问题。不但要了解临床试验前已有的相关资料，还要掌握临床试验进行期间发现的所有与该药品相关的新信息。研究者在使用临床试验药品时，应当严格遵循试验方案要求的剂量和用法。研究者有义务采取必要的措施以保障受试者的安全，并做好记录。为了保护患者的隐私以及研究结果的科学性，研究者必须准备一份受试者的编码和确认记录，此记录应当保密。临床试验中受试者的分配应该按试验设计确定的随机方案进行，每名受试者的密封代码应由研究者或申办者保管。在紧急情况下，可以允许对个别受试者进行破盲，了解其所接受的治疗。

研究者与受试者的医疗处理。在医学研究和随访期间，对于受试者出现的与人体试验相关的不良反应，包括有临床意义的实验室异常情况，研究者必须保证受试者可以得到妥善的医疗处理治疗，并且受试者有权知晓医疗处理的相关情况。研究者应该注意受试者是否还患有其他疾病，并同时对可能干扰受试者安全的合并用药现象予以关注。在受试者退出医学研究时，研究者可以在尊重受试者个人权利的前提下，尽量了解其退出的理由。若需要暂停或提前终止临床试验的，研究者必须及时通知受试者，并为受试者提供适当的治疗和随访。

五、人体试验伦理委员会的保护义务

人体试验伦理委员会是由医学专业人员、法律专家及非医务背景的人员独立组成的组织。与其他组织不同，伦理委员会的全部职责应该是促进医学受试者权利保护的实现，主要通过核查临床试验方案，审查受试者知情同意书等相关文件，确保受试者安全。在现实伦理审查时，委员会更多的是讨论技术及专业问题，而忽视了受试者权益保护的法律问题，法律审查缺失。[1]在试验开始后，伦理委员会应当对研究过程进行跟踪，譬如审查是否发生受试者被利诱、强迫而签署知情同意书等情形。独立伦理审查是临床试验研究治理的基本手段。[2]为了保障受试者安全，伦理委员会既要对研究者的资格进行形式审查，也要对医学研究的科学性和伦理性进行实质性审查。当研究方案发生改变，进而增加了受试者的风险或者明显影响临床试验的实施时，伦理委员会应当及时关注并介入。同样，当发生可疑非预期的严重不良反应，或是其他可能对受试者的安全及临床试验的实施产生不良影响的情形时，伦理委员会有权暂停、终止没有按照要求实施或出现非预期严重损害的临床试验。此外，伦理委员会应当对正在实施的临床试验定期进行跟踪审查，审查频率可以根据临床试验的风险程度而定，一年内不得少于一次。当受试者提出保护权益申请时，伦理委员会应当及时受理并处理。

伦理委员会应当根据伦理审查工作的需要不断完善组织管理和制度建设，以实现保护受试者权利的职能。伦理委员会应当有医药专业知识的人员与非科学背景的人员，还应当有研究机构以外的人员。所有人员均应受过伦理审

---

〔1〕　张馨心等："人体药物临床试验受试者合法权益保护法律问题研究"，载《中国卫生法制》2019 年第 3 期。

〔2〕　何玲玉等："临床研究之伦理治理框架：Emanuel 八个'伦理原则'的审辨"，载《医学与哲学》2019 年第 16 期。

查的培训学习，能够审查临床试验相关的科学及伦理学等有关问题。伦理委员会可以视情况设置替补委员，保证伦理委员会会议审查能够正常进行。伦理委员会会议审查意见的投票委员应当参与会议的审查和讨论。投票委员应由不同类别的委员组成，满足规定的人数要求，并保证有一定比例的女性。伦理委员会必须按照其制度和操作规程履行工作职责，审查过程中应该形成书面文件资料，并注明讨论内容和会议时间。

　　基于受试者与申办者、研究者之间的信息不对称，受试者在医学研究中通常处于被动地位，伦理委员会审查对于受试者权利的保护至关重要。在人员配置达标及制度建设完善的前提下，伦理委员会保护受试者权利功能的实现还依赖于其地位的独立性及审查工作的中立性，保证审查结论的公平、公正。有学者建议，应当设置独立于研究机构的区域性伦理委员会，以消除伦理委员会依附于研究机构的状况。此外，为了保证研究者在研究过程中切实保护受试者权利，伦理委员会除事前的文件审查外，其监督职能范围应扩大到医学研究的整个进程。既要加强对研究者研究行为的事中监督和事后监督，也应当加强与受试者的教育和交流，使受试者了解伦理委员会的职责，充分了解自身享有的权利，树立其对人体试验应有的信任和正确认识。[1]

　　目前，我国负责伦理审查的伦理委员会主要是由医学研究机构自行设置，对医学研究项目审查的公正公平性有时难以保证，这种现象已经引起了国家有关部门的重视。应建立对医院伦理委员会的审查和监管机制，将临床试验研究的伦理审查及监管纳入规范化的管理体制。[2]当前的行政执法实践中，对伦理审查工作的外部监管力度越来越大。我国已经建立了药品监督管理部门的相关监管制度，对受试者安全制度、措施以及医学研究数据的可靠性进行检查。当发生或可能发生危害受试者安全的情形时，伦理委员会等主体应当向药品监督管理部门报告。

---

　　〔1〕 滕黎、蒲川："国外伦理委员会的监管对我国的启示"，载《医学与哲学（人文社会医学版）》2010 年第 6 期。

　　〔2〕 李继红、刘福全："临床科研项目受试者权益保护策略初探"，载《中国医学伦理学》2019 年第 2 期。

第二节 医学受试者权利的内容

一、医学受试者权利的类型划分

在研究医学受试者权利类型之前，我们应当先了解权利的一般分类。根据不同的标准，可以将权利作以下四种分类。

（1）政治生活权利和一般民事权利。这一分类的划分标准是公民所参与的社会关系的性质，政治生活权利是指各项参与公共事务的权利，如参加国家管理的权利。一般民事权利是平等主体之间的权利，例如，主张损害赔偿的权利。

（2）绝对权和相对权。这一分类的划分标准是承担义务人的范围，前者是对世权，权利人可以对自己以外的所有人主张，常见的如物权、人身权。后者为对人权，即只能向特定主体主张的权利，常见的如债权、损害赔偿请求权。

（3）原权和派生权。这一分类的划分标准是权利发生的因果关系。原权又称第一权利，是经法律确认，不依赖任何条件即存在的权利，如所有权、生命权。派生权又称第二权利，是指由于他人侵害原权利而产生的法律权利，如损害赔偿请求权、返还原物请求权。

（4）主权利和从权利。这一分类的划分标准是权利间固有的相互关系，前者指不依附其他权利而独立存在的权利，如所有权。后者指以主权利存在为前提的权利，如抵押权。

了解权利的一般分类便于我们全方位地认识权利的本质属性，从而针对不同的权利类型采取不同的保护手段。同时也能帮助我们更好地分析受试者权利的内涵与范围。早期阶段，学界主要研究了受试者的五项基本权利，分别是生命健康权、隐私权、知情权、自主决定权和医疗救治权，也有部分研究涉及经济补偿权和获得赔偿权，后来还有学者提出了权益保护的优先权和财产性权益分享权。可以看出，学界最先关注到的是受试者的人格权，而后才是财产性权利。对于上述受试者权利中，有些属于绝对权、原权，比如与人身有关的。而有些属于相对权、派生权，常见的如利益分享权、补偿权、损害赔偿请求权等。从权利类型的划分可以看出受试者权利体系中各项权利的地位以及受重视程度。一般而言，受试者的第一性权利更具典型性，在实践中应当进行有针对性的保护，第二性权利则与普通主体的权利相似，没有太大差异，其保护可以参照适用。

二、第一性权利

(一) 一般人格权

人格是一个综合性概念，内涵丰富，涉及社会学、哲学、医学等多个领域。民法上有一般人格权的概念，是指关于人的尊严及价值的权利，具有体系性、开放性、发展性等特征。这些特征在司法实践中被不断验证，如患者的隐私权、知情同意权、公民的个人信息权等。这些权利并不是自始存在的，而是随着社会的发展，已有的权利类型不足以满足人们的生存、发展的需要时，立法者利用一般人格权的上述特征，逐步挖掘出新的具体人格权，并通过法律的形式将其固定，从而增加了具体人格权的范围与种类。当然，实然性的权利最终需要国家通过立法进行明确和规定，才能得到真正的保护与贯彻。[1]只有得到法律的认可，一般人格权才能得到真正的保护。例如，我国首例亲吻权，就因于法无据而败诉。

然而在医学受试者权利保护方面，受试者的人格尊严却受到了挑战。马克思主义哲学认为，人应当成为目的，而不是手段。但是现实却是，临床试验受试者成为工具或是手段，甚至被无奈地戏称为"小白鼠"。可见，人之为人的尊严在受试者身上并没有得到最基本的重视，这种现象在医学人体试验中表现得更为明显，受试者沦为手段或是工具。如何让受试者在发挥价值的同时兼顾其人格尊严成为当务之急。其实，国际上很早就认识到了这一问题，并对此作出了相应的规定，赋予受试者充分的自由选择权。[2]但是实践中的情况不容乐观，研究者为了追求数据的有效性，未充分征求他人意愿便将其纳入受试者名单之中。更有甚者，有些研究者明知受试者健康已经受损，仍不愿意主动终止试验。对此，受试者应当提高对"一般人格权"的认识，增强平等意识、自由意识、安全意识，学会保护自身的权益。我们应当强调，在人体试验活动中，医学受试者的人格权本身就是受试者应当享有的人格利

---

〔1〕 姚辉：《人格权法论》，中国人民大学出版社2011年版，第35页。

〔2〕 《赫尔辛基宣言》第22条规定："即便能够证明试验对受试者是有益的，但只要有行为能力的人不愿意作为受试者，都不得以任何形式征召其参加医学研究。"

益，不应被侵犯。[1]

　　关于受试者权利的保护范围，人们普遍关注的是知情同意权、生命健康权和隐私权这些类型化的具体人格权。诚然，这些权利十分重要，但是仅局限于这些具体人格权则难免会挂一漏万。在人体试验纠纷中，相较于生命健康权、知情同意权和隐私权的保护问题，人们更加关注的是受试者的人身损害能否获得足额、及时的赔偿。正所谓，经济基础决定上层建筑，若是连人身损害的经济赔偿都不能及时获得，人们怎么还会有精力去思考如何更好地尊重人体受试者？在维权过程中，人们最先关注的往往是财产权利，人身权利则被排在第二位。此外，在参与试验之初，亦是如此。当一个患者连基本的医疗费用都无力承担时，他最在意的一定是如何争取到免费的治疗机会，而根本无暇顾及自己的人格权保护问题。但如果这名患者无须担心医疗费用，情况则大有不同，他会反复斟酌，权衡利弊，尽可能全面地思考自身的各项权益，譬如隐私的保护等。

　　客观地说，人格权是随着伦理学的发展而发展的。人的价值在伦理学上被不断发现，人们逐渐认识到人格保护的重要性与迫切性。在现代人格权体系中，人格被视为利益，既是一种精神上的利益，也与财产权紧密相关。但是由于受到康德等人的人文思潮的影响，人们在相当长的时间内无法接受将人格利益作为客体的观念。相反，在实践中，人格利益的观点得到了认可，主张精神损害赔偿的案例越来越多，赔偿额度越来越高。综上，人格权作为经济社会发展到一定阶段的时代产物，也是在财产权得到充分保护后才逐渐被关注的。同时，人格权至关重要，只有充分尊重受试者的人格权，才能保障受试者享有选择的自由，从而保障受试者的各项权利，并最终能够有机会对自己的生命健康权保护作出最有利的自我选择。[2]

　　（二）具体人格权

　　人格权是一个不断发展、扩张的权利体系，《民法典》以"人身自由""人格尊严"等概念界定一般人格权并予以保护，这是十分必要的。与此同

---

〔1〕　姜柏生、顾加栋："人体试验受试者人格权保护研究"，载《中国卫生事业管理》2013 年第12 期。

〔2〕　姜柏生、郑逸飞："人体生物医学研究中受试者权益保护对策"，载《医学与哲学（人文社会医学版）》2014 年第 2 期。

时，对于一些典型的人格利益，如生命权、健康权、肖像权、姓名权等，进行类型化的立法保护，更有利于提高权利的保护水平。

1. 受试者的生命权

生命权是公民依法享有的生命不受非法侵害的权利，其是以性命维持，并以安全利益为内容的人格权，是人格权中最基本的权利。《联合国世界人权宣言》从国际法的角度确立了人身安全、自由权和生命权等权利的法律地位。该宣言第 25 条又进一步把人身安全、自由权和生命权等权利的具体落实演化成为保障公民在发生意外事件时失去生存能力以及为支撑个人福利和身体健康所需的生计要求。依据《民法典》第 110 条第 1 款之规定，人身权上的生命权具有特定的法律含义，与医学上的生命既有密切的联系，也有所不同，具体是指自然人的生命，即人体所具有的活动能力。依据《民法典》第 13 条的规定，自然人的民事权利能力，始于出生终于死亡。生命不仅是每个个体享有的最根本的人身权益，也是一切权利得以实施的权利基石。失去了生命，每个个体的民事主体资格也就无从谈起。每个个体的生命安宁与安全属于生命权的客体，法律的最主要价值之一就在于保障生命权的客体。生命对于我们来说只有一次，它之所以是每个个体最重要的人身权益，缘由就在于生命的无法逆转性和无法替代性。生命是每个个体作为法律民事主体承担民事义务和享有民事权益的基础和先决条件，也可以说个体得以存在的根基就在于拥有生命。生命对于人的根本利益，使得法律的根本任务之一就是致力于保障人的生命安全。而确立和保护每个个体的生命权益以及保障其生命安宁和安全，则是民法典对生命安全进行保护的直接反映。确保生命在受到各种威胁、侵害时能得到积极之维护，使得人的生命活动得以延续，最终实现保障公民最高人格利益的目标。作为每个个体最根本的一项具体人格权，生命权是人类的最高权利，它是其他一切权利的本源，是所有人权的基础。没有生命权，其他一切权利均无从谈起，没有意义，也不可能存在。

生命权的主体不可能是非法人组织或法人，只能是具有生命的自然人；生命权的客体为生命法益，即生命的安全及安宁等利益。但这种生命上的法益具体是指人格利益还是人格本身，则是有分歧的。法律上的人格利益，是从人格权的客体角度出发，认为人格应当属于一种法律加以维护的法益；法律上的人格则被认为是法律上所承认的一种承担义务以及享有权益的资质，包括法律拟制主体和作为生命主体的自然人主体。生命是人格的依托，神圣不可侵犯。而生命权的主客体均为人自身，这充分体现了其高度同一性。为此，法律不允许任何人将生命当作实现任何目的的工具。生命权不能被抛弃，也不可被转让。生命至高无上且人人生而平等，它的价值是没有高低贵贱之分的。生命权是作为个体的自然人依照法律所享有的生命不能被非法剥夺以及不法侵犯的权益。生命权既是人权中最基本的权益，也是公民作为权利主体存在的先决条件。公民一旦失去了生命，再谈其他权利也就毫无意义了，因此，可以说生命权是公民最基本的人身权益。首先，生命权拥有不可取代性，每个人所享有的生命都是唯一的，即使医学再发展，生命权的替代性都不可能实现；其次，生命权具有不可逆转性，人的机体的新陈代谢一旦停止，生命也就终结了，其权利也就随之付诸东流。生命权主客体的高度同一性，使得生命与人格具有同步性。然而，生命权之积极价值却较少被注意，民法上对其维护只是一种单纯的赔偿机制（无价的生命用可数且不等的金钱来衡量是否有失公平），实践中往往体现在生命权遭受侵害后的民事赔偿。作为个体的自然人一旦失去生命权，则说明其本人无法再拥有并行使可救济性的权益。虽然《民法典》的侵权责任编规定了死亡赔偿金，但这只是一种事后救济方法，是对受害人家属的一种慰藉。

正如法律义务有消极义务和积极义务的区分，考虑到生命权的独特性，生命权也可有消极价值和积极价值的区分。生命权的消极价值是针对不作为而言的，是指生命权一旦遭到损害可以通过损害赔偿等救济方式而迂回展现的价值；生命权的积极价值是指自然人主动地行使生命权，维护自己的权益所展现的价值。生命权的消极价值较其积极价值具有被动性，没有优先性。从法理的权利位阶角度来看，自然人的人格尊严、生命权相对于其他权利而言，具有较高的法律位阶，这也可从宪法所确立的价值理念中推断出来，因为生命权是一种公民固有的基本权利，维护公民的人格尊严是宪法的核心价值。因此，若生命法益与自然人的意思自治产生矛盾时，人们不能因"要尊重意思自治"而侵害生命法益。相较于生命权的积极价值的优先性而言，无法有效地评估是生命权消极价值的特点。众所周知，生命拥有无法认知性和复杂性，导致生命权的消极价值不能有效地被评估。法律意义上的生命比较注重从社会意义上对其进行立法规范来维护生命权在社会秩序中的作用。在侵害生命权的损害赔偿中，丧失生命的受害人因其权利已消灭而无法正常请求侵权赔偿，所以导致只有与其关系密切的近亲属作为权利行使主体来进行权利救济活动。然而，法律无法尽善尽美地平衡权利主体对于处置生命权的不同需求，即使生命权具有强烈的个人属性和排他色彩，我国法律对于它的处置仍然是有限制的，如安乐死在我国尚未合法化。

人体试验是不成熟的危险行为，具有不稳定的风险因素。正因如此，生命权的独特性以及人体试验的风险性决定了医方在进行试验的过程中必须保持高度严谨的态度。受试者作为行为主体，虽然接受了医学受试，但是在医疗行为中，医方仍需要将其生命权放在首位，时刻关注受试者的身体变化，在受试者生命体征不正常时要立即停止试验。任何打着"促进医学进步"的幌子进行侵害受试者生命权的行为，都应遭到道德良知的谴责和法律的严惩。

2. 受试者的健康权

何谓健康权？从民事法律角度而言，健康权是指公民依法享有的身体健康不受非法侵害的权利，是保障公民的身体机能和各项器官不受侵害的权利，是公民参与社会、从事民事活动的重要保证。它不同于相关国际公约规定的健康权范畴，是一种典型的民事人格权。俗话说的好，"身体是革命的本钱"，身心健康是拥有幸福美满生活的前提和基础。所以，在确保享有生命权的同时，健康权也理应得到保障，这也是每个自然人作为民事主体享有的基本民事权利之一。在当今社会，每个公民都拥有强壮的体魄、保持良好的心理状态是社会有序发展的一个重要先决条件。根据权利主体的属性，健康权的主体只能是自然人。本研究认为，健康权的内容包括两方面，即心理机能处于良好的状态和身体机能处于良好的状态。众所周知，每个个体要想生存发展就需要拥有良好的体魄以及心理、精神处于良好的状态，这也是每个自然人参加一般民事活动的先决条件。因为每个自然人的健康权与身体权、生命权有着密不可分的联系，所以在损害到自然人的身体以及褫夺自然人的生命时也会给自然人的健康造成损害。总而言之，对自然人的心理健康、生理健康、器质健康的损害均可能造成对自然人健康权的损害。[1]

---

〔1〕 魏振瀛主编：《民法》，北京大学出版社、高等教育出版社 2016 年版，第 631-632 页。

马斯洛的需求层次理论认为，更高一级的需求是在较低层次的需求得到满足后才产生的，而且人的需求是按规律与顺序发展的。所以，随着社会的不断发展，健康权的定义也实现了相应的发展。

从起初只关注生理上的健康，发展为将生理、心理和社会各因素相结合的健康。第二次世界大战后，战争所带来了严重的公共卫生问题，人们亟须对健康权进行确定。据此，联合国国际组织大会于1945年提出将健康权纳入经济、社会以及文化权利的范畴。除此之外，1946年《世界人权宣言》首次谈到了健康权的问题，这为健康权在国家法律中确立重要地位奠定了坚实的基础。由此可见，起初健康权所含的内容也仅为维持身体健康。但到了1966年，《经济、社会及文化权利国际公约》第12条明确规定了各缔约国有认真遵守条约保护公民享有生理和心理健康权利的义务。从关注身体健康到注重心理健康，健康权的内涵发生了根本上的变化，可以说这是社会领域一个重大的发展。综观健康权的演变脉络，我们可以得知：首先，从内容来看，健康权从单一的身体健康权发展为如今的不仅包含心理健康还包含社会医疗等多种因素的权利。其次，从维护主体来看，健康权从最初的由氏族部落来维护到如今的个体进行自我维护，从国家被动履行再到积极主动履行保护义务。最后，从健康权的性质来看，《世界卫生组织宪章》首次倡导对健康权加以保护，使健康权作为基本人权的性质得到确立，从而实现了由普通社会权利到基本人权的过渡。

在医学研究工作中，目前已经确立了较为严格的受试者安全保护制度，主要涉及研究主体准入、研究方案审查、研究行为法律规制、研究药物管控、法律责任制度等多个方面。具体而言，临床试验的研究者必须具有相应的资格，研究机构需要配备良好设施。同时，研究方案必须充分考虑安全风险，保护受试者与社会公众的安全预期。当试验过程发生严重不良事件时，需要立即采取措施，并记录在案。[1]

3. 受试者身心完整权

身心完整权是受试者要求保证自身的身体状态完整性的权利。不仅包括外在形体的完整，还包括心理上与精神上的完好，要尽量避免引起心理焦虑

---

〔1〕　参见《药物临床试验质量管理规范》《药品生产质量管理规范》的相关规定。

或是造成心理损害。同时还要保证医学受试者不会由于参与临床试验研究而遭到社会歧视，或者无法有效融入原有的社会关系之中。受试者拥有支配自己身体的权利，任何作用于受试者身体的医学研究行为都应当事先征得受试者的同意。同时，医学研究中还要注重对受试者隐私和个人信息的保护。

4. 受试者的知情同意权

知情同意权是医学受试者权益中最核心、最根本的内容，人体临床试验最基本的要求就是要保护医学受试者的知情同意权。具体是指受试者有权知悉自己的情况和接受试验措施后可能会给自身带来的风险，并可以对医学研究者所运用的试验方法作出是否同意的选择的权益。医学受试者知情同意权包括知情权与自主决定权，它是受试者有效运用自主权的根基和先决条件。知情权与自主决定权合称为知情同意权。知情同意是一个双向互动的过程，而不是单向静止的。其不仅仅是研究者对受试者简单的医学告知，更需要研究者和受试者双方进行有效的沟通、探讨和决断等。在双方的交往中，研究者和受试者始终要维持相互肯定、同等对待、齐心协力的友好局面。在这个合作关系中，受试者拥有自主决断以及有效权衡后追寻自我所期望的切身利益计划的权益。无论最后的决定如何，这个决定都必须是受试者亲自且自愿作出的，这样的知情同意才有效。

（1）受试者的知情权。知情权是对试验风险和利益信息的获取权。临床试验的研究者应当保证受试者能够随时了解与研究试验有关的信息，包括试验目的、过程与期限、预期利益、安全风险以及个人资料的使用范围、隐私保护措施等。同时，还应告知受试者发生损害时享有救济的权利，如获得治疗或是取得相应的补偿金。基于医学研究存在的固有风险及受试者安全保护之需要，研究者应明确告知医学受试者有权利随时退出临床试验，承诺其不会遭受报复或者歧视，并且保障其权益和医疗待遇不会受到影响。需要注意的是，这一系列的告知过程中，研究者要采用受试者能够听懂的语言文字，避免使用含混不清的表述引起误解。医学研究中的知情同意书应当经过伦理委员会的审查，在获得伦理委员会同意后方可使用。[1]受试者知情权是受试

---

[1] 我国的相关立法有，如《医疗器械临床试验质量管理规范》第14条共列举了13项"知情同意书一般应当包括的内容以及事项的说明"，同时指出，"知情同意书应当采用受试者能够理解的语言和文字"。2016年《涉及人的生物医学研究伦理审查办法》第35条规定："知情同意书应当含有必

者享有、行使自主决定权的前提和基础，如果研究者在试验中还掌握了受试者的其他信息，比如基因或健康状况等信息，也应当及时告知受试者。一方面受试者享有知晓与己相关信息的权利，另一方面也便于其利用这些信息或是根据这些信息采取对策。

（2）受试者的自主决定权。受试者的自主决定权是指受试者在充分了解试验相关信息后自主决定是否参与研究或何时退出研究的权利。在伦理审查制度产生之前，自主决定权是保护医学受试者权利的主要手段，而作为现代医疗法律制度的知情同意权制度则是在大量的临床试验纠纷中慢慢建立起来的。可以说，没有纽伦堡审判[1]，就没有现代知情同意权制度。无论是《赫尔辛基宣言》还是我国《医师法》《药品管理法》《药物临床试验质量管理规范》《医疗器械临床试验质量管理规范》，都是把医疗受试者的知情同意权制度作为最基本的制度予以规范。知情同意权不仅是保护医学受试者健康、身体、生命等权利的核心机制，也是自然人以自由意志为核心的自主决定权和人格尊严的重要内容。[2]我国应不断完善现行法律关于医学人体试验中的告知义务对象的规定，例如，很多药物临床试验和医疗器械临床试验相关规范规定的告知对象不一致，我们需要分辨哪些主体是告知对象。首先，具有完全民事行为能力的医学受试者，此类主体在医学临床试验中人数最多。通常情况下，具有完全民事行为能力的自然人会根据自己的意志权衡利弊以决定是否参与医学临床试验。其次，受试者为限制民事行为能力的本人及其监护人。由于无民事行为能力人与限制民事行为能力人对于人体医学临床试验可能发生的各类风险和结果不具有或不完全具备良好的识别能力，因此当把这类特殊群体作为医学受试者时，医学研究者有法律上的义务对这类特殊群体及其监护人进行更为充分的医学告知说明。

虽然自主决定权十分必要，但是为了健康权利的保护，其在某些情况下也

（接上页）要、完整的信息，并以受试者能够理解的语言文字表达。"第37条第2款："项目研究者应当给予受试者充分的时间理解知情同意书的内容，由受试者作出是否同意参加研究的决定并签署知情同意书。"

　　〔1〕　纽伦堡审判是"二战"后战胜国对纳粹德国进行的军事审判，其中涉及纳粹非人道临床试验的批判。《纽伦堡法典》第1条确认："受试者的自愿同意是绝对必要的。"

　　〔2〕　满洪杰："关于受试者知情同意权的立法建议"，载《四川大学学报（哲学社会科学版）》2018年第3期。

是可以被适当限制的。例如，我国《民法典》第 1220 条规定，因抢救生命垂危的患者等紧急情况，不能取得患者或者其近亲属意见的，经医疗机构负责人或者授权的负责人批准，可以立即实施相应的医疗措施。[1]需要注意的是，我们不能机械地将自主决定权看成其他权利的保护手段，其本身也具有法律意义。如果受试者愿意接受人体试验且其行为并无侵害其他主体的合法权益，那么要尊重受试者的决定；另外，如果受试者在经过思考之后决定不接受试验，那么医方也应当尊重其意见，不可进行胁迫、诱骗等行为。如果医学研究者作出了有损受试者知情同意权的行为，即便该行为未造成受试者的人身损害，医学研究者也应当承担相应的法律责任。在南京市鼓楼区人民法院2006 年审理的郭某某与南京某医院等药物临床试验纠纷案件中，法院判决指出：尽管受试者未因为临床试验而导致身体健康的损害后果，但临床研究者未充分履行知情同意义务，侵害了受试者的自我决定权，造成了精神损害，应当予以赔偿。虽然赔偿额度不高（1 万元），但对于受试者知情同意权的保护具有积极的促进作用。

若将伦理审查制度作为受试者权益的外部保护，那么受试者自主权则是受试者权益的内部保护，两者缺一不可。当受试者充分了解人体试验的各个环节，其便成了自身权益的最佳保护者，[2]能够作出最佳的判断和抉择。如果离开了自主决定权，仅靠伦理审查制度是不足以全面保护受试者的人格权的。因为任何一种伦理审查制度都存在着先天不足。例如，我国的伦理委员会作为研究机构的附属部门，在行政级别上服从于研究机构，且利益与所属的研究机构具有一致性，导致其缺乏独立性和应有的公正性。再如，欧洲采用第三方审查模式，虽然伦理审查的主体取得了独立的地位，但这些审查机构的收益全部源于科研机构，他们充其量只是科研机构的代理人而已。[3]也就是说，

---

[1]　但是对于此种情形，《赫尔辛基宣言》却作出了不同的规定。其在第 35 条中规定如下："在治疗病人的过程中，当不存在经过证明的干预措施或这些干预措施无效时，如果根据医生的判断，一项未经证明的干预措施有挽救生命，恢复健康或减轻痛苦的希望，医生在取得专家的建议后，获得病人或其合法授权代表的知情同意，可以使用这种未经证明的干预。可能时，应该对该项干预进行研究，旨在评价其安全性和有效性。在任何情况下，新的信息都应该被记录下来，并且在适当时候使其公开可及。"

[2]　刘水冰等："药物在临床前及临床试验研究中的伦理问题综述"，载《中国医学伦理学》2017 年第 4 期。

[3]　滕黎、蒲川："国外伦理委员会的监管对我国的启示"，载《医学与哲学》2010 年第 6 期。

审查机构依然在一定程度上受制于研究机构，从而不可能真正实现公平公正。

5. 受试者隐私权

隐私权是指自然人享有的私人信息秘密和私人生活安宁依法受到法律保护，不被他人非法收集、知悉、公开、利用和侵扰的一种人格权，并且权利主体对他人介入隐私的程度与范围享有决定权。隐私权这一概念最早是由布兰蒂斯和沃伦提出的，其后关于隐私权的性质便一直存在争议，我国民法学界也莫衷一是。《赫尔辛基宣言》提出，医师必须采取一切措施保护受试者的隐私利益。具体而言，医师应当保证受试者私生活不被他人非法侵扰，私人信息不被他人非法知悉、利用和公开。私人信息主要包括健康状况、生理缺陷、生活习惯等。需要注意的是，受试者参与试验这一行为本身也是隐私。在告知说明过程中，管理机构有义务告知潜在受试者泄露隐私的不良后果以及隐私保护的具体措施、限度。研究者应签署对医学受试者身份信息保密的声明；研究中以匿名方式处理数据；研究结束后尽早销毁受试者个人可识别信息等。[1]另外，联合国艾滋病规划署在其发布的《艾滋病预防生物医学试验的伦理考虑》中作出特别规定，强调受试者信息的保密性。[2]可以发现，随着社会与科技的发展，隐私权的内涵不断扩张，产生了诸如基因隐私权等新的内容。特别是涉及基因检测时，由于每个人的基因信息数据都有强大的家族性、特殊性等，尤其要注意个人隐私的保护，需要依照保密准则有序开展基因检测工作。并且伦理委员会应注意审核检测方的相关情况：资质是否通过第三方认证，是否有外资股东、公司背景，血清制品送到国外还是国内，对检测的基因数据采取的具体保密措施等。[3]在人体试验中，非经受试者本人的同意或因公共利益的需要并经法定程序，不得收集、运用、储存、传递有关基因的个人资料。也就是说，在医学人体试验中，受试者与基因有关的个人资料依法不得侵犯。

---

〔1〕　刘锦钰等："临床研究豁免知情同意的情形分析与探讨"，载《中国医学伦理学》2019年第10期。

〔2〕　《艾滋病预防生物医学试验的伦理考虑》第18条规定："研究者必须保证完全尊重潜在的或已招收的参与者在招募、知情同意以及试验进行中被揭露或被发现的信息的保密性。研究者有持续的义务制定并贯彻一些程序，以保持收集到的信息的保密与安全。"

〔3〕　袁静等："儿童临床试验中受试者保护的伦理审查"，载《中国医学伦理学》2019年第10期。

6. 个人信息权

个人信息权是一项新兴的权利，是电子信息技术发展的产物。由于个人信息犯罪愈演愈烈，《刑法修正案（九）》修改了侵犯公民个人信息罪的规定，最高人民法院、最高人民检察院随后出台了专门的司法解释，《网络安全法》《个人信息保护法》也相继出台。同时《民法典》对个人信息权作出了正式规定。由此，该项权利得以确定。关于个人信息的定义，学界给出了很多不同的版本。借鉴周汉华教授对个人信息的界定，公民个人信息应当是指涉及公民个人的已经被识别或者可以被识别的任何信息，具有受法律保护的利益。2017 年《最高人民法院、最高人民检察院关于办理侵犯公民个人信息刑事案件适用法律若干问题的解释》发布后，对个人信息给予了明确的规定，个人信息的范围有了相对明确的依据。[1]。研究者越来越重视受试者个人信息的深度挖掘，如年龄、基因等，[2]从而提高临床药理研究质量、水平和效率，更好地保障所有参加临床试验研究的受试者的权益。目前，我国已经成立了不少以医学受试者数据库服务为内容的科技公司，实现了医学研究中的受试者信息共享。

大数据产业化的今天，个人信息权不仅具有人格属性，也具有一定的物权属性，个人的某些信息不仅涉及个人利益，同时事关公共利益，这一点在立法的价值取向上与其他人格权有很大不同。但是，关于受试者个人信息权的具体内容，我国还需要在立法上作出进一步完善。可以看到，《民法典》人格权编第 1034 条至第 1039 条已经作出相关规定。当前学界的一般观点是，个人信息权人应当拥有个人信息收集决定权、数据使用反悔权、信息删除权、个人信息数据所有权。在相关立法尚未完善的情况下，医学研究的相关方应当本着诚信原则，基于正当目的收集、使用数据，在医学研究的各个环节都应当做到尊重受试者个人信息收集决定权，并充分运用识别技术，防止受试者隐私权受到侵犯。

---

〔1〕《最高人民法院、最高人民检察院关于办理侵犯公民个人信息刑事案件适用法律若干问题的解释》第 1 条规定，公民个人信息是指以电子或者其他方式记录的能够单独或者与其他信息结合识别特定自然人身份或者反映特定自然人活动情况的各种信息，包括姓名、身份证件号码、通信通讯联系方式、住址、账号密码、财产状况、行踪轨迹等。

〔2〕高富平："个人信息保护：从个人控制到社会控制"，载《法学研究》2018 年第 3 期。

三、第二性权利

(一)利益分享权

受试者作为医学研究项目的参与者,应当和研究者、申办者一样,享有在研究过程中或者研究结束后获得利益的权利。《赫尔辛基宣言》也曾作出相应的规定。[1]这种利益既可以是财产性利益,也可以是其他类型的利益。例如,获取继续参与研究的机会。不过,受试者能否以自身的健康安全风险换取相应的经济利益仍然存在争议。受试者不可能无条件参与医学研究。我国现行做法是,受试者可以获得一定的利益补偿,或者是受试者可以获得免费治疗的机会。

此外,在医学试验中还可能会涉及受试者的健康信息和生物样本权利的保护问题。举例而言,假如医学试验研究者在利用受试者的健康信息和生物样本为基础开展研究之后获得了商业利益,受试者是否有机会从中获得一定比例的经济利益?

对于这一问题,美国有一案例颇具参考价值,即 Moore v. Regents of the University of California 案。1975 年,Moore 在加州大学附属医院治疗白血病,医生 Golde 在对其实施了脾脏切除手术之后,又采集了 Moore 的血液、骨髓及其他组织样本。手术结束后,Golde 告知 Moore 需要进行复查。在此后的 7 年间,Moore 定期前往加州大学附属医院抽取血液等样本。Golde 也告知了 Moore 他们正在进行具有商业价值的研究,从 Moore 的组织中提取了一种细胞株,并且申请了专利。Moore 知晓后便将医院和 Golde 起诉至法院,要求分享由其身体组织衍生出来的产品的利益。对此,加州最高法院认为,Moore 的身体组织在经其同意被分离后,便不再属于 Moore,即 Moore 不再享有该类组织的所有权。为了避免人体试验活动因此受到不当的干扰,法院驳回了 Moore 的利益分享的诉讼请求。

近年来,我国的学术研究中一般将组织、血液、器官等认定为特殊的物,其所有权者因为享有具有财产属性的人身权利,而可以在被使用时获得适当的补偿。实际上,上述案例中加州最高法院并没有绝对否认医学试验的受试

---

[1] 《赫尔辛基宣言》第 33 条规定:"研究结束时,参加研究的病人应被告知研究的结果,分享由此获得的任何受益,例如获得本次研究确定的有益干预措施或其他相应的治疗或受益。"

者的利益分享权，只是本案中 Moore 已经表示同意参与试验，那么就视其放弃了获得利益分享的权利。但是，如果 Moore 并未同意参与，那么其对于开展研究产生的商业利益是否享有分享的权利，则不得而知了。此外，加州最高法院在作出判决时还兼顾了社会公共利益，即考虑到避免人体试验活动会因此受到不当的干扰。总体来说，医学试验的受试者对医学研究相关商业利益的分享权还存在理论上和法律上的争议。

（二）损害救济权

众所周知，人体试验具有很强的风险性。尽管参与人体试验的各方主体尽到相对充分的注意义务，采取相对完善的保护手段，人体试验行为仍然有可能对受试者造成生理上或是精神上的伤害，所以需要通过法律手段对风险与责任进行明确细致的分配。世界卫生组织和国际医学科学组织委员会 2016 年联合制定的《涉及人的健康相关研究国际伦理指南》以及我国《药物临床试验质量管理规范》对此均作了明确的规定。由于医疗救治责任和损害补偿责任的承担不以行为人的主观过错为先决条件，受试者的救治与补偿责任风险依然还是存在。为了化解上述难题，分散人体试验活动带来的风险，国际上普遍采用人体试验强制保险制度，同时也可以保障受试者的损失得到及时的、足额的经济补偿。然而，我国临床试验责任保险制度的发展状况并不理想。

（三）权益保护优先权

权益保护优先权是指当人体试验项目受试者的权益与人体试验项目发起者、执行者等各方主体的权益发生冲突时，优先保护受试者的权益，尤其是受试者的生命健康权。受试者权益的保障是人体试验研究者获得权益的前提。人体试验项目的发起者、执行者只有保护好受试者的各项权利，才能享受各自的权益。《赫尔辛基宣言》和联合国教科文组织发布的《世界生物伦理和人权宣言》都曾对此作出强调。[1] 可见，受试者权利具备绝对的优先性，不仅针对人体试验项目的发起者、执行者，而且针对一切科学的、社会的利益。作出同样规定的还有欧洲理事会《奥维多公约》附加议定书和我国《药物临床

---

〔1〕《赫尔辛基宣言》第 6 条规定："在涉及人的医学试验中，受试者个人的健康应当优先于其他一切利益。"

试验质量管理规范》。[1]不过,相较而言,我国的立法显得相对含糊。

受试者之所以能够享有权益保护优先权,首先得益于受试者人格权所具有的人权属性。人权是第一位的,它是"人之为人的权利"。受试者接受人体试验的行为与普通的医疗行为是不同的,前者是协助人体试验的研究者为整个人类健康的公共利益服务,最终享受这项试验带来的红利的是广大的民众。可见,受试者的贡献是巨大的,其行为是值得尊重和敬佩的,其理应享有这种超越法律的神圣性,其人格权益也应当高于人体试验发起者、执行者的商业利益。此外,上文曾提及人权具备道德特征。与之相对应,这种优先权也是出于一种道德考量。[2]受试者作为社会意义上的人,甘愿放弃自身的尊严,乃至承担生命、健康安全的风险,参与试验。对于这样的行为,我们有义务尽可能地减少乃至避免对他们造成健康损害和利益损失。

事实上,除了在立法层面上要重视受试者的权益保护优先权,在具体的人体试验活动操作过程中,也应当重视受试者的权益保护优先权。在人体试验活动中,受试者即便有权衡利弊的意识,也很难靠自身力量实现自我保护。因自身专业知识的局限性,他们很难全面认识活动的各项细节,也很难作出正确的风险判断。在参与人体试验的各方主体中,受试者的付出与回报是不成正比的,他们所承担的风险往往是最大的,而收益却通常是最小的。因而,人体试验的发起者、研究者以及行政监管部门、损害纠纷的司法裁判者都应当认识到并尊重这种优先权。

---

〔1〕 欧洲理事会《奥维多公约》附加议定书第 3 条规定:"人具有最高价值。参与试验的人的利益和福祉应高于任何社会或者科学的利益。"

〔2〕 张鸿铸等主编:《中外医德规范通览》,天津古籍出版社 2000 年版,第 1048-1049 页。

第五章　特殊研究中的受试者权利保护

第一节　特殊受试者的类型及特征

医学人体试验中涉及的特殊受试者，是指在人体试验中因自身生理因素或社会因素导致合法权益容易受到侵害而需要获得特殊保护的受试者。按照国内外的实践，医学人体试验常常与社会弱势群体等特殊受试者联系在一起。通常来说，临床试验中的社会弱势群体是因自身能力问题或自由受到限制而无法给出同意或拒绝的意见，或者相对地（或者绝对地）缺乏维护自身利益的能力，比如儿童、因精神或认知障碍等原因而无法自由自愿给予知情同意的人。弱势人群在面对伤害时缺乏足够的能力或途径进行自我保护。[1]"尊重"是医学人体试验中最重要的原则，每一个受试者都是具有自主决定权的独立个体，《贝尔蒙特报告》中确定的涉及人体研究的尊重原则要求，必须是受试者在充分知情后再自行作出是否参加研究的决定。然而，在种种原因的影响下，部分受试者自主能力受限、下降或受损，《贝尔蒙特报告》提出要对这部分受试者采取额外的保护，这些受试者被称为特殊受试者。

一、特殊受试者的类型

法律必须给予由于自然、生理、社会原因处于更为不利地位的受试者一定的特殊保护。[2]而特殊受试者的类型不同，其参与医学人体试验动机也会存在一定差异，需要获得法律保护的方式也存在差异。因此，有必要对特殊受试者进行分类，研究其具有的不同特征，为制定有效的法律保护措施奠定基

---

〔1〕　张海洪："弱势人群概念探析及其对受试者保护的启示"，载《医学与哲学（人文社会医学版）》2015 年第 2 期。

〔2〕　满洪杰："医学人体试验特殊受试者保护研究：以比较法为视角"，载《东岳论丛》2012 年第 4 期。

础。特殊受试者通常分为两类，因自然因素或社会因素而处于弱势地位的受试者，前者如儿童、孕妇、精神疾病患者等，后者如囚犯、流浪汉、难民等。

二、不同类型的特殊受试者的特征

（一）因自然因素而处于弱势地位的特殊受试者

因自然因素而处于弱势地位而应当受到特殊保护的人，有以下主要特征：（1）受试者受自然因素影响导致自身需要特殊保护，如儿童、青少年等未成年人，由于自身年龄小，身体和心理发育不成熟，理解能力较差，不具备自主决定的能力，无法抵御研究带来身体损害和精神伤害的风险。（2）受试者的自我决定能力因生理或病理因素的影响而受到限制甚至完全丧失，比如，孕妇在生理方面处于特殊状况，参加研究不仅可能会对孕妇自身产生损害，而且有可能影响腹中胎儿的健康。再如，阿尔茨海默病患者、精神疾病患者因为疾病导致其丧失了部分或全部自主决定能力。[1]又如，临床试验中出现的无意识受试者，多是指那些在重症监护室的病情危重、陷入昏迷或服用抑制药物的患者，对研究缺乏足够的认知理解能力，无法权衡试验利弊并作出正确判断。[2]本章将以未成年人、孕妇和胎儿以及精神或认知障碍患者参与药物临床试验为例，阐述分析这一类特殊受试者权利保护的理论与立法实践问题。

（二）因社会因素而处于弱势地位的特殊受试者

因社会因素而处于弱势地位的特殊受试者的特征主要为，因社会因素致使自我决定能力受到限制或者被约束。通常包括：（1）经济能力受到限制导致自我决定能力受到约束。在医学人体试验中，因经济利益驱动的原因，临床试验常常在社会弱势群体身上进行。比如，医院的护工、门卫、保安以及下级医院的职员等在经济上处于弱势地位的人群。因其他经济或其他社会因素处于弱势地位的还包括身患不治之症的患者、福利机构的收容者、贫困者、失业者、难民、流浪者等。（2）受试者基于其与申办者、试验者的关系考虑，

---

〔1〕　林昕、周欣："临床试验中无意识受试者知情同意权的探析"，载《中国医学伦理学》2018年第11期。

〔2〕　曾令烽等："药物临床试验痴呆弱势群体与权益保障伦理学问题研究"，载《中国新药杂志》2016年第24期。

其自主决定能力和自由意志往往受到部分限制，包括被监禁者和其他与试验者有依附关系者，[1]比如，因犯由于其受到强制性监禁的关系，易于被强迫参加医学人体试验；又如由于职务或地位上的上下级关系而参加试验的受试者，包括试验者的下属、急诊室患者、医药专业学生、护士生、制药企业的职员等或被拘留者等。[2]本章将以因犯参与医学人体试验的权利保护为例，阐述分析此类特殊受试者权利保护的理论与立法实践问题。

三、特殊受试者法律保护的措施

2013 年版《赫尔辛基宣言》第 20 条增加了弱势群体参与研究的两个限制条件：参与研究的弱势群体应当切实受益；弱势群体参与的研究是在非弱势群体不能开展的研究。[3]2010 年，我国国家食品药品监督管理局印发并施行《药物临床试验伦理审查工作指导原则》，其中规定，涉及儿童、因犯、精神障碍者、认知障碍者等弱势群体的试验，须满足以下伦理要求：试验只有以该弱势人群作为受试者才能进行；以该弱势群体特殊的疾病或健康问题为试验的研究对象。试验风险不能大于最小风险。受试者如无法给予充分知情同意，应征得其法定代理人的知情同意，具备条件还包括应同时征得受试者本人的同意。

第二节　未成年人

2012 年 8 月，论文《"黄金大米"中的 β- 胡萝卜素与油胶囊中 β- 胡萝卜素对儿童补充维生素 A 同样有效》被《美国临床营养杂志》录用并发表。因该论文中提及研究人员在我国 6 岁至 8 岁儿童身上使用转基因大米进行试验，在我国引起广泛关注。本研究曾在试验前召开学生家长知情通报会，但从未提到过试验将使用转基因的"黄金大米"米饭，会议现场仅发放了最后

---

〔1〕　满洪杰："关于受试者知情同意权的立法建议"，载《四川大学学报（哲学社会科学版）》2018 年第 3 期。

〔2〕　邵蓉、宋乃锋："临床研究中受试者权益保护问题探讨"，载《南京医科大学学报（社会科学版）》2002 年第 2 期。

〔3〕　姚树森、范贞：《赫尔辛基宣言》修订与受试者权益保障"，载《中国医院》2012 年第 2 期。

一页知情同意书让家长和监护人签字，但该页上丝毫没有涉及"黄金大米"字样，更未告知受试儿童将会食用转基因大米。"黄金大米"涉及的试验对象是未成年人，家长在研究者的刻意引导下误以为"黄金大米"的试验就是"营养餐"，稀里糊涂地签下协议，使得试验变成了欺骗受试者的"陷阱"。"黄金大米"的科学研究把无辜的孩子变成了科研试验的"小白鼠"，违背了我国有关生物医学研究的相关规定，致使该研究一开始就不具备合法性。[1]该项医学人体试验，虽然具有学术意义和科学价值，但是其违背了科学精神与伦理准则，即使获得了相关的研究成果，也会失去应有的价值，给受试者带来痛苦，给人类社会带来教训。"黄金大米事件"引发了社会对医学人体试验法律规制的关注。[2]该案例引发的思考是，未成年人是否有参加医学人体试验的必要？应如何立法对未成年受试者进行有效保护？本部分接下来将围绕该核心问题展开深入分析与讨论。

一、未成年人参与人体试验的必要性

未成年人参与人体试验，是指医学研究者为了验证医学新技术或新药对健康或患病未成年人的有效性和安全性，将未成年人纳入研究而实施的医学人体试验活动。法律已经规定未成年人是指不满十八周岁的公民，分为两部分，一是不满八周岁以下的儿童即无民事行为能力人，二是已满八周岁不满十八周岁的青少年即限制民事行为能力人。因其身心尚未发育成熟，缺少辨识能力，未成年人的合法权益容易受到侵害，参与临床试验面临着极为棘手的伦理难题。目前，国际社会正尝试平衡未成年人参与人体试验面临的伦理原则与科学试验的冲突，试图建立一套保护未成年受试者的法律制度。

著名的人体试验国际伦理公约——《纽伦堡法典》从生命伦理的"尊重人格"的基本原则出发，要求人体试验必须要取得医学受试者的知情同意，不允许以代理的方式取得知情同意，并且把欠缺知情同意能力的未成年人排除在受试者之外，严格禁止未成年人成为受试者。而本研究认为，是否

---

〔1〕艾勇琦、严金海："论涉及人的生物医学研究的治理：'塔西佗陷阱'的规避与应对"，载《医学与哲学》2019 年第 21 期。

〔2〕满洪杰："从'黄金大米'事件看未成年人人体试验的法律规制"，载《法学》2012 年第 11 期。

允许未成年人参加人体试验，应以未成年人在试验中的作用为出发点来探讨。

比如，临床试验数据是判断药物安全有效与否的标准，也是新药研发的必经阶段。受试者的选择是影响临床试验研究结果的重要因素，针对特定疾病的新药，必须选择与之对应的受试者，如仅针对儿童特殊疾病的药品研发必须将儿童纳入试验。儿童具有独特的生理及心理状态，不能将之认为是成年人的缩小版，在不同的生长发育阶段，从新生儿、婴幼儿、儿童直到青少年，每一阶段的器官的代谢功能、身体的构成等并非随着年龄的变化而出现直线性的变化，在不同的年龄段，儿童安全给药需要获得正确的剂量信息。儿童用药与成年人用药存在很大差异，如疾病的生物学反应、与药物的相互作用以及药物的安全特征，例如一些成年人使用的药物，儿童使用之后可能会出现成年人不会出现的毒性或耐受性。因此，开展儿童的药物临床试验，获取临床试验数据，对于儿童用药的指导具有非常重要的意义。[1]

然而，将未成年人纳入医学人体试验面临较大的伦理难题，尤其突出的是，在吸纳健康儿童参与安慰剂对照组的操作问题上存在现实的困难。目前，很少有未成年人参与医学人体试验，以致严重缺乏儿童临床试验的资料和数据。研究者只能在成年人参与试验所得出的结果的基础上，推测新的医学技术或新药对未成年人的质量影响，临床上引发了大量没有经过许可用药（Unlicensed）的现象。在药物临床使用中，儿童的用药需求往往不能被满足，儿科超说明书用药（Off-label）的现象也大量存在。我国医药市场上，90% 的药品没有儿童剂型，目前，由于缺少临床试验验证，药品说明书中普遍没有注明儿童的用法和用量，儿童用药疗效和安全性相关数据严重匮乏。一般情况下，儿童用药一般采取在成年人药品剂型或规格的基础上，按照体重、年龄酌情减量给儿童使用，临床上常常采用未经过许可的用药方式将药品再调配，在没有符合处方要求的合适规格的药品时，医院药剂师单独把制药厂家提供的药品进行二次处理，如将片剂切分或将胶囊内含物倒出重新分装给药。[2]这样使大规格药品的包衣受到破坏，也造成了分割剂量不准确、损耗、污染等问题，

---

〔1〕 倪韶青等："关于儿童用药的问题及建议"，载《中国医院药学杂志》2007 年第 6 期。
〔2〕 倪韶青等："儿童 Unlicensed 和 Off-label 用药状况调查"，载《中国药学》2008 年第 3 期。

容易引起给药错误，产生很大的安全隐患。[1]儿科医学人体试验具有高风险性，儿童受试者权利遭到侵害的案件比较常见。[2]

　　国际社会也存在相似的状况，Wilson 的研究表明，1973 年以前，FDA 批准的 2000 种药物中，78% 左右没有被批准可用于儿童或没有曾用于儿童的足够的临床研究数据支撑，Gliman 和 Gal 的报告中大约有 815 种药物存在相似问题；1992 年至 1994 年，FDA 批准的新药中，没有被批准可用于儿童的药物达到 71% ；1995 年美国 FDA 批准了 28 种专利药物上市，其中有 20 种可用于儿童，但是其中只有 4 种注明儿童用法用量的说明，占当年获批专利药物总数的 14% ，其他均没有开展儿童临床试验研究的数据；2009 年至 2014 年，美国 FDA 仅批准了 13 种儿童新药上市。

　　生命伦理的公正原则要求公平地选择临床试验的受试者，不得存在年龄歧视问题。而未成年人无法参与临床试验，相当于使未成年人无法与成年人平等享有安全、有效地使用药物的权利，违背了公正原则。更造成针对未成年人的常规医疗活动成为一种变相的医学人体试验。比如，为了保护儿童，拒绝其参加用于治疗艾滋病药物 AZT 的试验研究，药物试验结果表明 AZT 有效后却不能用于儿童，因为无法确定 AZT 对于患艾滋病儿童是否会产生一样的药物效果。医学人体试验包括未成年人受试者是研发出未成年人合理药物的先决条件，对于不同年龄阶段的未成年人必须设定科学的药物使用剂量，唯有如此，才可为未成年人药物使用的有效性和安全性建立评价体系。[3]应建立严格的医学人体试验审查制度，严格执行受试者纳入与排除标准，精准控制试验的时限，将未成年人参与试验的风险控制在最小范围内，确保未成年人受试者的安全。[4]因此，应立法保证科学合理的制度设计使未成年受试者在医学人体试验中所遭到的损害最小化，确保未成年人群体的整体健康，使得整个医药科技的发展水平和社会整体利益达到最优程度。

---

　　[1]　刘丽萍等："关于没有经过许可或药品说明书以外用药问题的探讨"，载《中国药房》2008年第 25 期。

　　[2]　姜淑明："临床试验中儿童受试者损害赔偿问题研究"，载《湖湘论坛》2017 年第 5 期。

　　[3]　蔡菁菁等："关于药物临床试验伦理问题的思考"，载《医学与哲学》2007 年第 10 期。

　　[4]　翟晓梅、邱仁宗主编：《生命伦理学导论》，清华大学出版社 2005 年版，第 423 页。

二、国内外相关立法

（一）美国

为了鼓励研发适合未成年人（儿童和青少年）使用的新药，国际上开始逐渐重视并加强对儿童用药的研发与管理，逐步改善儿童用药匮乏的窘状。1992 年，FDA 开始规定药品生产企业应在药品使用说明书中增加儿科药物的有关信息。1994 年，FDA 规定在美国申请上市的新药说明书中必须注明儿科药物的有关信息。

1997 年《食品药品监管现代化法案》正式立法要求药品说明书中要具备儿科药物信息。2002 年《儿童最佳药品法案》和 2003 年《儿科研究公平法案》要求用于儿童的新药和生物制品必须进行临床试验。2007 年，国会对《儿童最佳药品法案》和《儿科研究公平法案》两个法案进行了修订，同时增加了《儿科医疗器械安全法案》。《儿童最佳药品法案》更新了 FDA 中关于药品生产企业进行儿科药物研究获得专利独占权的条款，把儿科药物生产者的专利独占权在之前的基础上延长了 6 个月，并加强了美国健康与人类服务部对儿科药物的管理权力。同一时间建立了美国国立卫生研究院（NIH）为儿科临床试验研究提供资助的合同机制，即允许 NIH 基金会提供资金资助以便第三方能够进行必要的研究。根据《儿科研究公平法案》规定，2007 年 10 月 1 日之后所有新药、生物制剂的申请必须提供含有儿科临床研究的内容。FDA 有权对新研制的药品进行儿科评估，即评估新药是否具有充足的试验数据证明其临床治疗学意义、是否可以适用儿童患者的适用症状、说明中缺乏儿科用药信息是否会导致儿童用药风险超出最小风险。《儿科医疗器械安全法案》规定医疗器械必须说明是否适用于儿童群体，以及适用于哪些儿童群体。FDA 可以通过产品号和型号对医疗器械进行跟踪，尤其是为儿童或儿科疾病而批准上市的医疗器械。FDA 将报告儿科医疗器械和人道主义医疗器械豁免的批准次数。因为 FDA 要求该类产品进行儿科研究，所以该类产品的生产方仍然有权享受延长 6 个月专利独占期的特殊激励政策。在一系列政策和法律激励下，美国制药企业获得了一定的经济利益刺激与驱动力，儿童药物研发取得了较好的成果。[1]

（二）欧盟

2007 年，参照美国相关法律法规，欧盟委员会制定并实行了《儿童用药监督管理条例》，对儿科药物采取一系列激励措施，如延长制药企业 6 个月的市场独占权，如果属于治疗罕见疾病的药品，专利期可延长 2 年，并规定由于婴幼儿和未成年人不具备正确评估药品临床试验的风险的能力，所以药物相关的儿科研究仅限于患病儿童。欧盟儿科委员会（Pediatric Committee，PD-CO）负责协调儿童药品研究的相关工作。自 2008 年 7 月 26 日起，所有在欧洲上市的新药必须进行儿童临床试验，并按照儿科研究计划（Pediatric Investigation Plan，PIP）的要求提供药品的合格的儿童临床试验数据资料。自 2009年 1 月 26 日起，即使是新适应症新药的申请也必须包括儿科研究计划的内容。2005 年，英国为了提供支持儿科疾病的诊断、治疗和预防试验的卫生服务设施，启动了以 8 个地方研究网络组成的儿童用药临床研究网络（Medicines for Children Research Network，MCRN）。

（三）中国

随着我国医疗卫生事业的快速发展，我国儿童健康和儿童安全用药水平得到显著提升，身体健康状况得到显著改善。但是，目前国内制药企业缺乏研发生产儿科药物的积极性，仍然存在儿童用药缺乏品种多样性、规格和剂型不相符的问题。为了满足儿科用药，激发制药企业加强研发生产儿科药物的积极主动性，2014 年 5 月 21 日，我国关于儿童用药的第一个综合性指导文件——《关于保障儿童用药的若干意见》，由国家卫生计生委、国家发展改革委、工业和信息化部等六个部委联合发布。该文件既确定了鼓励儿童用药的研发，建立专门的申报审评通道的原则。同时，为了保障儿童用药，又从确保试验研究、完善体系建设、规范生产流程、确保质量监管、推动用药合理等环节提出了更高的具体标准要求。

该意见采取了一系列措施推动儿童药品研发与创新。该意见规定建立专门的申报审评通道用于审批临床急需的适宜儿童使用的品种、剂型与规格的药品，推进审批进度。同时，通过制定基本儿童药品目录，政策引导制药企

---

〔1〕 黄丁全：《医疗　法律与生命伦理》，法律出版社 2004 年版，第 261-262 页。

业优先研发生产儿童药品和鼓励企业开展儿童药品临床试验。加快推动儿童药物临床试验平台的建设，组建高水准的研究团队，在保障受试者权益的同时提高受试者参与度。尝试要求企业在提出新药申请时提供儿童临床试验数据及相关资料，要求制药企业对已上市药品补充儿童临床试验的数据，尤其是对已在临床使用多年但药品说明书缺乏儿童用药信息的药品，应及时修订药品说明书，完善相关数据，指导儿童合理用药，引导企业研发申报和生产。同时，该意见要求提高儿童药品临床合理用药率及其他综合评价能力，通过临床多年儿科用药经验的总结，统计现有的关于儿童安全用药数据，达成行业内共识，为儿童用药制定规范化指南。

然而，我国儿童药物临床试验的受试者保护制度仍需要进一步落实与推进。据上海市开展的一项针对 34 家医院的调查表明，儿童临床试验伦理审查的规范化管理滞后，医院伦理委员会在儿童临床试验伦理审查的过程中存在诸如开展儿童临床试验伦理审查的伦理委员会管理要求不一致，医院的级别及类型不同，儿童临床试验会有不一样的伦理审查的要求和遵循标准等问题。尤其是我国伦理委员会的机构设置还不够完善，在开展儿童临床试验的 11 所医院中，仅有 3 家医院具备了保证伦理委员会开展独立工作的条件。[1]

三、国际上有关案例研究

在国际医学发展的历史上，有相当数量的人体试验的受试者是未成年人，这些早期人体试验同样也是社会对弱势群体不当利用与剥削的证明，参与这些研究的未成年人多是贫穷、生理残疾或智力障碍的或是福利机构的儿童和青少年。以下本章将介绍三个发生在国外的典型案例，以阐述对未成年人受试者进行特殊保护的重要性和必要性。

（一）国际医学界早期免疫学研究

国际医学界早期免疫学研究常常涉及未成年人，由于缺乏对疾病的预先暴露并且与试验要求很接近，使得他们成为受试者的最佳选择。例如，爱德华·琴纳（Edward Jenner）首次试验天花疫苗就选择自己的孩子。1802 年，琴纳利用美国费城一间贫民窟的 48 个孩子进行疫苗试验。实际上，许多科学

---

〔1〕 唐燕等：“上海市三甲医院儿童临床试验伦理审查管理现状调查”，载《医学与社会》2016年第 4 期。

家认为在儿童机构实施研究非常便利。在 1900 年前后，纽约希伯来婴儿庇护所的医学主任阿尔弗雷德·赫斯（Alfred Hess）决定在婴儿身上进行"百日咳"疫苗试验，因为这里的"情况"可控。为了达到试验目的，赫斯和他的同事有意克扣机构内婴儿的橙汁直到他们出现坏血病的特征，这引发了公众对于在儿童健康没有保证的试验中使用儿童的伦理学争论。

（二）威洛布鲁克（Willowbrook）学校智力障碍者儿童肝炎病毒研究

20 世纪后半叶，在儿童身上发生最有争议的研究是在威洛布鲁克州立学校，这些于 1956 年开始的研究致力于研究传染性肝炎的发展以及 γ 球蛋白在改善和预防此病中的效果。纽约大学医学院的研究人员在乙肝病人身上采集血液和血清，给威洛布鲁克学校的智力障碍儿童注射，结果导致 24 名儿童患上肝炎，之后研究人员用水将血清稀释，给智力障碍儿童注射，结果有 50% 的儿童没有生病，他们认为找到了获得肝炎疫苗的途径。纽约大学医学院继续在该校进行一项病毒性肝炎研究。纽约州威洛布鲁克州立学校共有 6000 名就读儿童患有严重智力低下疾病，1956 年开始，纽约大学医学院在 14 年期间共从 700 名儿童身上获取 25 000 份血清标本。研究者故意使身体健康的新入学的儿童感染肝炎，以期获取肝炎感染全过程的系统资料。这项研究同时获得了纽约大学、纽约州和美国陆军的同意与支持，甚至得到了当地人类试验伦理审查委员会的审查和通过。这项试验证明了有甲肝和乙肝两种肝炎，成功研制了肝炎疫苗。但是不久后，纽约大学医学院的试验行为受到了社会公众的谴责。1967 年，纽约州参议员西摩亚·泰勒提出强烈的抗议，并提议禁止在儿童身上做医学试验。[1]

（三）肯尼迪·克里格铅污染试验

铅中毒是危及着数百万美国儿童健康的主要问题之一，尤其是来自贫穷家庭的儿童，因为大多数贫民窟多多少少都会使用含铅涂料，如马里兰州的巴尔的摩是著名的贫困人群集聚地，近半数儿童的血液含铅量远高于安全指数。1993—1995 年，一家附属于美国约翰霍普金斯大学的巴尔的摩儿童健康中心研究所——肯尼迪·克里格研究所在美国环境保护署和当地机构资助下实施了一项针对儿童的铅污染试验，通过在居住于已知受到铅污染的房屋中

---

〔1〕　黄丁全：《医疗　法律与生命伦理》，法律出版社 2004 年版，第 261-262 页。

的儿童身上测定不同铅消除程序的有效性，以确定与标准的铅消除技术相比铅消除程序的最小有效水平。在此项研究中，108 个巴尔的摩租住地被分为 5 组，其中 3 组房子为实验组，即铅清除不完全（每组水平不同）；并设立两个对照组，分别有 25 个房屋，纳入条件为之前已接受过完全铅清除，或者房屋建造的时候即不含铅涂料。在 3 组实验组中，房屋按三种不同的除铅方法的成本和彻底性分为 3 个亚组，即"一级除铅"组房屋的油漆脱落的部分被刮掉并重新粉刷，成本不超过 1650 美元；"二级除铅"组房屋的碎裂的油漆被刮掉并修复，倒塌的墙壁覆上石膏板，成本不超过 3500 美元；"三级除铅"组房屋在完成上述步骤后，换掉所有窗户，成本不超过 7000 美元。研究者要求贫民窟房东把房子优先租给有 6 个月到 4 岁大孩子的家庭。纳入研究的儿童应身体健康、血液含铅量低，如果家长同意孩子参加试验，则可以在三种不同类型除铅组中选择一种。在两年的研究期间内，研究者检测并比较三种房屋内的铅尘水平，并定期检测居住在这些房屋内的儿童血液中的铅含量是增加还是减少。该项研究获得约翰霍普金斯大学伦理审查委员会的批准。受试者也知情并同意，并且父母也被告知孩子的血液中的铅水平和他们的房屋内铅尘水平的收集结果。

　　显然，巴尔的摩的铅污染试验是违反医学伦理的试验，美国政府是维护儿童不受铅中毒损害的健康利益还是维护含铅涂料生产销售企业的利益呢？试验的研究者选择了后者。试验进行中，其中住在接受铅清除不完全房屋里的两个家庭发现自己的孩子因为血液中铅含量增加导致智力低下，因此，起诉了肯尼迪·克里格研究所，其中一个家庭来自少数族裔，他们指出肯尼迪·克里格研究所设计此试验是将孩子置于不必要的危险之中；肯尼迪·克里格研究所提前知晓他们的房屋存在风险，却刻意延迟提供报告测试结果，否则他们可以早些停止该试验，避免他们的孩子长期暴露于高水平的铅污染下；肯尼迪·克里格研究所没有完全并准确地将研究灾难和风险提前告知他们。在漫长的司法纠纷过程中，法院接替了研究者、伦理委员会和监管部门仔细调查该试验的风险和利益，监管知情同意，并提出了更加深入的问题。法官也开始质疑父母是否有权同意孩子参与获得最佳利益方面的研究。上诉法院的主要结论是，在马里兰州，父母或其他法律代理人不能对儿童参与"对受试者健康有风险的研究或非治疗性的研究"负责。2001 年 8 月，公共健康研究团体因该案受到了巨大的冲击。法庭挑战了儿科研究中可接受的风险水平，得出如下结论：马里兰州的父母没有权利同意幼年的孩子参加无法提供直接医疗获益，即使只是可能造成最小风险的试验。另外，研究者担心由政府长期资助的有研究价值的公共健康研究会全部因此被暂停或受到司法的监督和干预。

四、我国未成年人参与临床试验现状

国际《儿童权利公约》是最被大众广泛认可的国际公约之一，1989 年 11 月 20 日在联合国大会通过。我国于 1991 年 12 月 29 日批准加入《儿童权利公约》。同时，2017 年 10 月 1 日我国实施的《民法总则》和 2006 年 12 月 29 日颁布的《未成年人保护法》对儿童和青少年参与民事活动进行了相关立法规定。

20 世纪 80 年代，我国儿科临床研究开始发展。我国首个儿科药物临床研究是 1993 年由王丽等研究者运用双面交叉对照设计试验来进行抗痫灵治疗儿童难治性癫痫效果的临床试验。在之后的 10 年内，我国没有出台相关政策或法律法规对儿科药物临床试验研究进行规范。2003 年颁布的《药物临床试验质量管理规范》才提出药物临床试验的对象包括儿童。自 20 世纪 80 年代，我国开始建设儿科药物临床试验机构。1983—1990 年，原国家卫生部共组建了 35 个临床药理基地，其中包括儿科专业；1998 年，在原国家药品监督管理局认定的 121 个国家药物临床研究基地的 561 个专业中，纳入了 9 个中医儿科专业。2004 年 2 月，原国家食品药品监督管理局对申请药物临床试验机构资格认定的医疗机构进行认证。2012 年 7 月，原国家食品药品监督管理局认证 46 家药物临床试验机构中，有 109 个儿科专业。但是，包括儿科专业的药物临床试验机构仍然较为匮乏，无法满足多中心儿童临床试验的基本要求和患病儿童的健康需求。[1]我国儿科药物的研发进展离不开儿童药物临床试验的发展，后者为前者打下了良好基础，后续国家相关政府部门应该在法律层面上出台相应规章制度，对制药企业开展儿童药物临床研究提出新要求并积极鼓励，研究者也应该大量开展儿童药物临床试验，积累儿童药物试验经验，

---

〔1〕　陈永法主编：《国际药事法规》，中国医药科技出版社 2011 年版，第 59-78 页。

从而安全有效地解决儿童临床用药问题。

五、比较法研究

西方发达国家对药物临床试验的立法规制以借鉴国际法规范为主，要求临床试验必须遵守《赫尔辛基宣言》《人体生物医学研究国际伦理指南》《生物医学研究伦理审查委员会操作指南》《关于人权与生物医学公约》等国际伦理规范。我国政府部门在世界卫生组织、人用药物注册技术要求国际协调会议制定的《药物临床试验质量管理规范》（GCP）等多种文件共识的基础下，制定了符合本国国情的药物临床试验质量管理规范并出台相关临床试验管理法规。英国、德国、美国和澳大利亚等国家也都针对未成年人参与临床人体试验在本国的医药卫生法律法规中作出相关规定。[1]

（一）英国

英国卫生部颁布了《2004 年人用药物（临床试验）条例》，以配合实施欧盟临床试验指令（2001/20/EEC）。未成年人参与临床试验在该条例中被允许，但提出试验设计方案和知情同意书在试验实施前应经过伦理委员会审查并获得通过的要求，同时对未成年人参与临床试验设置了限制条件：研究者必须对未成年人的父母或法定代理人提前告知人体试验的目的、药物不良反应和潜在的试验风险，以及可以随时提出退出人体试验的要求，并获得其同意；在不损害未成年人利益的前提下，父母或法定代理人可以随时要求退出试验；未成年人具备理解和评估试验相关信息的能力；研究者不应提供任何经济物质诱惑或刺激诱导未成年人或其父母、法定代理人，但对受试者身体伤害的补偿除外；该临床试验只能在未成年人身上实施或与未成年人易得的疾病直接相关；未成年人可以从临床试验中直接获益；该临床试验在具有知情同意能力的受试者中已获得一定的数据。

该条例规定了未成年人参与临床试验的基本原则为坚持受试者利益总是超过科学和社会利益；要求父母或法定代理人的意见应基于对未成年人意愿的推测；临床试验方案应能使可能发生疾病以及可能出现的后果的医疗风险最小化，研究者应随时观察受试者由于人体试验所遭受的风险和痛苦。

---

〔1〕 翟晓梅、邱仁宗主编：《生命伦理学导论》，清华大学出版社 2005 年版，第 423 页。

（二）德国

除执行欧盟的临床试验指令外，《德国新药物法》（AMG）还对获取未成年人知情同意的有效性予以规定。相关条件主要有：（1）研究药物要具有预防或诊断未成年人疾病的临床意义。（2）根据已有医学发展水平，药品的临床使用必须适用于治疗未成年人的疾病。（3）根据医学发展水平，该临床试验无法在成年人受试者中得到预期的临床效果。（4）未成年受试者的法定代理人或监护人应表示知情同意，前提是在听取研究者充分告知临床试验的意义、性质和范围后。未成年人若具有理解和作出决定的能力，可以以书面的形式作出同意。此外，还规定了此类药物临床试验可以实施的情况为能帮助减轻患者痛苦、救助患者生命、恢复患者健康。

（三）美国

对未成年人参与药物临床试验，美国相关法规采取鼓励的态度，并要求严格保护未成年受试者。美国《联邦法典》第 21 主题的第 50 部分（21CFR50）为保护儿童受试者提出附加措施，规定相关试验必须附加预防措施来保护他们的权益。该法规在制度设计上引入了风险利益评估机制，根据儿童受试者可能承受的风险设置了保护程序，风险越高的试验，其保护程序和同意要求也就越严格。该法规要求相关试验必须具备至少三个基本要求：儿童受试者本人自愿，法定监护人或父母一方的同意，以及机构审查委员会（IRB）的审查并通过。此外，试验还必须进行风险利益的评估：没有超过最小风险的试验，若要施行，只需满足上述三个基本要求；超过规定最小风险，但对于受试者有可能直接获益的人体试验，利益与风险应该保证平衡关系，且利益应至少与可替代的常规诊疗措施的利益相当；超过最小风险，受试者未直接受益的试验，风险不能太高，要从试验过程中收获重要信息，试验干预措施的收益应与可替代的常规诊疗手段的收益相当，与此同时，父母双方的允许也不可或缺；不满足上述条件之一的试验，但经 IRB 审查认为此人体试验有利于全面了解、有效预防和治疗儿童疾病，在获取父母双方允诺的前提下，在获得 FDA 或 HHS 专家以及公众意见同意后，可批准实施。最小风险是指将来在人体试验进程中可能使医学受试者遭受不适的程度和损害，不能超过受试者在普通生理、心理检查中遭受的或者在日常生活过程中可能遭遇的不适的程度和损害。[1]IRB 应依据儿童受试者的年龄、成熟水平和心理状态，对其是否具备评估试验相关信息进行正确评估。如果 IRB 经过评估认为儿童受试者不够成熟而不能征得其参与试验的意愿，或试验对其有直接的利益，则可在不征得儿童受试者的意见下开展试验。

（四）澳大利亚

澳大利亚药物管理局（Therapeutic Goods Administration，TGA）主要采用人用药物注册技术要求国际协调会议的《药物临床试验质量管理规范》（GCP）来规范本国临床人体试验的施行，但要求未成年人参与临床试验的行为遵守 2007 年国家健康和医学研究理事会（NHMRC）颁布的《涉及人体研究的伦理行为的国家声明》。声明明确规定涉及未成年人受试者的临床试验应满足以下两方面条件：未成年人的参与对临床试验是必备的；参与临床试验可促进未成年人的健康或使其受益。由于婴儿或幼童不具有医疗知情同意能力，因此临床人体试验无须获得其医疗同意；青少年的心智不够成熟，虽可以明白有关人体试验信息，但容易遭受试验伤害，试验在征得他们同意的基础上，进行其他步骤后申请方可开展试验；成熟度较高的青少年，即便可以理解试验的信息并具备作出同意的能力，仍需获得其父母一方或法定监护人的同意。该声明规定只要未成年人具备作出决定的能力，就应当获得其同意，在此前提之下，未成年人参与试验还应征得其父母一方或法定监护人的同意，但若伦理委员会有意见认为试验存在较高的风险水平，则研究者必须同时征得父母双方的同意。该声明也提出了对仅有青少年单独表达同意时可以参与试验的要求：（1）此青少年的心智足够成熟，可以完全理解试验相关信息并作出同意；（2）人体试验目的对未成年人有重大受益；（3）人体试验带来的医疗风险较小；（4）征得其父母的同意与其最佳利益不相符或者该青少年与父母分居生活，同时试验方案中保护未成年受试者权益和安全的措施相当完备。

（五）各国法律制度的启示

综上所述，各国法律原则上均同意未成年人在满足一定条件下可以参与医学人体试验，同时在伦理审查与知情同意方面要求严格，为了保护未成年受试者附加了特殊措施。各国法律制度的共同之处主要有以下几个方面。

---

[1] 袁静等："儿童临床试验中受试者保护的伦理审查"，载《中国医学伦理学》2019 年第 10 期。

　　首先，各国法律主要用代理同意制度以解决未成年人参与临床试验的问题，即在未成年人不具有同意能力时，由其法定监护人或父母对未成年人参与临床试验表示拒绝或同意。未成年人的心智尚未发展成熟，尚不具有完全识别、判断和预见自己行为后果的能力，但是参与人体试验作出决定的能力要求较参加一般医疗行为高，无自主行为能力或行为能力受到限制的人尚不能充分了解试验的性质，无法签署参与临床人体试验的知情同意书。同意参与临床试验不同于同意参与一般医疗，前者涉及更加广泛，包括对受试者身体健康的影响（包括精神和肉体的伤害以及不良反应）、对参与临床试验的未知风险的承受以及为人类福祉和科学进步的自我奉献精神等，这些都要求临床试验中应具有较高的同意能力。因此，以上各个国家的相关法律法规均推定未成年人不具备知情同意的能力，而是授权其父母或监护人凭借法定代理人的角色定位代理未成年人行使医疗人体试验知情同意的权益，替未成年人决定是否参与临床人体试验，以保护未成年人的合法权益。

　　其次，虽然大多数国家的法律认为未成年人不具备医疗同意能力，但仍要求研究者根据未成年人的真实年龄、心理状态及成熟度等多方面因素综合考量其是否具有知情同意能力，没有完全否定其知情同意能力，应对具有理解能力的未成年人履行充分告知义务，同时获得其在自身理解能力水平的同意后，才能参与临床试验。澳大利亚也对仅征得未成年受试者同意即可开展临床试验的特定情况作出规定。本研究认为，各国法规在临床试验的知情同意上尊重未成年人的意愿，主要有以下原因：父母在法律上虽然可以合法代理未成年子女表达知情同意意见，但是需要未成年人自己来承受参与临床试验导致的各种后果，这是父母永远无法代之承受的。即使未成年人不具备相当完全的知情同意能力，无法考虑各方因素综合作出抉择，但是他们可以在一定程度上结合个人认知，表达自身意愿。未成年人也是独立的个体，临床试验的最直接受益方是他们自身，法律有义务保护和尊重他们。获得未成年人的知情同意一方面是尊重未成年人，给予其表达个人意愿的机会，另一方面是避免父母或监护人将个人期望强加于未成年人。

　　最后，各国法律对未成年人参与临床试验提出了严格的附加限制条件，为涉及未成年受试者的临床试验的相关伦理审查提供了客观参照标准，同时也制定关于代理同意的相关规定。附加限制条件主要是为了防止父母或法定监护人滥用代理权，将未成年人置于保护措施不够甚至违背伦理原则的临床试验中；这也体现出"尊重、公正、善行、人格"等基本医学生命伦理原则。例如，各国法律都比较强调未成年人只能参加与该人群易感疾病治疗相关的药物临床试验，"受试者参加人体试验，承受着试验的医疗风险，有权拥有试验带来的成果收益"，这也正是"公正"原则的具体展现。[1]

六、立法建议

根据《民法典》和《未成年人保护法》的有关规定，8 周岁是用来区分未成年人参与药物临床试验是否需要本人的"同意"以及是否有权签署知情同意书的年龄，在正式实施时也应该考虑研究的风险程度、未成年人的成熟度、未成年受试者本人在研究中是否受益的问题。关于知情同意书的签署问题，根据上述法律规定，未成年人的第一顺位监护人是父母，未成年人要参与药物临床试验就必须由父母签署知情同意书。当未成年人父母失去监护能力或者死亡时，则需要祖父母或外祖父母的同意和签字。获取参与研究的知情同意应该严格按照规定执行，未成年人没有受益的研究应在获得父母双方的同意的同时，特别需要尊重儿童异议。[2]

目前我国相对集中且较为具体地针对临床试验进行规制的文件主要包括《药物临床试验质量管理规范》和《涉及人的生物医学研究伦理审查办法》。《药物临床试验质量管理规范》相关条款规定，对无能力表达同意的受试者，应向其法定代理人说明。对不具备任何行为能力的受试者，在伦理委员会认为试验符合伦理原则，研究者认为试验对受试者本身有益时，未成年受试者也可以参加试验，与此同时，也需征得其法定监护人的知情同意，并签署书面同意书及注明具体时间。当试验涉及儿童受试者时，若让儿童参与试验合法化，就必须获得其法定监护人的知情同意并签署书面医疗人体试验知情同意书，若儿童自身已经具备作出医疗同意参加的人体试验决定能力时，研究者还必须征得儿童本人的知情同意。《疫苗临床试验质量管理指导原则（试

---

〔1〕 李歆："未成年人参与药物临床试验的法律问题研究"，载《医学与哲学（人文社会医学版）》2009 年第 2 期。

〔2〕 张姝等："儿童临床试验伦理要素与受试者保护机制研究"，载《医学与哲学》2019 年第 5 期。

行）》第 16 条规定，对未成年受试者原则上要求法定监护人均同时知情同
意。可见我国也采用代理同意制，由未成年人的监护人代替受试者进行意思
表示，并且临床试验批准开展的必要条件也包括未成年受试者本人理解能力
范围之内的同意。但这些规范性文件对未成年人参与临床试验的立法规制的
原则性过强，操作性有待提升，对未成年人参与临床试验并未作出详细明确
的伦理审查标准。我国相关法律的制定，应在借鉴国外先进立法经验的基础
上，强调细化特别措施以保护未成年受试者，至少可以通过以下方面对相关
法律法规加以修改。

（一）研究者应对未成年受试者开展知情同意能力发展水平考察

从法律层面上，我国《民法典》对受试者知情同意均作出了原则性规定，
如《民法典》人格权编第 1008 条要求告知接受受试者或其监护人试验相关情
况并取得其书面同意。[1]《药物临床试验质量管理规范》要求研究者应征得
儿童本人同意的先决条件是"儿童具备自主做出同意参与试验决定的能力"，
但是怎么判断儿童是否可以作出同意，是年龄因素、生理发展阶段还是心理
发展状况？无论是法律层面的规范性文件还是部门规章层面的《药物临床试
验质量管理规范》均没有要求研究者要考察儿童的医疗知情同意能力，并且
也没有针对儿童医疗知情同意能力作出针对性判断的条款。为了获得足够的
受试者，临床试验的申办者与研究者可能利用此项法律的漏洞，没有通过严
格的评估体系就随意否认儿童受试者具有医疗知情同意能力，这实质上剥夺
了其表达个人意愿的机会。[2]在药物临床试验质量规范中应该引入未成年受
试者知情同意能力评估制度，这就要求研究者从心理、独立度、成熟度和精
神状态等多维度对 8 周岁以上的未成年人知情同意能力的发展状况实施评估。
评估的目的并不仅仅是单独地考察未成年人是否完全具备独立知情和同意的
能力，而是为了考察未成年人对临床人体试验的意义、目的和风险的理解程
度，在其理解力范围内对其进行说明告知，把本人以及法定监护人的"双重

---

〔1〕《民法典》第 1008 条："为研制新药、医疗器械或者发展新的预防和治疗方法，需要进行临
床试验的，应当依法经相关主管部门批准并经伦理委员会审查同意，向受试者或者受试者的监护人告
知试验目的、用途和可能产生的风险等详细情况，并经其书面同意。进行临床试验的，不得向受试者
收取试验费用。"

〔2〕 朱慧婷、卢庆红、熊友健："浅谈基于风险评估的儿童药物临床试验伦理审查"，载《江西
医药》2018 年第 10 期。

同意"作为批准临床试验进行的法定要件。[1]同时，知情同意过程中应尽量使用儿童能够完全理解的语言和表达方式，并由具有丰富临床经验的儿科医生进行解释，在儿童不受任何诱惑和压力的前提下，尊重本人及法定监护人的意愿。

（二）立法应明确涉及未成年受试者的临床试验伦理审查标准

未成年人属于维护自身权利和利益能力匮乏的弱势人群，法律应当为未成年人参与临床试验规定特别的伦理审查标准，加强对未成年受试者的特别保护。《药物临床试验质量管理规范》等文件尚未针对未成年人参与临床试验作出特别的限制性条件，由伦理委员会自行决定涉及未成年受试者的临床试验是否批准开展，但其伦理审查不以强制性的生命伦理原则作为审查根据。虽然《药物临床试验质量管理规范》对于未成年人参与人体试验作出必须要征得其法定监护人的同意并取得签名的规定，但是对法定监护人的同意标准并未作出限制要求，即法定监护人的意见要无条件接受，哪怕其决定的理由或依据不符合生命伦理原则。临床试验的申办者、研究者和未成年受试者法定监护人有可能会利用此项立法漏洞强迫、哄骗或诱使未成年人参与违背生命伦理原则的临床试验。本研究主张《药物临床试验质量管理规范》等规范性文件的修订应结合未成年人自身的心智成熟程度等特点，把有关生命伦理原则具体细化到强制性法律条款规定之中，并逐步建立起相关的伦理审查体系与标准。譬如，根据生命伦理的"善行"原则，人体试验的申办者和研究者都应采取适当保护措施尽可能地使未成年受试者所承受的风险最小化。根据生命伦理的"公正"原则，在法律层面，健康儿童可以被允许参与本人没有直接收益的人体药代动力学试验，但是要求该人体试验必须立足于有益于儿童整体健康，针对儿科疾病的诊断治疗才可实施开展。还应关注"非预期事件"，特别是严重不良事件和非预期的不良事件，不管该事件是否与人体试验有关，都应考虑是否可能给儿童受试者增加风险。对于经常出现的"非预期不良事件"，伦理委员会有权要求申办方、研究者采集和提供更详细的信息，进行汇总分析，并上交伦理委员会审查。[2]

---

〔1〕 徐喜荣："论人体试验中受试者的知情同意权——从'黄金大米'事件切入"，载《河北法学》2013年第11期。

〔2〕 郭春彦等："儿童药物临床试验不良事件的伦理审查"，载《中国医学伦理学》2019年第10期。

（三）引入风险利益评估体系

美国联邦法规针对涉及未成年受试者的临床试验制定了严格的风险利益评估标准和体系，本研究主张这一评估体系值得我国参考与借鉴。为了将临床试验对受试者产生的风险控制在一定的安全范围内，《药物临床试验质量管理规范》及相关法律法规可要求根据风险利益评估的结果决定未成年人是否适合参与试验。根据美国联邦法规相关内容，药物临床试验质量管理规范应将伦理委员会的审查批准和未成年人本人及法定监护人的同意作为临床人体试验开展的必须要求。卫生和药品监管部门，相关学科的专家（科学、伦理、医学、法律、教育等学科联合）以及普通民众都有对未成年人可否参加高风险的医学人体试验的发言权，特别是风险程度较高的临床试验，越多决策主体参与，越透明的批准程序，就越能保障未成年受试者的安全。药物临床试验质量管理规范应以在试验过程中预期可能造成受试者不适的程度或损害，不超过受试者在普通的心理、生理检查中可能会遇到或者在日常生活过程中可能遇到的不适的程度或损害为最低风险。[1]对于受试者直接获益的试验，其在试验中可能遇到的收益或风险应至少达到平衡；对受试者无法直接获益的试验，应以最低风险为评估标准，超过最低风险的应加以严格监管控制。比如，纳入健康儿童进行新药的首次人体试验，受试儿童自身并不能直接获益，若人体试验超过了最低风险，除伦理委员会审查批准的条件、征得儿童本人愿意和父母双方同意外，药物临床试验质量管理规范还规定此类试验必须经过国家有关人体试验监督管理部门召开专家咨询会，通过征询公众意见的程序方可获批开展。[2]

第三节　孕妇与胎儿

一、孕妇参与人体试验的争议

国际学术界对于孕妇能否参与医学人体试验和药物临床试验存在两种截

---

〔1〕　张姝等："儿童临床试验伦理审查规范（重庆标准）"，载《中国医学伦理学》2019 年第 3 期。

〔2〕　李歆："未成年人参与药物临床试验的法律问题研究"，载《医学与哲学（人文社会医学版）》2009 年第 2 期。

然不同的观点。一种观点认为，由于孕妇的生理和心理等特点，在人体试验中其更容易受到伤害或感到不适，孕妇参加临床试验，还可能会影响其腹中胎儿的正常生长发育和健康安全，即孕妇参与临床试验会给两个生命带来潜在风险。胎儿面临很多的风险，比如很多药物效果可以通过胎盘作用，影响胎儿的神经发育、身体组织结构与器官功能；药物的致畸、致癌、致突变作用是阻碍开展孕妇临床研究更深层面的原因。参与试验的哺乳期的妇女也有可能通过哺乳行为影响婴幼儿的身体健康。更有学者认为孕妇参与研究挑战巨大，研究几乎不可行，研究设计的排除条件几乎都包括妊娠期妇女。因此，应该严格限制孕妇和胎儿作为受试者参与医学人体试验或药物临床试验。另一种针锋相对的观点则认为，开展以孕妇和胎儿作为受试对象的医学人体试验和药物临床研究非常有必要，因为不开展孕妇研究产生的不良影响实际上远远超过开展研究所产生的风险。孕妇药物临床试验的缺失、孕妇用药具有普遍性以及孕妇及胎儿对药物较为敏感，因此，孕妇进行药物临床试验是必要的。[1]一篇发表于《新英格兰医学期刊》的文章表明，开展关于孕妇的研究是必要且可行的，文章中三位 FDA 研究者写道，H1N1 的流行为开展孕妇的相关研究提供了一个好的机会，可以证明将孕妇纳入研究是可行的，而且是必需的。孕妇是最容易受到 H1N1 影响的人群，但是由于达菲接受量是基于非妊娠群体的统计结果，孕妇接受达菲的剂量可能是不足的。据统计，每年有成千上万名来自全球的妊娠妇女受到不同疾病的困扰，如流感、类风湿、狼疮、糖尿病、高血压，甚至肿瘤、癌症等。在美国，每年有 40 万名左右的妊娠妇女身患严重的疾病；在西欧，约每 12 名妊娠妇女中就有 1 名患有慢性疾病并需要药物治疗。除妊娠之前患有的疾病外，妊娠也可能引起孕妇发生新的疾病，如先兆子痫、足骨神经痛、严重的妊娠恶阻等。但是孕妇临床治疗的循证医学证据十分匮乏，例如，美国 FDA 批准的孕妇可用药仅有数十种，全部都是针对妊娠的药物，如引产药、局麻药。然而治疗妊娠期间疾病的所有药物，无论是糖尿病、高血压，还是肿瘤、癌症，都没有循证医学证据指导孕妇使用的合适剂量、不同药物之间的抉择和药物安全性的考虑。原因很简单，新药或临床医学的发展过程中孕妇作为受试对象的研究较为缺乏。

---

[1] 江泽宇等：“孕妇药物临床试验中的伦理问题及其解决方案综述”，载《中国医学伦理学》2019 年第 6 期。

一直以来，第一种观点在学术界占到了上风，各国法律也对孕妇和胎儿参与临床试验采取严格限制的态度，如 1977 年，除了针对患有生命危险的疾病外，FDA 规定禁止早期药物临床试验的受试者为孕妇和育龄妇女。然而，20 世纪 60 年代以来，受到一系列与孕妇和胎儿相关的药害事故的影响，支持孕妇和胎儿参与临床试验的观点逐渐占到上风。特别是在 20 世纪 60 年代前后发生的"反应停事件"和"乙烯雌酚事件"推动了孕妇参与临床试验的立法。反应停（Thalidomide）是原联邦德国格兰仑苏药厂生产上市的一种治疗孕妇早期怀孕过程中的呕吐反应的药物，孕妇服药后妊娠反应得到了明显的改善，欧美有 20 个国家曾销售这种药品，仅在联邦德国就有近 100 万名孕妇服用过"反应停"药物。结果销售该药物的国家和地区许多新生婴儿都是短肢畸形，形同海豹，这种畸形被称为"海豹肢畸形"。这种症状直到 1961 年才被确诊为与孕妇服用"反应停"药物密切相关。之后，这种药物虽然被禁用，但是已经造成全世界高达 1.2 万名的婴儿受到伤害。有调查研究表明，在"反应停"出售之前，制药企业和药品监管机构并未对其可能产生的对胎儿造成的副作用进行检测。由于 FDA 没有批准该药在美国上市，美国在此次事件中幸免于难，但是美国政府充分吸取了教训，1962 年，国会通过了《科夫沃-哈里斯法案》，要求制药商提供药品安全有效性的证明，并在 FDA 登记备案，其中包括孕妇相关药品安全性审查的信息。

乙烯雌酚是一种曾广泛用于预防流产的药物。在 1966—1969 年，医生发现卵巢癌在少女身上发生的比例远远超过自然发病率，经流行病学调查研究后发现，母亲在怀孕时服用乙烯雌酚与少女卵巢癌的发生有密切关系。这个案例引起了人们对验证孕期药物使用安全性的关注，足以说明以孕妇为受试对象开展药物临床试验是非常必要的。妇科疾病的临床治疗需求推动了孕妇参与临床试验的立法，美国国会在 1991 年通过了《妇女健康平等法》，肯定了医学研究中对于妇女的平等思想，随后，FDA 在 1993 年取消了 1977 年提出的关于禁止妇女参加早期临床试验的规定。为了促进母婴健康，2011 年 3 月，世界卫生组织发布了《母亲和儿童的重点药物目录》，旨在帮助各国遴选和使用能够最大限度地减少儿童、新生儿、孕产妇死亡率和发病率的药物。[1]

---

〔1〕 汤虹、张金钟："药物临床试验孕妇受试者风险防控"，载《中国医学伦理学》2017 年第 3 期。

二、涉及孕妇和胎儿临床试验的立法研究

美国《联邦法典》第 45 主题的第 46 部分（45CFR46）提出了相应的保护措施以保证孕妇参与试验的安全性，要求机构审查委员会（IRB）在审查涉及孕妇的临床试验计划时，应充分考量孕妇及其胎儿或新生儿在人体试验中的全面利益，以及试验风险是否在最小风险之下。并要求涉及孕妇的临床试验必须在有充分的前期试验的基础上对人体试验可能对孕妇及其胎儿的风险进行综合评估。除了上述要求，临床试验还应注意风险程度的控制，孕妇可以参与治疗性人体试验，即使该试验对胎儿可能造成潜在的影响；孕妇也可以参加非治疗性试验，但该试验的医疗风险应当维持在最小风险水平以下，且试验目的是得到其他方法无法获得的重要生物医学信息。研究者必须将试验对胎儿的风险充分告知。

孕妇参加临床研究的行为可能给两条甚至更多的生命（妇女、胎儿和胎儿长成的人及家人）带来风险和益处，所以需要同时考虑研究对孕妇和胎儿的风险与受益问题。出于对腹中胎儿的安全责任，以及怀孕期间与胎儿肉体、心理上的关联，孕妇的考虑因素更加复杂，也就更加难以作出决定。而腹中胎儿没有决定是否要承担研究风险的能力。因此，孕妇与胎儿都被认为是弱势群体，我国尚没有出台有关孕妇与胎儿临床试验研究的指导原则和规定，参照美国 45CFR46 以及欧盟的相关规定，本章对涉及孕妇与胎儿的临床研究的特殊保护问题作如下阐述。[1]

三、风险受益的特殊问题

（一）胎儿的最小风险

胎儿的最小风险是指在临床试验实施过程中对胎儿的预期风险不大于健康妊娠所接受的常规生理、心理诊疗措施的风险，或者不大于和临床试验干预措施相类似的有并发症妊娠所接受的常规生理、心理诊疗措施的风险。可能被视为胎儿的最小风险的情况一般包括超声波检查，羊膜穿刺术和坐位分娩。

---

[1] 李歆、王琼："美国人体试验受试者保护的联邦法规及对我国的启示"，载《上海医药》2008 年第 9 期。

（二）风险与受益的考虑

药物临床试验中除了孕妇面临一般试验风险，即经济损害风险、社会伤害风险、心理伤害风险、身体伤害风险，此外胎儿也会面临一定风险，如生理缺陷、结构畸形、神经发育障碍、早产、自然流产等。试验的风险与受益评估还应与临床试验中发生的具体情况相结合。在试验是直接为了孕妇健康的目的下，孕妇利益的考虑应优先于胎儿利益的考虑，但是要同时采取措施保证胎儿风险最小化；在试验是直接针对妊娠本身的目的下，要求保证胎儿的风险为"最小风险"；在试验是直接针对宫内胎儿的目的下，胎儿预期的受益的合理可能性应为胎儿预期风险进行辩护。不能排除或限制怀孕的妇女参加研究，先决条件是应详尽考虑对孕妇和其腹中胎儿面临的风险问题。只有在直接针对孕妇或其孕育胎儿群体特殊的健康需求，并且在已经具备非妊娠或妊娠动物和非妊娠妇女的试验、对于致畸和致突变风险的可靠试验证据予以支持的基础上，方可在孕妇群体开展试验研究。研究者和伦理审查委员会则应保证潜在的妊娠受试对象已被充分告知了试验相关风险和受益。

四、涉及孕妇或胎儿研究的科学与法律要求

开展涉及孕妇和胎儿的临床研究，只要科学上可行，并且应该在之前的非妊娠与妊娠动物试验数据以及非妊娠妇女的临床研究基础之上，严格评估研究可能会给孕妇和胎儿带来的风险。将孕妇纳入研究势必会对胎儿造成一定的影响，让胎儿承担风险的唯一合理解释是研究可能会对孕妇或胎儿有直接益处。若是研究无法提供任何直接获益，研究除获得了通过其他方法不能获得的重要生物医学信息外，还应使胎儿承担的风险不应超过最小风险。

同时，所有孕妇参与的研究，必须采取各种措施以保证研究风险最小化。涉及孕妇的研究必须在征得孕妇的知情同意之后方可进行，孕妇的知情同意除要遵守一般规则，研究者还应详细告知胎儿在试验中会受到何种合理可预见的风险。参照美国 45CFR46，如果研究对孕妇本人存在直接获益的可能性，或研究对孕妇及胎儿双方均存在直接获益的可能性，或研究对孕妇和胎儿均无预期受益，但胎儿所受风险为最小风险，研究主要是想要获取其他试验无法获得的重要生物医学信息，在上述情况下，获得孕妇的知情同意即可以开展研究；若是研究对胎儿一方存在直接获益的可能性，研究在征得孕妇知情同

意的同时还应征得其配偶的知情同意。孕妇的知情同意还有一个重要的特点是其配偶的知情同意。孕妇的配偶是除孕妇外能与孕妇共同面对可能会受研究影响的胎儿的人，当涉及孕妇的临床试验直接、间接或可能涉及胎儿时，应同时获得孕妇及其配偶两人的知情同意。[1]为保护孕妇及腹中胎儿，此类研究中，研究者不得以任何方式向受试孕妇实施激励措施或施加压力，以终止妊娠；研究者无权作出有关终止妊娠的时间、方法的决定；若终止妊娠，研究者不得参与胎儿死活的决定。

五、直接针对孕妇健康研究的法律问题

有些妇女在自身患有某些特殊疾病的情况下，还是冒险选择怀孕，有些妇女即使身体健康也会在怀孕期间出现妊娠性疾病，如妊娠糖尿病、妊娠高血压，这些疾病都需要孕妇接受临床药物治疗，所以也需要开展相关研究。直接针对孕妇疾病与健康问题的研究，法律考虑的原则是，优先于对胎儿利益的考虑，即首先是对孕妇利益的考虑，其次才是对胎儿利益的考虑，除非研究对孕妇的预期受益极小，而对胎儿的预期风险很大。如果试验干预对于增进孕妇的健康状况是必需的，经孕妇本人同意就可以参与临床研究，即使相关干预对胎儿的风险未知或大于最小风险；无论如何，应该采取各种措施将研究对胎儿的风险进行最小化。还有一些针对妊娠和分娩过程的研究，其中有些研究不是直接影响孕妇或胎儿健康的，如维持妊娠和分娩的生理机制研究，还有些研究虽会涉及胎儿但主要是为了促进孕妇健康，如控制孕妇血糖水平对妊娠结果的影响，此类直接针对妊娠或分娩的研究，应考虑胎儿受到的风险为"最小风险"。[2]

第四节　囚犯

将囚犯作为人体试验受试者的做法自古代起就非常盛行。据史料记载，公元前 137 年，小亚细亚的帕加马国王阿塔勒三世在死囚身上进行毒药和消

---

〔1〕　汤虹、张金钟："药物临床试验孕妇受试者风险防控"，载《中国医学伦理学》2017 年第 3 期。
〔2〕　姜柏生、汪秀琴主编：《医学研究受试者的权益保护》，科学出版社 2014 年版，第 144-146 页。

毒剂的试验；古代波斯国王也曾把死囚交给医生进行活体解剖以发展医学。古希腊著名医生盖仑曾说："让罪犯受苦不是残酷的事情，因为这种苦难可以使千百万无辜的后代受益。"第二次世界大战期间进行的人体试验给人类历史带来了惨痛教训，德国纳粹和日本法西斯军人利用集中营的囚犯进行人体试验，大批囚犯成为人体试验的牺牲品。在第二次世界大战之后，囚犯参加人体试验的事件仍不断发生。囚犯身处被囚禁状态，极易被研究人员与管教人员不当利用。对于参加人体试验，囚犯极易受到胁迫和不当引诱，极有可能作出非自愿的决定。因此，囚犯往往会被迫成为制药企业、学术研究机构和政府部门开展生物医学研究时普遍使用的对象。部分研究对囚犯的身心造成了严重损害，使囚犯遭到了严重剥削。

一、囚犯参与人体试验案例

（一）危地马拉监狱囚犯试验

1946 年至 1948 年，美国研究人员为了研究青霉素对于性病的治愈和预防功效，故意使 1300 多名危地马拉囚犯染上软性下疳、淋病和梅毒等性病，其中只有 700 人左右得到某种治疗，至 1953 年底，已造成 83 名受试者死亡。相关报道披露："相关研究人员有时让囚犯饮用含有性病病毒的蒸馏水；有时为了让一些健康妇女感染性病，便刻意拿带有性病病毒的注射器划破她们的手臂、脸……"研究后期，只有部分囚犯接受青霉素治疗，但是囚犯群体对试验目的丝毫不知道。

（二）糙皮病试验

1915 年，为了验证糙皮病的发生是否与膳食中缺乏蛋白质的摄入有关，美国外科医生中心（Surgeon General of the United States）任命的约瑟夫·古德伯格（Joseph Goldberger）医生，在密西西比州的 Earl Brewer 监狱中以囚犯为对象开展了系列试验。他们以参与试验可以获得减刑为诱饵，诱惑囚犯参与试验，在试验过程中逐步改变囚犯的饮食结构，最后只提供稻米、玉米面包、白薯和燕麦粉来人为地使受试者日常不摄入蛋白质，囚犯很快出现软弱乏力、眩晕、皮肤损伤和疼痛，最终引发糙皮病。该试验虽然验证了糙皮病的发生原因，但是给囚犯的身体和心理带来了巨大的损害，囚犯们将参加试验类比为"过一千座地狱"，与其忍受地狱般的试验，他们宁愿终身苦役。

（三）疟疾试验

美国伊利诺伊州 Liet-Stateville 监狱针对 400 多名囚犯开展了为期 2 年的试验，目的是寻找抗疟疾的药物。这项试验要求参与试验的犯人签署一份免除监狱当局和研究者对于囚犯参与试验可能会造成损伤的一切责任的同意书，同意书说到："我特此宣布……我接受试验引起的所有风险，我并且代表我的子女和我个人及我的法律代表，免除从事上述研究的芝加哥大学及所有技术人员和助理人员的关于风险的法律责任。我同样免除伊利诺伊州政府、伊利诺伊州公共卫生局局长、伊利诺伊州 Liet-Stateville 监狱官以及上述单位的所有人针对这些试验可能引起的任何损伤和疾病（不管是致命的，还是其他的）的所有责任，我也不为此提出任何要求和请求。我特此证明我提出的建议是没有强迫且自愿的。我已被告知，如果我的建议被接受，我有权得到××美元的报酬。"亚特兰大联邦监狱同样利用囚犯进行疟疾试验，前后共有 130 名犯人参加了疟疾试验，并且所有囚犯全部出现了疟疾症状，如寒战、高烧达 41 度等。

（四）贴片试验

20 世纪 50 年代，阿尔伯特·克雷格曼（Albert Kligman）在美国费城 Holmesburg 监狱针对囚犯开展研究。他曾用真菌使囚犯的指甲受到感染，之后再进行 X 线治疗试验。其中最常见是"贴片试验"，即让囚犯在没有保护措施的情况下直接接触各种未经过任何测试的皮肤洗液、湿润剂和面霜，并定期使用日光灯照射受试验皮肤，以期引起烧伤，冒出水泡，致使囚犯试验皮肤形成典型斑片。其他开展的试验还包括拔出囚犯受试者的拇指指甲观察拔指甲对手指造成何种刺激；使囚犯受试者感染癣菌、带状疱疹和单纯疱疹并观察其反应。以上试验的目的是为制药公司测试止痛剂、镇静剂及抗生素的使用剂量和用药毒性，以方便为制药公司研究止汗剂、防腐液、漱口水和牙膏，为化学品公司研究餐巾的吸收性等。

二、国外涉及囚犯人体试验研究的立法

囚犯由于其危害社会的行为一定要受到惩罚，但是依刑法规定，适用的惩罚包括剥夺政治权利、财产处罚、拘役或者死刑，其中不包括以施加诱惑或压力强迫的方式让囚犯参与人体试验，即使是囚犯，也有权得到尊重，这

是一个国家政治文明、法治文明、精神文明的重要体现。

美国《联邦法典》第 45 主题的第 46 部分（45CFR46）限制允许囚犯参与人体试验研究的种类：试验是针对囚犯特殊的社会和心理问题和其易感疾病；试验是以提高囚犯健康水平为目标的常规医疗与创新疗法。这两类研究无须考虑所涉及的风险问题，但在研究开展之前必须咨询各方意见，如伦理学、医学和监狱管理学等领域的独立专家，并公布于联邦公报同时征求大众意见。45CFR46 同时要求研究者不应以研究的名义给囚犯受试者提供过高报酬，以防止其因受到经济物质诱惑而失去对试验的理性判断；同时还应明确告知受试者试验与监禁时间没有任何关联。欧盟《关于人权与生物医学公约》附加议定书的第 20 条对被剥夺自由的人参与人体试验作出了规定：法律允许以被剥夺自由的人为对象进行试验，如果该试验对于受试者健康没有直接获益，则试验的开展应符合以下特殊条件，包括如果没有此类人群参与试验，类似效果的试验就无法实施；试验最终目的在于让被剥夺自由的人获益；试验仅有最小化风险与负担。

知情同意是开展人体试验的基本且重要原则，囚犯对于试验的认知可能会受到其特殊地位以及研究者对于其微妙的心理变化的影响，即使能够充分理解试验，囚犯也可能由于赎罪、悔罪、急于立功减刑、希望获得假释等主观原因倾向于接受参与人体试验，这样的主观动机并不符合参与人体试验的初衷。研究者很难判断囚犯的同意决定究竟是自愿，还是出于何种外部压力。囚犯失去了人身自由，往往不能做到真正的知情同意。因此，针对囚犯进行的医学人体试验，第一要考虑囚犯是否真正地拥有自主选择的权利，也就是说被监禁的状态是否对他们自主选择的权利产生限制。因此，在知情同意过程中，研究者必须考虑囚犯环境及心理因素，避免其对囚犯可能产生的影响；此外，囚犯的生活条件和医疗保健条件对比外界均比较差，参与研究会使得囚犯暂时离开监狱获得一定程度的自由、生活水平的提高、医疗保健条件的改善以及一定的经济报酬和补偿，这些因素均会对囚犯的知情同意产生利诱。

三、涉及囚犯人体试验研究应注意的问题

鉴于上述国外立法借鉴和分析，本研究认为，考虑到囚犯处在其意愿极易受人控制的情境，为了避免囚犯作为受试者的权利受到侵害，应严格限制

囚犯参与医学人体试验，囚犯参与人体试验的最终目的只是为囚犯自身提供利益，且试验只有最小的风险。如果该试验对于囚犯的健康没有直接利益，则原则上不允许针对其开展人体试验，除非如果没有囚犯参与这项试验，类似效果的试验就无法进行。在针对囚犯进行的人体试验研究设计的过程中应考虑利诱因素对知情同意的影响，最大程度避免利诱因素对囚犯知情同意的影响，如为了确保获得真正的知情同意，研究者可以委派监察员到监狱现场监察知情同意的过程，限制警察等监狱管教人员参与招募和知情同意的过程，明确囚犯参与研究的决定不能与减刑、假释相关联，参与研究后的生活、医疗保健条件不能与日常监禁条件相差太大，以免构成利诱。[1]

第五节　精神或认知障碍患者参与人体试验的权利保护

一、精神或认知障碍患者权利保护的立法现状

精神或认知障碍患者缺乏自主同意的能力，各国法律均对其采用特殊保护的措施。我国有关精神或认知障碍患者权利保护的相关法律主要集中在《民法典》和《精神卫生法》等法律之中。如《民法典》有关条文规定，不具备完全辨认自身行为能力的精神患者是限制民事行为能力人，可进行与其精神健康状况相适应的民事活动，其他民事活动则由其法定代理人代理进行，或在征得其法定代理人的同意下进行。不能辨认自身行为的精神患者为无民事行为能力人，由其法定代理人代理其进行民事活动。《精神卫生法》就精神障碍患者的权利保护也作出了相关规定，监护人应当履行其对精神障碍患者的监护职责和合法权益维护职责。医疗机构所开展的与精神障碍治疗有关的临床研究应获得医疗机构伦理委员会的审核批准。在获批准后研究者还应告知患者或其监护人医疗风险、替代医疗方案等详细信息，在患者本人具备知情同意能力时，应征得患者本人的书面同意；如果无法征得患者本人的意见，则应征得其监护人的知情同意。禁止对精神障碍患者开展与其精神障碍治疗内容无关的临床研究。

---

〔1〕　姜柏生、汪秀琴主编：《医学研究受试者的权益保护》，科学出版社 2014 年版，第 144—146 页。

二、涉及精神障碍或认知障碍患者人体试验研究的法律问题

精神障碍或认知障碍患者参加医学人体试验研究面临最大的法律难题就是这些患者因疾病导致自己缺乏足够的信息理解与信息认知能力，不能对是否参与研究作出理智判断，也就是缺乏知情同意能力。此外，精神障碍或认知障碍患者往往非自愿地居住在精神疾病医院或者社会福利机构，其居住情境又进一步影响了自主决策能力。

精神障碍或认知障碍患者知情同意的关键问题在于是否在任何情形下均需要征得其法定代理人的知情同意？尊重原则认为自主决定权是每个人的权利，任何具备自主决定能力的个体只有在自主同意的前提下才能被纳入研究。对于精神障碍或认知障碍患者这一原则也不例外。不应简单地剥夺精神和认知障碍患者行使其知情同意权，只有当其精神疾病或认知障碍影响了其理解信息从而难以作出理性决策时，方可由他人代理行使知情同意参加研究。因此，普遍认为，只有当有明确证据证明精神障碍或者认知障碍患者的病情影响了其理解知情告知信息能力或导致其无法作出合乎情理的决定时，才认为其无法自主行使知情同意权。应由与研究无关的专家对精神障碍或认知障碍患者的知情同意能力开展评测后再确定是否由其法定代理人行使代理同意权。此外，由于服用药物、病情自然发展以及患者的生理状况的变动，精神障碍或认知障碍患者的病情会有所波动，因此，在医学研究中应要求研究者定期开展受试者的知情同意能力评估。

三、参与人体试验研究相关国家的立法规定

针对精神障碍或认知障碍患者参与医学人体试验研究的权利保护问题，一些国家的医学人体试验立法或指南作出了明确的规定，以下就英国和澳大利亚两个国家的典型规定进行介绍，以期为我国的相关立法提供借鉴。

（一）英国相关指南的规定

根据英国药品监督管理局 2003 年颁布的《人用药品临床试验条例的咨询信》和医学研究理事会 2007 年颁布的《涉及不能表示同意的成年人受试者的医学研究》的规定，在英国，首先明确将精神障碍或认知障碍的患者等群体纳入医学人体试验研究是有必要的，有助于医疗保健的创新并提高此类患者

的健康和生命质量，将此类受试者排除出医学研究是不公正的，并且对于研究者在精神疾病和精神紊乱的治疗方面取得进展没有帮助，但是同时应明确此类受试者属于弱势群体，需要得到特殊保护。英国法强调了此类受试者需要得到一个独立于研究之外的人代理同意，并且代理人根据法规和指南评估潜在受试者的利益，他可以是受试者的亲属、照护者或者独立代理人。英国指南规定受试者参加试验得到的潜在益处应大于可能遭受的风险，通过研究设计适当的保护措施使受试者面临的风险最小化，如果研究中没有直接的利益可期待，那么风险必须最小化或忽略不计。最小化的风险是指给受试者带来的不舒服最大程度上只能是暂时的和轻微的。

英国相关法律还对受试者因精神障碍或者认知障碍导致缺乏知情同意能力进行了定义：即因精神紊乱或生理缺陷导致不能行动、不能作出决策、不能与他人交流决策、不能理解决策或不能保持对决策的记忆。此外，指南还规定应根据《精神能力法》以及相关法规设定的标准对此类受试者进行精神能力的测定，测定的条件是受试者必须显示出脑功能的损害或紊乱，并使他们无法作出特定的决策。在获得精神障碍或者认知障碍受试者同意的过程中，研究者应当根据受试者的生活方式、利益、需要、宗教信仰等优先考虑如何向其呈现医学人体试验研究的内容，如果受试者缺乏知情同意能力，在没有其自身同意的前提下将其纳入试验，下一步则应考虑如何根据法律需要采取保护措施。英国《临床试验条例》规定了获取精神障碍或者认知障碍受试者代理人知情同意的要素：（1）在英格兰、威尔士和北爱尔兰，如果是参与临床试验，则应征得受试者的法定代理人的知情同意，其法定代理人包括亲属、独立于试验之外的人、主要负责成年人疾病治疗的医生或另一个医疗服务提供者指定的独立第三人；在苏格兰，如果是参与临床试验，则知情同意应由受试者的法定代理人进行，其法定代理人包括监护人、经授权可以作出参与研究决策的福利律师、近亲属以及主要负责成年人疾病治疗的医生或另一个医疗服务提供者指定的独立第三人。法定代理人被征询的内容为是否愿意参与临床试验，目的是征得法定代理人的知情同意。（2）在英格兰和威尔士，如果是参与非临床试验，则知情同意应对受试者的照护者或咨询师进行，包括未偿付报酬且关心潜在受试者福利的人或者与研究计划无关的人。被征询的内容为对参与试验的看法以及对受试者的感受，目的是获得受试者如果具有知情同意能力是否会拒绝参与试验的建议；在苏格兰，如果是参与非临床试验，则知情同意应对受试者的监护人或经授权可以作出参与研究决策的福利律师或者近亲属进行。被征询的内容为是否同意参与试验，目的是获得其同意。

此外，英国法还强调了应根据潜在受试者的理解能力给予其参与试验的风险和利益的信息；如果受试者是否具有评价相关信息的能力还存在争议，但是只要其在试验任何阶段清晰地表明了拒绝或退出试验的意愿，研究者必须给予充分的考虑；研究者唯一不需要考虑的情形是受试者如果退出试验或不参与试验对受试者的健康具有决定性作用。研究者必须随时与受试者的医疗团队和法定代理人保持联系，以讨论是否将受试者置于试验中的决策。

2005 年《精神能力法》规定，实施以精神障碍、认知损害以及精神残疾患者为对象的医学人体试验研究，必须获得伦理委员会的审核批准，咨询近亲属或照护者或其他人的意见以及采取特殊措施保护受试者。伦理审查的重要内容是评价研究是否能给受试者带来潜在的利益，如果能带来利益，那么试验给受试者带来的潜在负担是否与潜在利益相称。研究者应当考虑是否给受试者带来任何可能的不舒服，是否对受试者作出限制或者是否使用受试者的相关数据和人体组织的，这些风险是否与给受试者带来的利益相对称。

（二）澳大利亚相关指南规定

澳大利亚 NHMRC 出版的《涉及人体研究的伦理行为的国家声明》第 4 部分第 5 章对涉及认知损害、智力残疾和精神疾病患者的人体试验受试者权利保护问题作出了详细规定。首先该声明强调了针对此类患者的人体试验研究应加强研究设计，考虑影响受试者获得相关信息和知情同意能力的各种因素，研究者应当注意受试者的认知损害、智力残疾和精神疾病会增加其对不适和痛苦的敏感性，研究实施策划中应包括试验采取何种措施以保证最大程度降低受试者对试验带来的不适和痛苦的敏感性。该声明强调了研究应坚持"公正""尊重"和"善行"的原则。如"公正"原则强调受试者参与试验的动机是利他主义，"善行"原则强调由于患者的弱势群体的特征，其参与试验承担的风险和负担应与带来的利益相称。"尊重"原则要求：（1）如果认知损害、智力残疾和精神疾病患者本人具有同意能力，则应该征得其本人的知情同意；如果受试者本人不具有同意能力，则应征得其法定监护人或法律授权的人或组织的知情同意。（2）无论受试者认知损害、智力残疾和精神疾病的状态是永久的还是暂时的，在任何时候只要具备获得受试者本人知情同意的条件，则应当获得其本人的知情同意。（3）征得受试者本人知情同意的过程应当包括对其同意和参与试验可能性的讨论，研究者应根据情况变化跟踪受试者的意愿，除非环境发生改变使得受试者参与意愿与其最佳利益相悖。（4）对认知损害、智力残疾和精神疾病知情同意的过程应由一个独立于试验之外的人进行见证，如果有可能，见证人应了解或熟悉受试者的情况。（5）如果知情同意针对法律授权的人作出，研究中无论如何都需要尽可能向受试者解释试验的内容和受试者参与试验的内容。一旦受试者恢复知情同意能力，研究者应提供机会使其继续参与研究或者退出研究。（6）研究者应告知伦理委员会其如何判断认知损害、智力残疾和精神疾病受试者知情同意的能力，包括个人如何作出参与研究的决定，谁作出参与研究的决定、参与研究决定的标准、评价受试者同意能力的过程。（7）应当尊重认知损害、智力残疾和精神疾病受试者拒绝参与试验的权利。

四、对参与人体试验研究相关国家立法的借鉴

综合上述两个国家的立法，不难发现，涉及精神或认知障碍受试者权利保护的法律、法规或指南均强调伦理审查的标准应包括该类医学人体试验给受试者应带来一定的利益，且这种利益应与试验带来的风险相称；知情同意应尽可能针对精神或认知障碍者本人作出，应评估受试者的同意能力，如果确实不具备同意能力，则应由其代理人进行知情同意，代理人应是独立于试验之外的第三人，与研究无利益关系，可以是监护人、照护者以及其他了解或熟悉受试者的人。

我国相关立法并未对精神或认知障碍者参与医学人体试验研究作出详细的规定。2020年4月，为深化药品审评审批制度改革，鼓励创新，进一步推动我国药物临床试验规范研究和提升质量，国家药品监督管理局会同国家卫生健康委员会组织修订了《药物临床试验质量管理规范》。依据《药物临床试验质量管理规范》第23条第10款规定，受试者为无民事行为能力的，应当取得其监护人的书面知情同意；受试者为限制民事行为能力的人的，应当取得本人及其监护人的书面知情同意。当监护人代表受试者知情同意时，应当

在受试者可理解的范围内告知受试者临床试验的相关信息，并尽量让受试者亲自签署知情同意书和注明日期。同时应与未成年人参与人体试验立法模式相似，该规定也采取了代理同意制的模式。但是，代理同意制模式过于笼统，无法实现对特殊受试者权利的充分保护。借鉴其他国家相关立法，首先应明确此类试验的伦理审查标准，即精神或认知障碍患者参与的试验应给其自身带来一定的获益，而且这种获益应与试验带来的风险相称，或者虽没有获益，但风险应在可控制的范围内最小化。知情同意方面，应规定由独立的相关领域专家评估受试者的知情同意能力，若受试者经评估后具备知情同意能力，则不应该剥夺其行使是否愿意参加研究的权利，若参与研究，在研究过程中也应该定期开展对受试者知情同意能力的评估。如有明确证据证明精神或认知障碍者的相关疾病影响其作为受试者理解知情信息或作出理智选择，则可以获得其法定监护人的同意，且该代理人必须独立于受试者所参与的医学人体试验研究。[1]因此，在精神或认知障碍者的知情同意过程中，在征得其监护人同意的同时，还应当根据对其自身知情同意能力的评估结果，适当尊重其本人意愿。对于智力障碍者和成年精神病人，在其具有一定行为能力的前提下，还应尊重其对于参与试验问题所作出的预先性意见或建议。[2]

〔1〕 马琼芳等："涉及精神障碍患者临床研究的伦理审查要素"，载《中国医学伦理学》2018 第11 期。

〔2〕 满洪杰："医学人体试验特殊受试者保护研究：以比较法为视角"，载《东岳论丛》2012 年第4 期。

第六章　医学受试者权利保护的制度构建

第一节　伦理审查制度

一、伦理审查制度溯源

在 20 世纪 50 年代以前的人类历史上，大规模的、有组织的、以人作为受试者的人体试验非常少。为了验证某些治疗（预防、保健）方法的可靠性和有效性，多数人体试验的受试者往往就是研究者自己。在这样的人体试验中，他们在自愿的前提下做自体试验，不存在伦理问题，所以没有也不需要对人体试验的外部监督。

"二战"后，1946 年纽伦堡国际军事法庭通过了《纽伦堡法典》，其不仅向全世界宣示了生物医学人体研究的严肃性，同时揭示了一个事实即医学人体研究不能完全依赖研究者的良知与自觉，而是需要制定一些具体的伦理规范，人体试验必须遵照伦理规范来操作。即便如此，"二战"后的美国、英国、法国等多国仍出现了多起性质恶劣、严重侵犯人权的人体研究的事件。这些现象给我们的警示是，道德要求和伦理规范常常是苍白无力、缺乏强制性和可操作性的，它并不能保障受试者的安全，也不能保证好的科学研究。因此，人体试验除具有自律性质的伦理规范外，对研究者、研究机构还要课以必要的外部监督。

在医学人体试验中，对医学人体试验外部监督最有效的制度是伦理审查制度。[1]伦理审查制度始于美国，20 世纪 50 年代到 70 年代，美国就曾经多次发生违反人道主义的医学人体试验，[2]为此，美国国会通过建立国立卫生

---

〔1〕 姜柏生、顾加栋："人体试验受试者人格权保护研究"，载《中国卫生事业管理》2013 年第 12 期。

〔2〕 ［美］艾伦·M. 霍恩布鲁姆、朱迪斯·L. 纽曼、格雷戈里·J. 多贝尔：《违童之愿：冷战时期美国儿童医学实验秘史》，丁立松译，三联书店 2015 年版，第 46-58 页。

研究院（NIH）实现保护人类受试者权益的目的。[1]1966 年,《受试者保护政策》要求临床中应当组建专门的伦理委员会,对于接受联邦资助之研究均需通过其审查批准方能开展实施。1974 年,美国成立了专门的联邦调查委员会以保护生物医学试验中的受试者,专门负责研究、制定维护医学研究中的受试者权益的相关政策,并指导伦理委员会的工作。与此同时,美国健康与人类服务部以联邦法规的形式明确保护受试者权益,伦理委员会在其中居于重要地位。[2]

很多国际伦理规范对伦理审查制度也提出了要求和细则。如 2013 年版《赫尔辛基宣言》第 23 条就有明确的规定,其要求在研究开始前,研究者必须制定明确的研究方案,并提交给伦理委员会进行审查。为了保证审查的公平公正与科学,《赫尔辛基宣言》对伦理委员会工作的注意事项也进行了规定,要求伦理委员会的工作流程应当公开透明,伦理委员会必须独立于研究方等利益相关主体。《赫尔辛基宣言》同时还对伦理委员会的审查范围及职责权利等内容作出了相关规定。人用药物注册技术要求国际协调会议制定的《药物临床试验质量管理规范》（GCP）E6 部分对机构审查委员会（IRB）和独立的伦理委员会（IEC）的职责、组成、职能和操作、程序、记录都作出了非常详细的规定。

伦理审查制度在我国经历了 30 多年的发展。这 30 年从无到有,我们学习西方伦理审查的经验,结合我国的现实和国情,制定了一系列与伦理审查相关的制度和规范。1999 年,国家药品监督管理局发布了《药品临床试验管理规范》[3],代之由 2003 年国家食品药品监督管理局发布实施的《药物临床试验质量管理规范》进行规制,本规范于 2020 年 4 月被国家药品监督管理局会同国家卫生健康委员会组织修订。2007 年卫生部发布《涉及人的生物医学研究伦理审查办法》（试行）。2010 年国家食品药品监督管理局印发《药物临床试验伦理审查工作指导原则》。2014 年国家卫生计生委、国家食品药品监督管理总局、国家中医药管理局出台了《医疗卫生机构开展临床研究项目管理

---

　　[1]　于丹丹等:"论美国伦理审查制度及其对我国的启示",载《中国医学伦理学》2015 年第 4 期。

　　[2]　徐源等:"刍议美国持续性审查制度及其对我国的启示",载《医学与哲学》2013 年第 5 期。

　　[3]　1999 年《药品临床试验管理规范》已废止。

办法》。2017 年，国家食品药品监督管理总局加入了人用药物注册技术要求国际协调会议。这意味着，我国的药品监督管理体系已经真正与国际社会公认的监督管理体系接轨并逐步步入融合发展。为保障受试者的合法权利，《药品管理法》第 20 条强调了药物临床试验要符合伦理原则，并且要重视伦理审查工作。

二、伦理审查制度的落实机构

（一）伦理委员会的定义

伦理审查制度的落实机构是伦理委员会，其所遵循之伦理规则一般包括国际宣言等国际社会一般准则、中国伦理指南、相关的法律法规及规章。从地位上看，伦理委员会并非行政机构或行政决策部门，但是可以对行政机构的决策产生影响，因此，其虽非权力机构，但属于专业性的权威机构。伦理委员会依据一定的伦理学规范、学术标准、人道主义原则来审查、决策、监督生物医学科研的方案、过程和结论，处于相对独立的地位，任何组织或个人均不得对伦理委员会伦理审查过程和决定进行干预。伦理委员会的工作职责则是保障生物医学人体研究能够在合乎法律、伦理的要求下开展，而非阻碍研究的开展。其目的是维护人类受试者的健康利益和其他权益，体现人体试验"保护受试者"的根本宗旨。

《药物临床试验质量管理规范》对伦理委员会的组成和职责作出了规定。第一，规定了组成人员专业背景包括医学、科学及非科学等，且处于独立评审地位。第二，伦理委员会的工作职责在于对试验进行审查、同意、跟踪审查试验方案及相关文件、获得和记录受试者知情同意所用的方法和材料等。第三，伦理委员会的工作目的是保障受试者的权益与安全。

2016 年我国《涉及人的生物医学研究伦理审查办法》第 7 条第 2 款明确规定将医疗卫生机构设立伦理委员会作为开展涉及人的生物医学研究工作的必备要求。该办法对涉及人的生物医学研究的伦理审查进行了较为详细的规定。如人员组成部分，第 15 条规定，伦理委员会的组成应具备专职或兼职工作人员、设备、场所等条件，保障伦理审查工作可以运转。第 9 条规定，伦理委员会的组成人员应包括生物医学领域的专业人士，伦理学、法学、社会学等人文社会科学专家，以及其他机构的社会人士，从中遴选产生，且人数不得少于 7 人。该办法第 24 条第 2 款还落实了保障伦理审查的效用以便于研究，规定对于已批准的试验项目，仅对研究方案作出较小修改，且对研究风险受益比无影响的试验项目可以申请简易审查程序。

（二）伦理委员会的组成

程序正义是实体正义的保障，医学伦理委员会的组成应该具有合理性、规模具有适当性，才能保障其功能得到有效发挥。根据《涉及人的生物医学研究伦理审查办法》的要求，参照国际惯例，结合实际情况，有效吸取国际伦理委员会操作经验及我国的操作现实，在成员资格、多样性、人数、任命等各个方面大致有如下要求。

在成员资格方面，医学伦理委员会成员应该关心伦理、道德问题等，有较为充足的实践经验，有能力对试验进行伦理审查，在社会和群众中有良好声誉，并具有一定的文化素质，以及保护受试者的权利意识，能对研究方案进行分析、判断，并在此基础上处理相关伦理问题。为提升相关成员伦理审查的能力，应按期对其进行医学试验相关伦理及法律知识的培训。

在多样性方面，医学伦理委员会成员应具有多学科、多部门、多元化的边界，合理考虑其专业知识背景、年龄及性别等，既涵盖生物医学领域的专家，也包括伦理学、法学、社会学等人文社会科学领域的专家，还包括本机构以外的社会人士，性别、少数民族、信仰等问题也应纳入考量。必要时，可以邀请社区代表、受试者代表等外行人或独立顾问。受邀人或独立顾问对审查试验中存在的特殊问题发表咨询意见，而不参与投票表决。

在人数要求方面，依据医学伦理委员会组建机构规模大小或对伦理审查的需要确定，一般来说，人数不得少于7人。

在人员任命方面，一般要求医学伦理委员会设主任委员一人，副主任委员若干人。医学伦理委员会要制定涉及主任委员、副主任委员、委员的选任程序、任命方式等相关事宜的规则。

在委员更换制度方面，要求实施按期、按比例的轮换制度，目的是保证医学伦理委员会工作的连续性和专业性，保证伦理审查的科学性。一般，医学伦理委员会的委员每一届的任期为5年，可连任。

（三）伦理委员会的职责

2000年，世界卫生组织发布了《生物医学研究伦理审查委员会操作指南》，其中第二部分"伦理委员会的角色"中具体规定了其作用，审查目的在于维护实际的或潜在的受试者的安全与权益。关于人类受试者的基本研究原则是"尊重人的尊严"。虽然研究的目的重要，但绝不允许将其凌驾于受试者的健康、福祉和医疗关护之上。此外，还应遵守公正原则。

我国国内的伦理制度也有相关的规定。2016年《涉及人的生物医学研究伦理审查办法》第1条指出，伦理审查制度是"为保护人的生命和健康，维护人的尊严，尊重和保护受试者的合法权益"。该办法第8条对伦理委员会的工作职责作出了详细的规定。第一，促进生物医学研究规范开展，维护受试者尊严，保护受试者合法权利。第二，伦理审查可分为初始审查、跟踪审查和复审等。对申报的试验提供伦理审查意见，并对通过审查的项目定期跟踪，并接受、处理受试者对相关试验的投诉。第三，负责伦理审查培训。培训对象包括医学伦理委员会成员、研究人员、负责研究的管理者。培训内容则包括保护受试者的相关法律和伦理规范，从而提升研究者的伦理意识。

（四）伦理委员会的意义

伦理审查是保障受试者权益的外在关键环节，也是实现社会价值、保障临床研究科学有效的重要手段。[1]

第一，保护受试者的权益。在临床试验中，相对于研究方而言，受试者处于较为弱势的地位，此时就需要医学伦理委员会通过一系列实体或程序性措施保护受试者权益，通过对研究方案、研究人员、受试者知情同意等开展伦理和科学审查，可以有效保障研究方案的科学性。研究人员具有相应资质，受试者对于研究者就研究相关情况的说明能够了解，才能保障受试者的知情同意权得以实现。[2]若出现了利与弊同时存在的矛盾境地时，应依"两害相权取其轻"的原则作具体利益衡量，并尽可能地采取应对措施以避免侵犯受试者的权益。若伦理委员会判断认为研究对受试者具有潜在伤害的可能性，应立即要求停止研究，从而保障受试者在医学人体试验中的权益。

第二，促进生物医学科研规范的有序发展。生物医学科研中风险与利益的冲突能否得到有效的控制与防范，是生物医学科研规范有序健康发展的关

---

〔1〕 何玲玉等："临床研究之伦理治理框架：Emanuel 八个'伦理原则'的审辨"，载《医学与哲学》2019年第16期。

〔2〕 李久辉、王磊："从'黄金大米'事件到西方伦理委员会制度建设的思考"，载《山东社会科学》2015年第1期。

键所在。控制与防范体系可分为他律和自律两个层面。他律层面，要求国家制定、颁布或修正相关科研政策及伦理规范的规章制度。自律层面，要求对科研机构中的研究者作出规范、教育及指导，从而引导其自觉遵循伦理规则。科研人员本身的科研能力和道德水平决定着生物医学科研工作所达到的伦理标准。因此，加强并规范医学伦理委员会的建设，有利于及时解决生物医学科研中存在的相关问题，从而实现对科研活动和科研工作人员进行学术规范与价值引导的社会职能。

我国目前的伦理委员会尚未有一个统一的建设和组织标准。2018年在宁波召开的"中国医院协会医学伦理建设论坛"形成了"宁波共识"，提出应尽快建立健全伦理委员会组织标准，逐步开展评估评价及能力培训等工作。

三、伦理审查制度要点

（一）审查人体试验的科学性

当伦理委员会委员从研究方获得临床研究的相关材料时，第一步应当重点关注研究方案的设计。具体可能包括以下几个设计角度。

第一是对研究选取的药物或器械的审查。研究所选取的药物或器械的相关使用情况等背景如何，目前已经开展的临床前期的研究结果是否支持本期研究。研究的药物或器械的主要疗效指标的选择是否能准确实现临床试验目的，次要疗效指标的选择能否在与主要疗效指标相配合的基础上体现研究选取的药品或器械的特点。

第二是对研究方法的审查。研究应当依据研究数据的特点有针对性地选取恰当的统计学方法，审查样本量的统计和计算是否符合统计学要求，样本入选或排除的标准是否具有科学性、合理性，此外，还应当选用恰当的对照组、选用合适的安慰剂组。

以上都是伦理审查的必查项目。伦理委员会委员通过对上述项目进行审查，从而提出有针对性的意见和建议，作出伦理委员会审查意见，判断其应否承担此临床试验项目。

上述审查内容具有极强的科学性，既要符合专业性的要求，能实现研究目的，也要符合法律和伦理准则，保障临床试验受试者的安全、利益不受侵犯。这就要求伦理委员会切实筛查、发现专业科学问题中所隐藏的伦理问题，如试验中使用安慰剂是否存在严重危及受试者生命健康的风险。主要疗效指标、次要疗效指标的测定，都需要进行各种医学化验检查，要求伦理委员会进行妥当的利益衡量，权衡医学化验检查对受试者来说，因此所获之利益是否高于所受之伤害。因此，伦理委员会进行伦理审查必须遵守科学严谨的审查态度，才能实现伦理委员会的设立目标。

我国《药物临床试验质量管理规范》第 12 条第 1 项、第 2 项明确规定审查人体试验的科学性是伦理审查的首要要点。第 12 条第 1 项规定了伦理委员会应当审查的文件。[1]第 12 条第 2 项规定了伦理委员会审查落脚点在于临床试验的科学性和伦理性。我国《涉及人的生物医学研究伦理审查办法》第 20 条规定，伦理委员会收到申请材料后，应当及时组织伦理审查，并重点审查以下内容……研究方案是否科学，并符合伦理原则的要求。

医学研究项目的科学性是其伦理性的基础，缺乏科学有效的研究方案会给受试者带来无法避免的风险，[2]因此，伦理审查首先要审查研究项目的科学性。有一种观点认为，伦理审查就只需要审查项目的伦理性，不需要审查项目的科学性。甚至提出在伦理审查之前，让其他机构如学术委员会、科学委员会、临床研究管理委员会等提前审查项目的科学性。以此将伦理委员会审查重点置于保护受试者权益上。这种观点是错误的。项目的科学性审查与伦理性审查是不可分割的整体，不看项目的方案设计、不了解项目的科学性问题，也就无法提出伦理问题。[3]多数伦理问题并非单独出现，而是由不科学的设计缺陷导致的。

（二）审查人体试验的伦理性

伦理委员会的初始审查除了对试验设计的科学性进行审查，保证试验可能达到预期的试验目的，更应当对试验方案中所涉及的与受试者权利、利益直接相关的伦理问题进行审查。首先应保障试验者的知情同意权和隐私权，履行充分告知义务，确保知情同意书的形式和知情同意的过程符合法律法规

---

〔1〕 包括试验方案和试验方案修订版；知情同意书及其更新文件；招募受试者的方式和信息；提供给受试者的其他书面资料；研究者手册；现有的安全性资料；包含受试者补偿信息的文件；研究者资格的证明文件；伦理委员会履行其职责所需要的其他文件。

〔2〕 何玲玉等："临床研究之伦理治理框架：Emanue '八个伦理原则' 的审辨"，载《医学与哲学》2019 年第 16 期。

〔3〕 张海洪："伦理审查批准标准解读与探讨"，载《中国医学伦理学》2019 年第 11 期。

的要求，同时对试验所涉及的受试者的个人信息、病史信息等进行严格保密。还应确保试验流程具有正当性并符合伦理要求，包括如何招募受试者、如何设置安慰剂组，充分体现医学人文精神，综合考虑受试者的医疗和保护，保护弱势群体、特殊疾病人群等。

但就组成成员而言，目前大都是医药专业的委员，如法学专家等人文社会科学专业的委员人数较少，使伦理审查会议的审查重点常集中于医学目的和效果等问题的审查，而缺乏对受试者权利和利益具体细节的关注。如按照《药物临床试验质量管理规范》或《医疗器械临床试验质量管理规范》等法律法规的要求，临床试验应经过充分的告知程序，因此知情同意书是伦理委员会审查的重点，但是伦理委员会审查会议更重视对人体试验医疗知情同意书的形式方面的审查，而并非对知情同意书的实质内容进行深入探讨、审查，未能以受试者为中心切实考量其权益核心内容是否得到保障。这明显不利于受试者权利和利益的保护，伦理委员会应在审查中加强和改进伦理性审查。根据中国临床试验注册中心信息，在贺建奎基因编辑婴儿事件中，贺建奎不顾科研诚信的伦理审查原则，通过他人伪造伦理审查书，使其项目得以通过并实施，这显示了我国目前伦理审查体系的脆弱性与实施过程中的混乱。如果事实确如报道所示，那么本次事件就体现出了部门衔接之间的问题和伦理审查机制上的漏洞。目前我国伦理审查机制中存在的巨大问题还表现在伦理委员会成员构成单一，职位和利益之间存在冲突以及不透明等问题。伦理委员会成员不仅应包括医药专业委员，还要包括能对伦理审查问题提出专业见解的相关人员，以确保伦理审查的专业性、客观性以及科学性。

四、伦理审查制度的程序及内容

（一）伦理审查程序

2013 年版《赫尔辛基宣言》第 23 条对"研究伦理委员会"及其审查程序作出了如下框架性规定。开展试验前应将研究方案提交至伦理委员会，由伦理委员会作出考虑、评论、指导和批准。伦理委员会的工作应该遵循公开透明的原则，不受研究者、申办者等利益主体任何不当影响，且应具有正规资质。伦理委员会的工作也必须考虑当地法律法规，及适用的国际规范和标准，但这些规定不得减损本宣言中保护受试者的措施。伦理委员会还可以对进行中的试验进行持续性监督，试验研究人员必须向伦理委员会提供监督所需的资料，未经伦理委员会考虑批准，不得修改研究方案。研究结束后，研究者还应向伦理委员会提交最终报告。

我国出台的有关生物医学人体试验的法律法规主要是 2016 年《涉及人的生物医学研究伦理审查办法》，综合考虑其他法规以及国内外伦理规范，我国伦理委员会工作程序主要包括以下三项。第一，审查前，由伦理审查申请人提交相关资料，[1]由委员会秘书对每一个项目所提交的材料作出初步审核，其后确定主审委员，并通知研究者、伦理委员会委员参加伦理审查会议。第二，审评会议时，由研究者接受委员对研究背景、内容及相关伦理保护措施的提问，并进行答辩，并应安排固定专人做会议记录。研究者及审查无关人员实行回避制度，伦理委员会委员在对项目展开充分讨论的基础上，进行记名投票，一人一票进行表决（非委员顾问，或该临床试验的参与者等存在利益冲突的主体不得投票）。第三，资料整理阶段，秘书协助主审整理作出正式评审意见，并附出席人员的名单、专业评审意见，并签名。审查决定应获全体委员半数以上同意，并由主任委员签发伦理审查批件。归档保存项目申报材料和审查批件等材料，要求保存至试验终止后 5 年；建立健全跟踪审查机制，明确需进行跟踪审查要求文件；跟进不良事件监控及处理。为保障医学受试者的核心权益，确保涉及人体试验的医学研究有序开展，在伦理审查过程中按照正当程序实现程序正义有着非常重要的价值。[2]

（二）伦理审查内容

伦理委员会审查的内容范围一般包括审查研究方案及其支撑文件，特别是研究试验方案的适宜性及可行性，以及与受试者知情同意过程的相关文件，审查研究方案是否在法律法规的要求范围内。依据 2016 年《涉及人的生物医学研究伦理审查办法》的相关规定，结合世界卫生组织《生物医学研究伦理审查委员会操作指南》中对伦理委员会的审查内容作出的规定，重点审查以下内容。

---

[1] 具体包括伦理审查申请表；研究项目负责人信息、研究项目所涉及的相关机构的合法资质证明以及研究项目经费来源说明；研究项目方案、相关资料，包括文献综述、临床前研究和动物实验数据等资料；受试者知情同意书；伦理委员会认为需要提交的其他相关材料。

[2] 王彧等："刍议人体试验伦理审查程序的正当化"，载《医学与哲学》2014 年第 7 期。

1. 研究方案的科学性判断

试验相关设计的科学性，统计方法是否恰当，用数量尽可能少的受试者获得质量尽可能高的结论的实现可能性；试验预期风险与受益比例是否恰当；[1]包括安慰剂组在内的对照组设置是否恰当；受试者提早撤出试验的标准；暂停或终止试验的标准；试验监督审查的规定；研究所在地的软硬件是否充分；报告和出版研究结果的方式。

2. 受试者知情同意权的保障

知情同意书是否完整通俗，获得受试者同意的过程是否恰当；获取知情同意的程序；对受试者或其代理人提供的书面或口头信息是否完整且可理解；将无同意能力者纳为受试者的缘由，及为保障其知情同意的安排；保证受试者能够在试验中获取参与的相关信息；是否有具备资格或者经培训后的研究者负责接收并答复受试者或其法定代理人的询问和意见的渠道。

3. 受试者的医疗保健和保护

试验中或之后预期提供给受试者的医疗保健、医疗监督的措施；受试者在试验中可随时无理由退出且不受歧视及应对措施；试验后供给受试者研究产品的计划；受试者的潜在花费；受试者的奖励、补偿；受试者损害的赔偿及治疗预案；受试者保险和赔偿安排。

4. 征募受试者的途径和方法

选取受试者人群特征的合理性；受试者募集方式；信息能否准确有效传达；受试者筛选标准及其恰当性、公平性。

5. 保护受试者的隐私

如实将受试者个人信息的储存、使用情况告知受试者，未经授权不得将受试者个人信息向第三方透露，保障受试者个人信息安全的保密措施。

6. 研究者的资质

研究者的资格能力等是否符合试验要求；研究者的时间安排、精力等是否可以保证全身心地投入和指导研究项目；研究者是否涉及利益冲突，比如研究者与受试者之间、研究者与医学伦理委员会委员之间、研究者与申办方之间等的利益冲突。

---

〔1〕　张海洪："伦理审查批准标准解读与探讨"，载《中国医学伦理学》2019 年第 11 期。

7. 社区的可接受性

试验对受试者所在社区会产生何种影响或意义；社区对个人是否同意参与研究过程的影响；试验能否对社区医疗保健、公共卫生等领域建设作出一定贡献；研究成果在社区的可获得性和可接受性，以及获得方式。

五、伦理审查制度建构策略

目前我国医疗伦理审查制度在不断发展完善，但仍存在相关问题。首先，我国的医疗伦理委员会制度立法不够完善，现有的部门规章立法层级较低，法律的效力仍然有限，这使得医疗伦理委员会的相关职能不能充分发挥。其次，目前医疗伦理委员会的执行决策没有得到充分实施，人们仍然缺乏对医疗伦理委员会的认识和了解。随着我国医疗卫生科技的飞速发展以及国家健康战略的实施，这类保障公民权利的制度也应得到相应的重视。除此之外，还存在其他尚待完善的执行、监督、实施等方面的问题。

与我国医疗伦理委员会目前存在的问题相比，国外的医疗伦理委员会的发展相对成熟。目前欧美国家比较流行的两种医疗伦理审查制度分别体现在国家和医疗机构内部两个层面。在美国，其伦理委员会组成成员不仅包括医学、法律等方面的专业成员，还包括宗教、哲学、社会学等方面的委员。相较于我国采用的由医疗机构内部设立伦理委员会的方式，西方则是采用国家层面的医疗伦理委员会，具有一定特色和优势，值得我国学习借鉴。

因此，在充分发展我国医疗伦理委员会的基础上，借鉴欧美国家相对健全的医疗伦理审查制度是非常重要的。我国医疗伦理委员会的制度建构策略包括以下四个方面。

（一）机构建设

2016 年《涉及人的生物医学研究伦理审查办法》第 14 条对伦理委员会的设立作出了明确的规定，要求医疗卫生机构在伦理委员会设立之日起 3 个月，在负责本机构的执业登记的卫生行政机关以及医学研究登记备案信息系统进行登记备案，每年 3 月 31 日之前，还应向备案机关提交上一年度的审查工作报告。第 22 条明确规定，伦理委员会批准研究项目应依据：生命伦理的社会价值、研究方案具有科学性、公平选择受试者、风险与受益比例可接受、知情同意书规范、尊重受试者权利、遵守科研诚信规范。第 29 条明确规定，涉及多中心的试验项目可形成协作审查的机制，以确保各中心遵循及时性和一致性原则。对于试验的进行，各机构都有权作出暂停或者终止的决定。

我国伦理委员会的组建形式多属于研究机构内设部门，且组成委员也多为内部工作人员，同时多数委员会委员具有伦理审查人员和临床研究项目负责人的双重身份。虽然目前伦理委员会将其定位于独立于研究机构的组织，并同时会聘请法律工作者、伦理学者及社区人员，但仅占组成成员很小的比例，大多伦理委员会成员仍是内部人员，甚至常常有领导兼任伦理委员会主任委员的状况。因此，由于进行伦理审查大多委员为双重身份，难以摆脱"近亲"的关系，难以真正从受试者利益出发，进行全面考量。对此需要重新定义伦理委员会的角色，以区域伦理委员会的形式代替目前的研究机构内设部门的形式，保证审查工作的独立性。

我国对此已经开展了一定规模的尝试，2017年10月，我国第一次在官方文件中建议建立区域伦理委员会，《关于深化审评审批制度改革鼓励药品医疗器械创新的意见》第一部分第3项提出"完善伦理委员会机制"的措施之一是各地依需组建区域伦理委员会，指导研究机构伦理审查工作，还可接受不具备伦理审查条件的机构或注册申请人委托对临床试验方案进行伦理审查和进展监督。这一要求进一步明确区域伦理委员会可以接受试验伦理审查委托，其审查结果效力等同于组长单位机构内设伦理委员会的审查，在多中心临床研究伦理审查中起到了重要作用。

国外采用区域伦理委员会审查形式的目的是适应当前临床研究发展的需要，同时弥补审查制度的缺陷，提升伦理审查的质量和效率。目前，我国区域伦理委员会刚刚起步，存在一些认识上、制度上、管理上的误区与困境，[1]区域伦理委员会的建设还有很多具体问题要在实际工作中解决。但无论怎样，关于区域伦理委员会的定位及职能需要明确两点：第一，区域伦理委员会并非等同于中心伦理委员会。应明确区域伦理委员会的审查范围和职能，完善区域伦理委员会的运行机制。[2]区域伦理委员会组建的目的是完善伦理审查制度，受理所在区域范围内无能力或无必要设立伦理委员会的研究机构中涉

---

〔1〕 陆麒、姜柏生："区域伦理委员会的定位、职能与发展"，载《医学与哲学》2018年第23期。
〔2〕 蒋海洪、弓志军："区域伦理委员会建设：定位、现状与路径"，载《医学与哲学》2018年第23期。

及人的生物医学研究的伦理审查。但是，从对试验项目的熟悉程度、后期跟踪审查、伦理委员会的日常管理等方面来看，区域伦理委员会不能替代现有的机构审查委员会。第二，区域伦理委员会并非其他伦理委员会的上级机构。区域伦理委员会并没有对现有机构伦理委员会进行监督、指导、评估和检查等的权利。无论何种伦理委员，其工作范围就是开展伦理审查和跟踪管理，保障受试者权益，只要冠之以伦理委员会的角色，就是平等的伦理审查机构，而无监督、管理或领导的权利。当前我国多中心伦理审查应该采取有条件地"认可"组长单位审查决定的模式，区域伦理委员会在多中心伦理审查模式中可以逐步承担起主审伦理的职责。[1]总而言之，伦理委员会审查决定地位居于平等。

（二）能力建设

伦理审查能力是建立在规范审查规则、审查程序以及质量管理的基础之上的。[2]正当化的伦理审查程序不仅能够保护伦理审查中受试者的权益，还可以使伦理审查结果得到社会公众的认可和支持，从而建立一种良性的制度发展模式。在具体的实施过程中，伦理委员会应该从保护受试者权益的角度出发，严格把关，不仅应当以伦理原则为遵循，还要结合试验目的、受试者等相关人员在试验过程中可能面临的风险和受益等方面进行考虑。伦理委员会应在专家与研究者之间扮演"无知之幕"的角色，使得审查结果不受研究者身份等因素的干扰，实现公正与独立的目的。除此之外，伦理委员会和研究者双方都应适当听取对方的申辩。在依照伦理审查科学和严谨的前提下，遵照伦理审查的有关程序，避免流于形式，同时保障各方的正当权益。谢洁琼等人最新的对我国 354 家药物临床试验机构伦理委员会伦理审查能力的调查研究结果表明，我国的伦理委员会大多有较完整的伦理审查基本流程，对伦理审查的规则与程序、审查时限等大多有基本要求。[3]但实践中也存在许多美中不足之处，如委员人数众多却多为兼职且要定期换届，伦理审查能力还有待进一步提升改进。

---

〔1〕 陆麒、伍蓉："关于多中心临床研究伦理审查模式的思考"，载《医学与哲学》2019 年第 23 期。

〔2〕 世界中医药学会联合会伦理审查委员会："涉及人的生物医学研究伦理审查体系要求"，载《中国医学伦理学》2016 年第 4 期。

〔3〕 谢洁琼等："我国药物临床试验伦理审查能力的调查研究"，载《中国医学伦理学》2019 年第 2 期。

由于不同区域和机构的伦理委员会的运行机制不同，伦理委员会委员履行职责的能力存在差异，对伦理准则的理解、对研究利益和受试者利益进行衡量的结果有不同的认知，导致不同机构伦理委员会作出的伦理审查结果可能不同，甚至出现同一研究方案在某机构获得伦理审查通过，在另一机构却被否定的现象。采用多中心试验的项目在伦理审查上常要花费数倍以上的经费支持，盖因组长单位作出的伦理审查结果没有权威性，甚至存在明显瑕疵，因而不能被其他分中心承认、采用。于是，不同分中心均要进行重复的伦理审查，造成了对申办方、审查者、研究者等多方相关主体人力物力极大的浪费。所以，提高伦理委员会委员的伦理审查能力，使得伦理审查结果科学有信度，同时制定并遵循较为统一受认可的伦理委员会操作规程，这是完善我国伦理委员会能力建设的重要方向。医疗机构应对内设的伦理委员会组成成员的履职能力进行考核，并根据考核结果提出有针对性的改进措施，处理伦理审查工作相关的问题，必要时对伦理委员会的组成人员进行调整。除医疗机构应进行的内部审核外，也应当接受国家相关机构的监督检查。

我国《关于深化审评审批制度改革鼓励药品医疗器械创新的意见》对伦理委员会的审查能力在原有基础上作出了更高的要求。其中，第一部分第 3 项提出要"完善伦理委员会机制"，要求在临床试验中，落实相关伦理准则，保障受试者的知情同意权等权利，即确保受试者是在经充分告知试验的相关信息、在充分理解的基础上参与试验，并应当以书面形式签署告知同意书，切实保障受试者的安全及健康等权益不受侵害。进行临床试验的研究机构应当成立伦理委员会，负责对本机构承担的临床试验的方案及临床试验研究者是否具有相应资质进行审查，并对临床试验的开展情况进行监督，接受监管部门的检查。第一部分第 4 项对伦理审查效率作出了规定。首先是临床试验申请之前应将临床试验方案提交临床试验机构伦理委员会审查批准。其次是对于境内多中心临床试验项目，依赖于伦理委员会之间的沟通交流程序和认可程序、职责。[1]最后是对于国家临床医学研究中心及承担国家科技重大专项和国家重点研发计划支持项目的临床试验机构，应当组建统一的伦理审查平台，逐步完善伦理审查互认制度。同时，需要细化我国多中心临床试验的

---

〔1〕 周吉银等："我国多中心临床试验组长单位伦理审查制度的挑战"，载《中国医学伦理学》2018 年第 9 期。

指南和法律法规，按照学科建设临床试验研究的伦理委员会，培养专业的伦理从业人员，提高其伦理审查能力，才可能真正使受试者的保护进入一个新的阶段。[1]

（三）跟踪审查

临床试验伦理的跟踪审查是临床试验进行过程中保护受试者权益的重要措施，跟踪审查质量也是伦理委员会审查能力的重要体现。

《药物临床试验质量管理规范》相关条款明确规定了伦理委员会对施行中的医学临床人体试验进行定期跟踪审查的具体要求，审查次数视受试者的风险大小确定，至少每年进行一次审查。《涉及人的生物医学研究伦理审查办法》第 27 条[2]对跟踪审查的内容进行了规定。临床研究属于一个长期的过程，因此除初始审查外，伦理委员会还应当采取持续的审查监管，以保障试验进展的科学、安全及有效。但是，我国现阶段伦理跟踪审查仍然存在无标准的操作指南、效能低，多数机构伦理委员会组成人员有限且有其他工作，导致对临床科研项目的跟踪审查很难持续开展，往往在初始审查获批后，科研项目就处于无监管的状态，难以持续性监督、保障受试者的权益不受侵害。[3]因此，对临床试验进行定期跟踪审查具有必要性。

伦理委员会跟踪审查至少包括以下六个方面的内容。

1. 修正案审查

我国国家食品药品监督管理局 2010 年印发了《药物临床试验伦理审查工作指导原则》，其中第 39 条规定，对修正案及其审查内容要求对试验方案作出的任何修改均应提交伦理委员会审查，获得批准后方能调整实施。提交如下信息，包括但不限于：修正案进行修改的内容以及为何进行修改，试验本身的风险和受益、受试者权益与安全将因此产生何种影响。伦理委员会主要

---

〔1〕 粟志英等："多中心临床试验中心伦理审查模式探讨"，载《中国医学伦理学》2019 年第 6 期。

〔2〕《涉及人的生物医学研究伦理审查办法》第 27 条规定："对已批准实施的研究项目，伦理委员会应当指定委员进行跟踪审查。跟踪审查包括以下内容：（一）是否按照已通过伦理审查的研究方案进行试验；（二）研究过程中是否擅自变更项目研究内容；（三）是否发生严重不良反应或者不良事件；（四）是否需要暂停或者提前终止研究项目；（五）其他需要审查的内容。跟踪审查的委员不得少于 2 人，在跟踪审查时应当及时将审查情况报告伦理委员会。"

〔3〕 张娟、张会杰："药物临床试验伦理跟踪审查中的问题与对策"，载《中国医学伦理学》2018 年第 8 期。

的审查、评估对象是试验方案修改后的试验风险及受益。

根据以上要求，目前，修正案审查存在的问题包括：（1）申办方缺乏修正案审查的伦理意识和法律意识。申办方可能认为试验过程中作出一些内容的修改或变动无足轻重，因而可能会按自身意愿修改方案，致使试验的科学性得不到保障，受试者安全遭受风险。（2）申办方递交的修正案内容不完整。许多临床试验经验较为丰富的申办方对修正案须经说明并提交各中心伦理委员会的审查流程较为熟悉，但对修正案之所以要重新提交伦理审查的核心内蕴——修改后的内容对受试者风险、受益的影响——并没有足够的重视。因此，申办方常常仅对修改内容进行说明，陈述方案原版本、修正内容、修正原因等试验信息，而忽视了因修改产生的对受试者安全等方面的影响。（3）伦理委员会对修正案的审查不到位。大多数伦理委员会对申办方提交的修正案仅由秘书审查修正案的形式完整性，进行备案式审查，之后就直接批准修正案，并将修正案的相关材料放入试验项目的备案资料中，这显然违背了国家法律对于伦理审查的要求。目前，没有任何法律法规允许对修正案的审查仅进行备案式审查，仍应进行全面、细致的审查评估。

2. 年度/定期跟踪审查

跟踪审查对于伦理审查实质正义实现具有重要的价值，它是受试者利益保护过程中最后也是最容易被忽视的一个环节。[1]《药物临床试验伦理审查工作指导原则》第 40 条规定，伦理委员会年度跟踪审查或定期跟踪审查的频率，根据试验的风险确定，但每年不得少于一次。这个条款里包括两个不同的审查内容，一是年度跟踪审查，二是定期跟踪审查。即使经过科学设计与伦理审查，每个临床试验项目都不可避免具有一定风险性，因此在人体试验施行后，应定期跟踪审查，完善跟踪审查的方式，强化跟踪审查监管。[2]但目前大多数伦理委员会将两者混同，将定期跟踪审查简化为仅对试验周期跨度超过一年的试验项目开展年度跟踪审查，而对所有项目进行风险跟踪的定期审查并没有落到实处。相应地，研究者应按审查及法律要求按时提交报告。同时，伦理委员会应该对年度或定期跟踪审查中出现的新情况进行风险受益

---

〔1〕　王彧等："刍议人体试验伦理审查程序的正当化"，载《医学与哲学》2014 年第 7 期。

〔2〕　尹梅等："加拿大研究伦理委员会持续性审查制度及其启示"，载《医学与哲学》2013 年第 11 期。

评估，而不是只进行接收信息的工作和事实性信息的陈述。

3. 严重不良事件的审查

《药物临床试验伦理审查工作指导原则》第 41 条对报告中的严重不良事件进行了规定，目前存在下述问题。（1）严重不良事件的上报不及时。受试者在参与临床试验后，并非时刻都在研究者的控制与检查视线之内，这导致受试者的实时疾病信息和治疗状况不能及时反馈给研究者。此外，医学知识具有高度的专业性，受试者对临床试验的理解往往并不是非常清晰，不容易准确判断在试验期间是否发生了不良事件，尤其是住院、妊娠、病情变化、死亡等情况更要进行详细说明。还有的受试者因为自我考量，在试验过程中，并不严格遵从试验要求，对产生影响的事情进行有意或无意的隐瞒。严重不良事件知晓的滞后性，既影响了研究结果的科学性，也不能切实保障受试者的安全和权益。（2）伦理委员会对严重不良事件审查存在瑕疵。在研究者知晓严重不良事件的第一时间，应立即向所在的中心伦理委员会、组长单位伦理委员会、省药品监督管理部门及国家药品监督管理局报告。临床试验应将对受试者的生命安全造成严重损害的不良事件列为最值得重视的状况。但目前多数伦理委员会并非立即向责任机构进行报告，而是在下一次审查会议上进行通报，所通报的内容也常仅有基本状况，一般不会对其严重程度与影响范围、不良事件对风险和受益产生的影响、受试者的医疗保护措施的持续跟踪状况等进行讨论，不利于保障受试者的安全与权益。

4. 不依从/违背方案的审查

《药物临床试验伦理审查工作指导原则》第 42 条对不依从/违背方案事件的审查作出了规定。伦理委员会有权要求申办者和（或）研究者就事件的前因后果，因此产生的影响以及针对性处理措施进行说明，审查该事件是否对受试者的安全和权益造成了侵害、是否对试验的风险、受益造成了影响。[1]存在的问题包括：（1）对不依从/违背方案的发现存在滞后性。受试者不依从/违背方案的事件在临床试验中常有发生，如受试者违背契约使用了试验禁止使用的合并用药，为进入试验而隐瞒自身情况造成不符合入选或排除标准致使研究人员错误将其纳入受试者，受试者访视超过窗口期，又比如受试者依从

---

[1] 廖红舞等："临床研究中方案违背的伦理审查策略"，载《中国医学伦理学》2019 年第 6 期。

性过低，不按规定服用药物等。这些状况的发生都对试验的追踪能力提出了较高的要求，需要在长期成熟的跟踪审查机制下，综合运用各种医学技术持续关注受试者各项情况。这需要申办方、第三方稽查公司、伦理委员会等各方主体的努力。（2）伦理委员会对不依从／违背方案的审查不到位。目前一般是申办方向伦理委员会提交违背方案的说明，研究者缺乏对违背方案的紧密关注参与。流于形式成为此类审查常见的弊病，仅设计单纯的情况说明，而缺乏关于试验对受试者的损益以及影响的深入判断评估。不及时查明存在问题的根本原因，对伦理委员会审查意见整改不力。[1]

5. 提前终止试验的审查

《药物临床试验伦理审查工作指导原则》第 43 条对研究者和（或）申办者提前终止人体试验的医学伦理审查作出了具体要求。人体试验中，若受试者出现特殊情形，需要停止使用研究器械或药物，致使人体试验提前终止的情形也时常出现。此时对于情况较为严重的案例，应当充分了解受试者病情变化的缘由，不断关注受试者退出试验后的处理，直至病情转归。若是由于受试者自身因素，而中途要求不再参与，出于对受试者健康负责的人道主义考虑，也需对其进行检查并作后续处理。而现状往往是申办方提交受试者提前终止试验的报告，伦理委员会并不会对其安全和权益进行详细判断评估。

6. 结题报告审查

《药物临床试验伦理审查工作指导原则》第 44 条对临床试验结题报告的伦理审查作出了规定。从现实情形而言，临床试验重点阶段一般是初始阶段与总结阶段，所需要提交申报和进行审查的文件也较多，其中审查结题报告更是整个审查周期的重中之重。结题报告是对整个试验进程进行的概括总结，是对此前试验期间申办者、研究者、受试者等试验研究者完成实验的成果进行完结性审查。其内容包括研究背景、研究设计、试验完成度、不良事件的处理及善后状况等。结题报告审查是在对试验方案、全试验程序有充分了解的基础上作出的综合判断，因此相应的审查要求也较高。具体审查范围一般包括试验方案是否前后相一致，各统计分析的统计是否合理准确等，可以说其在伦理审查中扮演了"守门员"的角色。一般来说，申办者都会提交详细的

---

[1] 吴翠云等："临床试验伦理委员会对临床研究中不依从/违背或偏离方案报告的管理"，载《中国医学伦理学》2018 年第 3 期。

结题报告给伦理委员会，然而，伦理委员会对结题审查的重视程度不够，难以落实对潜在不良事件及对受试者医疗保护的情况等问题的持续关注，很少有针对性地制定具有可行性的解决方案。[1]

（四）构建伦理审查争议的救济机制

对伦理审查中存在争议的事项，应通过法律法规的形式明确保障申请人和利害关系人具有复审申请权和起诉权，即在申请人或利害关系人不服机构医学伦理委员会所作的初审结论时，有权向其上一级医学伦理委员会提出复审，若经复审，申请人或利害关系人对复审结果仍然不服时，可以依法提起行政诉讼。构建此种类似于行政救济模式的"复审—起诉"的救济模式乃是基于如下考量。

第一，复审权的行使可与现有的立法进行衔接。《涉及人的生物医学研究伦理审查办法》规定，上级医学伦理委员会有权对机构医学伦理委员会进行指导监督，而监督权的效能就要求能通过复审程序，对机构医学伦理委员会的初审结果进行再审查，并作出维持、变更或撤销的决定。

第二，区别于一般行政行为，医学伦理审查对专业性要求较高，而级别较高的医学伦理委员会所能统筹整合的资源相对较好，能组织相应领域的专家，具有较高的专业审查的能力，由其复审也有利于对事实进行认定及对研究的科学性进行判断。类比同样对专业性有较高要求的专利授予和效力争议，其权利救济模式采取的也是由专利复审委员会先行审查，若当事方不服，则可再向法院提起诉讼，可为医学伦理审查救济路径的构建提供借鉴。

第三，司法是社会公正的底线，医学伦理委员会作出的审查行为形式等都类似于行政行为，其效果也关乎试验项目能否开展，极大影响着利害关系人的生命健康等重要法益。同样也如其他具体行政行为一样，应当接受司法机关的审查。尤其是关乎人的生命安全法益的重大试验研究中，伦理审查委员会的决定会对受试者产生关键的影响。因此，当伦理委员会与研究者之间发生争议时，赋予研究者依法行使复审申请或诉讼的权利。[2]

〔1〕 雷良华、周秋莲："建立规范的临床试验伦理审查机制的思考"，载《中国医学伦理学》2018年第6期。

〔2〕 王宏斌、王樱儒："法律视角下的医学伦理委员会制度之完善"，载《医学与哲学》2017年第9期。

现阶段，我国伦理审查委员会尚处于起步阶段，因此伦理委员会作出的伦理审查决定是否具有科学性仍可能存在疑惑，为确保伦理审查的科学性和正当性能够得以实现，应当建立健全伦理审查争议的救济制度，保障多方主体利益的平衡及其实现的可能性。

第二节　知情同意制度

知情同意权制度与临床试验存在着密切关联，是现代临床医疗中的一项基本制度。如果说伦理审查制度是医学受试者权益的外部保护机制，那么知情同意制度则属于医学受试者的自我保护机制。[1]如果离开了医学受试者的知情同意制度，仅仅依靠伦理审查制度是不可能有效保护医学受试者的各项权益的。

一、知情同意制度溯源

（一）知情同意制度的产生：《纽伦堡法典》

直到 20 世纪中期，除古希腊时代的《希波克拉底誓言》提到了对医学人体试验中医生的行为进行规范外，涉及知情同意的文献和法律文件都很少。受试者的生命安全丝毫没有保障。现在为世界各国所广泛接受的现代意义上的知情同意规则始于《纽伦堡法典》，逐渐发展成为生命伦理中的一项基本权利及法律中的一项具体权利。该法典是在 1946 年 12 月的纽伦堡军事审判中法官们对审判进行的总结和解释，要求开展医学人体试验必须遵循法律和道德规范。可以说，《纽伦堡法典》是面对"二战"期间不人道的医学人体试验形成的国际社会共识，也是第一个规制人体试验的伦理学指南，具有重大意义。[2]

（二）知情同意制度的发展：《赫尔辛基宣言》

随着医学人体试验的发展进步，试验内容、试验方法、试验规模都发生了巨大的变化，人们逐渐发现《纽伦堡法典》的规定过于笼统，不够具体，

---

〔1〕 姜柏生、顾加栋："人体试验受试者人格权保护研究"，载《中国卫生事业管理》2013 年第 12 期。

〔2〕 王德彦："知情同意与人体试验"，载《自然辩证法通讯》2004 年第 1 期。

无法据此处理人体试验中出现的具体问题。各种问题亟须解决，亟须对知情同意的宗旨、内涵、内容、过程等进行更加详细的规定。1964年在芬兰赫尔辛基召开了第18届世界医学大会，会议通过了《赫尔辛基宣言》。从此以后，知情同意原则正式成为一项生物医学人体试验所必须遵循的伦理原则。《赫尔辛基宣言》将自愿同意置于受试者权利保障的核心准则，并且明确提出"知情同意"的概念，并在后来的多次修订版中对知情同意的要求进行了调整和完善，如此频繁的修订更能体现国际上对知情同意的关注度日益增加。

（三）知情同意制度的推动：丑闻的披露

20世纪以来，一系列医学人体试验丑闻被披露，进一步推动了知情同意制度的建设。1932年至1972年，美国塔斯基吉进行的由美国卫生部主导的梅毒试验，其持续时间之长，侵犯人权之严重震惊世界，直至1997年克林顿总统才代表美国公开向受试者及其家属道歉。[1]1963年，一项由美国健康与人类福利部和美国癌症学会共同资助的，研究外来癌细胞在衰弱的非癌病患者体内的存活时间是否比在衰弱的癌病患者更长的研究中，研究者为了试验的顺利进行，向受试者隐瞒了试验相关信息，甚至伪造了知情同意书。上述违背人道主义的医学人体试验，通过隐瞒试验信息或欺骗受试者的手段，置受试者生命安全于不顾，严重侵犯了受试者的生命健康权和知情同意权。这些丑闻的曝光，使得公众在愤慨的同时也认识到知情同意原则的重要性，有力地推动了该原则及相关制度的发展和完善。

（四）知情同意制度的广泛重视：国外伦理准则

在此之后，受试者知情同意的权利形成了国际社会共识，并在一系列国外及国内医学伦理规范中得到了体现。[2]

1978年，美国发布了《贝尔蒙特报告》，这个报告提出尊重、善行、公平三项原则，并解释了其在人体试验研究中的具体应用。[3]无论如何，信息、理解及自愿都是知情同意过程必备的三要素。2002年《涉及人体的生物医学研究国际伦理准则》对知情同意作出了详细规定，凡是有人类受试者参与的

---

〔1〕 王德彦："知情同意与人体试验"，载《自然辩证法通讯》2004年第1期。
〔2〕 张洪松、兰礼吉："医学人体实验中的知情同意研究"，载《东方法学》2013年第2期。
〔3〕 唐伟华、王国骞："试析英美等国保护受试者立法中'知情同意'的构成要素：以科学基金法律制度为视角"，载《中国基础科学》2014年第3期。

生物医学试验，均须对其进行充分说明告知，确保所告知的内容能够被充分理解并在自愿的基础上获得同意，而对无知情同意能力受试者，如儿童或精神障碍患者等无充分知情同意能力、孕妇等特殊群体以及无须知情同意等特殊情形也都进行了规定。

在保护受试者权益方面，知情同意制度已经成为我国医学人体试验中与伦理审查制度同等重要的制度与要求。为了更好地保护受试者的权益和安全，我国国家市场监督管理总局和国家卫生健康委员会等部门积极修订、完善、出台相关政策与规章制度。2014 年组织制定了《体外诊断试剂临床试验技术指导原则》，2016 年颁布了两部规章，即《涉及人的生物医学研究伦理审查办法》《医疗器械临床试验质量管理规范》。这些规章制度中都设置专门条款对知情同意制度进行了详细的探讨和说明。2019 年修订的《药品管理法》第 21 条强调了研究者对受试者的临床试验告知说明义务，并且要注意签署人体试验医疗知情同意书。

二、知情同意制度要素

学界通说认为，生物医学人体试验知情同意权的内容至少可分为四个层级，即受试者具有相应的同意能力、研究者进行说明告知的义务、受试者对研究者告知信息的充分理解、受试者在自主的基础上表示同意。

（一）受试者同意的能力

研究人员要想得到受试者的同意，首先要求受试者具有相应的同意能力。只有当受试者具有相应的同意能力，能够进行权衡利弊从而作出合理决策时，受试者作出的同意才具有效力，从而参与临床试验。但当受试者并不具有同意能力或同意能力存在瑕疵，法律给予了受试者通过意定或法定代理人同意的权利，此时，研究者就应该向受试者的法定代理人或其他代理人征求是否同意其参与人体试验的意见。因此，受试者首先要具备知情同意的能力，这是获得同意的效力基础。这要求受试者本人或其代理人具备相应的对医学人体试验理解、判断、做决定的能力。

受试者是否具备知情同意的能力基本上与民法中的民事行为能力挂钩。一个人是否具备民事行为能力的参考因素众多，如该民事主体是否清楚地认识到自己行为的性质、将会产生的法律后果、能否恰当理智地处理自身事务，要从年龄、精神状况、心理状况、生理状况等多个方面综合考量。当然在生物医学人体试验中，受试者知情同意能力并不完全等同于民事行为能力。这是由于医学专业的特殊性，即使是民法上具有完全民事能力的成年受试者，他们的同意能力仍会受到其他多种因素的制约，如医学人体试验给予健康受试者高额经济补助，受试者文化水平较低导致难以甚至不能理解研究者所告知的专业性试验相关信息。

研究者要想使受试者参与生物医学试验，其获得的同意必须具备法律效力，具体可包括以下几种具体情况。受试者若本身就具备相应的知情同意能力，能充分理解研究者所告知的信息，并对试验的风险及利益进行衡量，最后决定是否参与。若受试者欠缺知情同意的能力，就须由法律规定或受试者指定之合法代理人站在受试者的立场上进行利益衡量作出是否参与试验的决定，如心智尚不成熟的儿童，因其并不具备完全的同意能力，因此要想其作为受试者参与生物医学人体试验，就必须获得儿童受试者父母或者其他监护人作出的合法同意。[1]但对于较大年龄的儿童受试者，尽管法律上知情同意能力存在瑕疵，因而作出的知情同意的法律效力也存在瑕疵，但并不意味着其不具有知情同意，其有权作出"思考后的反对"。因此，即使研究者已获得儿童受试者合法代理人的同意，若儿童受试者在思考后对合法代理人作出参与的决定提出反对意见，就应依法得到尊重，除非该治疗性研究有利于儿童受试者的最佳利益，具有获益可能性，且除此之外无可接受的替代性治疗措施。[2]

（二）研究者的信息告知

医学人体试验中，确保"知情"的必要步骤是研究者对受试者如实告知试验信息，此是法律上明确规定的研究者的义务。受试者要作出理性的决定，则必须得到试验相关的充分、足够的信息，才具有进行权衡自主作出是否参与决定的可能性。为了获得具备法律效力的告知后同意，研究者向受试者所说明的信息内容的广度和深度要求一般都高于临床治疗中需向病人披露的信

---

〔1〕 赵琼姝等："关于药物临床试验儿童受试者知情同意问题的思考与建议"，载《中国医学伦理学》2019 年第 10 期。

〔2〕 赵琼姝等："关于药物临床试验儿童受试者知情同意问题的思考与建议"，载《中国医学伦理学》2019 年第 10 期。

息，尤其是当人体试验项目无潜在预防、诊断、治疗价值，一般而言要求受试者获得所有已知的与试验相关的信息。[1]2013 年版《赫尔辛基宣言》第 26 条要求，研究者必须告知有知情同意能力的潜在受试者与试验相关的一切信息，并告知其可自愿随时退出试验且正当权利不受影响。对个体的特定信息需求也要重点关注。

《涉及人体的生物医学研究国际伦理准则》在"准则 5"中，用了 26 个条款详细规制了研究者应当进行说明的信息，如受试者具有参与与随时退出试验的权利、试验设计特点、试验潜在的风险与利益、是否存在其他替代性医疗措施、披露试验存在的利益冲突、有权要求对因此产生的伤害索要赔偿等。就伦理委员会对研究者所说明的信息是否充分进行审查判断的准则，可以具体参酌以下三点：（1）研究者是基于受试者最佳利益考量所告知的信息内容；（2）研究者应基于受试者标准，提供理智人所会考虑的实际影响是否决定参加试验的所有可能存在的风险；（3）研究者应告知受试者所欲知晓的一切与试验相关的信息。[2]

知情同意中需要注意的是，当受试者同时也是患者时，当研究机构与患者接受治疗的医院是同一家机构时，受试者对医学人体试验可能会有"治疗性误解"，即将医学人体试验误解为临床治疗的个性化服务。从"告知程序"和"告知内容"两个角度进行规制能有效避免这种"治疗性误解"。第一，告知程序上，应特别关注受试者对医生是否存在某种依赖关系，若存在，则必须选取一位地位独立、对试验过程足够了解且未参与试验的医生进行告知说明。第二，告知内容上，《赫尔辛基宣言》规定当医学研究与医疗并存时，绝不能因患者不同意参与试验而对医患关系产生影响。研究者应以一种受试者能够理解的方式进行研究目的、方法和程序等信息的说明，特别是受试者所询问的研究与常规诊疗有何区别。[3]

（三）受试者对信息的理解

只有当受试者对研究者所告知的试验所涉及信息充分理解时，受试者所作

---

〔1〕　张洪松、兰礼吉："医学人体实验中的知情同意研究"，载《东方法学》2013 年第 2 期。

〔2〕　邱仁宗：《生命伦理学》，中国人民大学出版社 2010 年版，第 235-237 页。

〔3〕　张洪松、兰礼吉："医学人体实验中的知情同意研究"，载《东方法学》2013 年第 2 期。

出的决定才是有意义、真正自主的。[1]即使研究人员对受试者就试验信息进行了充分告知，但这并不等同于受试者已经完全理解所需信息。实际上，受试者对试验相关信息的理解千差万别，他们的理解能力与理解程度会受到心理素质、专业背景、知识水平、交谈能力等多方面的影响。因此，在实际操作中，研究者应针对不同的受试者而选取不同的说明方式，以期最大程度地促使受试者对相关信息正确理解。如将具有高度专业的医学术语转变为通俗易懂的日常语言进行介绍，还可以将潜在的试验风险及发生概率类比为日常生活可感知衡量的风险大小及发生概率。在知情同意实施过程中，有些成年受试者可能不愿意承认自己的理解能力有限，不好意思或缺乏勇气提问，甚至未意识到自己的理解存在错误。对此，研究者应为每一名受试者提供询问的机会。[2]此外，研究者还应该注意受试者所处社区特定的文化、教育和社会环境，应当采取一种适合当地文化的方式与受试者进行交流。

即使知情同意书已经修改到适合阅读的长度与水平，但由于不可能完全删除医学专业术语，依然存在受试者无法读懂和理解的可能。因此，在必要的情况下，研究者还可以采取多种措施来促进受试者对信息的理解。有研究表明，采取一些生动形象的传播媒介有助于受试者对试验信息的理解。将试验项目的关键内容制作成短视频，这些视频可以很方便地在移动设备或多媒体设备上演示，用于介绍试验中复杂难懂的概念和流程。视频内容可以包括概念类视频和流程类视频。概念类视频应包括与试验相关的核心概念介绍，如安慰剂、双盲（双模拟）、随机对照、基因测定、仿制药、生物等效性、一致性评价等。流程类视频可以包括与试验相关的临床和实验室检查的项目，如血液检查、影像检查、活体组织检查等。若人体试验具有较大的预期医疗风险，比如手术的风险、有创性检查项目的风险、药物的常见或严重风险等，也应以视频的形式使受试者重视、理解。[3]综合选用说明手段能有效帮助受试者抓住被告知信息的重点，并有利于阅读能力不足的受试者对信息的理解，既有效提高了研究者的工作效率，也切实保护了受试者的权益。

---

〔1〕 满洪杰："关于受试者知情同意权的立法建议"，载《四川大学学报（哲学社会科学版）》2018年第3期。

〔2〕 张洪松、兰礼吉："医学人体实验中的知情同意研究"，载《东方法学》2013年第2期。

〔3〕 柳沁怡、姜柏生："临床试验中知情同意书的简化问题研究"，载《医学与哲学》2017年第3期。

（四）受试者的自主同意

受试者是在完全自主的状态下作出的同意也是同意的法律效力的考察要素之一，自主便要求受试者作出最终是否参与试验的决定是真实且自由的。受试者非自主主要包含以下三种：第一是强迫，利用暴力或其他强制手段胁迫他人参与试验，如果他人不同意参加，身体上或精神上就可能会受到损害或经济蒙受损失，例如暗示患者若不配合就不给予其应有的治疗等。第二是欺骗，故意隐瞒或歪曲试验信息，让受试者在错误信息下作出是否参与医学人体试验的决定。例如，隐瞒前期动物实验或人体试验中的严重不良事件，夸大试验药物或器械的疗效，轻描淡写参加试验的风险等。第三是利诱，即其他类型的隐蔽性强迫因素或不正当影响。例如，当受试者是一些特殊群体（囚犯、医学生、医院的工作人员等）时，他们的自愿性问题容易遭到质疑，受试者的同意可能受到了不正当的影响，应当具有专门的合理性论证说明，并采取严格控制措施。另外，给予受试者高额经济或实物补助也是不当诱导的情形。

当受试者无民事行为能力时，如阿尔茨海默病患者、精神障碍患者、未成年儿童等，除需征求他们的自主意见外，还应征求其监护人或合法代理人的意见。代理人作出的代理决定要求基于受试者的利益进行充分考量。相应地，研究者也要对此进行评估，考量代理人是否将受试者的最佳利益放置于首位，否则无效力。[1]

三、知情同意制度标准操作规程

标准操作规程（Standard Operating Procedure，SOP）是一种标准的作业程序。良好的知情同意制度实践要通过 SOP 将相关操作步骤进行细化、量化和优化。医学人体试验知情同意制度通过多年的实践经验，可以提供以下 SOP 模板，以确保知情同意过程的规范性，在当前条件下实现最优化的程序。

（一）知情同意制度 SOP 的目的

知情同意制度制定 SOP 的目的是确保知情同意过程的规范性。由于不同的临床试验项目的知情同意是由不同的研究人员实施的，各个临床试验项目

---

〔1〕　侯雪梅：“人体医学试验中受试者知情同意权研究”，载《西部法学评论》2015 年第 5 期。

的内容、难度、伦理难点都不相同，各临床试验机构对知情同意过程的重视程度不同，因此，研究人员有可能根据试验项目的不同而实施不同的知情同意过程，不同的临床试验机构对相同的临床试验有可能实施不同的知情同意过程。这些都会导致知情同意的多重标准，缺乏规范性，甚至危害受试者利益。因此，要为知情同意制度制定标准操作规程。

（二）知情同意书的内容

知情同意书，就是受试者在研究者充分说明、自己能够全面理解的基础上，作出自愿同意参与某医学试验的书面证明，是医学试验开始之前交由受试者签署的。知情同意书一般要求采用受试者的母语，并将专业术语以通俗易懂的方式表达，方便受试者能够理解知情同意书所载明的内容，内容应全面、真实与可靠，以保证受试者能对试验全面"知情"。知情同意书类似于格式合同，因此单方免除责任或加重对方义务均是不可取的，即禁止要求受试者放弃合法权益，也不能有为研究者过错逃脱责任的内容。[1]一份合格的知情同意书至少应包含下述组成内容。

（1）试验目的。说明人体试验的目的是研究药品（器械）的有效性和安全性，并强调试验性质属于研究，而非治疗。

（2）试验内容和过程。说明试验方案的操作流程和要花费的时限，试验所需要进行检查的项目和频率等，方便受试者明确其参与试验的付出，以便其更好地配合试验。告知受试者随机对照试验的设计方案，包括分组情况与标准、各组受试者的人数比例、受试者分配入组的方式，如设置安慰剂对照，需向受试者强调其可能被分配至安慰剂对照组，及相关的影响和后果。

（3）预期的收益及风险。告知受试者如果参与试验有可能对原有疾病诊疗有一定益处，但也存在着潜在风险及其发生的概率。风险应该包括试验药品／器械及对照药品／器械的风险，还要包括因参加试验而接受的相关检查项目／手术的风险，以及应对这些风险的相应措施。当对受试者而言并无预期收益时，应在试验前知情同意书中进行充分告知，使受试者据此事先权衡参加试验的利弊，做好充分的思想准备。

（4）其他可供选择的方法。告知受试者可以选择不参加此试验，并罗列

---

〔1〕 钟旋等："药物临床试验中医学伦理委员会运作模式的探讨"，载《现代医院》2007年第8期。

如果不参加试验，现存其他诊疗措施及其受益与风险，使受试者充分、全面地了解所患疾病的诊疗现状，这样才能使受试者真实地作出是否参加的决定，从另一方面看也能维护受试者的依从性，保证试验的顺利进行。

（5）试验的花费。说明试验中所接受的试验药品／器械或对照药品／器械等均是申办方免费提供，罗列因参加试验而免费提供的相关检查项目及频率。罗列试验过程中不免费的具体项目，比如，很多医疗器械临床试验并不免除手术费、病床费等。

（6）受试者补偿。若因试验对受试者造成损害，受试者根据国家法律可获得经济补偿及保险赔付等，也能够及时获得适当的诊疗措施。若试验对象是健康人员，则研究者应给予受试者相应的报酬。

（7）受试者隐私权保护。受试者参与试验及其试验资料均为受试者的个人隐私，应采取编号等方式进行隐匿处理。而有权查阅试验资料的主体仅包括申办者、研究者、监察员、伦理委员会、药政管理部门等有关主体。

（8）参加试验的自愿原则。必须向受试者强调其具有退出的权利。即在试验过程的任何阶段，受试者无须任何理由，均可随时退出试验，而不会受到任何不公正对待，不会影响医患关系及今后的诊疗。

（三）知情同意书的审批

（1）非经伦理委员会审查批准，知情同意书不得使用。

（2）非经伦理委员会审查批准，其他试验相关资料不得交由受试者阅读、参考或签署。

（3）受试者与研究者签署的知情同意书应该是伦理委员会批准的版本。

（4）伦理委员会审查批准之后，任何人无权修改已经审查通过的知情同意书。

（四）知情同意书的签署

（1）进行知情同意应保持周围环境的独立、安静，不使受试者因环境感到压力。研究者及其相关人员均不得以任何形式对受试者进行胁迫或以其他不当行为干预受试者的决定。

（2）研究者或其委托方向受试者进行知情同意告知时，应使用通俗易懂的语言说明试验相关信息，使受试者能够理解所告知的内容。

（3）研究者应向受试者及其相关人员提供经伦理委员会审查批准的知情

同意范本及其他材料，并给予充分的考虑时间。

（4）研究者或其委托执行人对于受试者对试验存在不明白的情形或有关疑惑，应全面且清晰地予以答复，以便受试者对试验充分理解。

（5）在安静和独立的环境下，研究者或其委托执行人与受试者进一步沟通，解答受试者涉及隐私的问题。随后由受试者作出参加或不参加试验的决定。受试者作出参加试验的决定后，受试者及研究者或其委托执行人共同签署知情同意书。①绝大多数情况下，受试者一方应由受试者本人签字。研究者一方，应由执行知情同意过程的研究者或其委托人签字。②无民事行为能力的受试者，若研究者站在受试者的角度判断其参与研究的利益，经伦理委员会审查批准可参与试验，此时应由其法定代理人签署知情同意书。③若受试者或其法定代理人存在阅读或书写障碍，可增设见证人，由见证人签署。④受试者、法定代理人、执行知情同意过程的研究者或其委托人、见证人等签署知情同意书的日期应该是同一天。⑤签名的知情同意书一式两份，受试者及研究者各执一份并妥善保存。知情同意书作为试验资料应当长期存档。

（五）知情同意的再进行

如果试验过程中发现涉及试验的重要的新资料，研究方案或研究内容需要修改，相应的知情同意书也要作修改，因为这样的修改可能影响受试者参加试验的意愿。这种情况下，研究方案及知情同意书必须再次提交伦理审查（根据情况进行会议审查或快速审查）并得到伦理委员会批准，之后所有没结束访视的受试者也必须重新签署。

四、知情同意制度的问题

（一）知情同意制度的目的

知情同意的目的是保护受试者，给受试者或病人提供试验相关的知识和信息，使其了解自己在试验或治疗过程中的权利，帮助他们自主地作出选择。随着国家对医学人体试验监管的加强，医学人体试验愈加强调尊重受试者个人的自主选择和自我决定权，这将带来两个方面的问题：一方面是知情同意书的内容越来越专业冗长，而相应的告知资源不足，比如，实施知情同意的研究者或其委托执行人不足，实施知情同意的办公场所不足，每个受试者可以得到的提问时间不足等。为了实现知情同意书内容尽可能全面，或申办方与研究者因为担心承担责任，而选择将信息尽可能完全罗列，不可避免地会有许多专业性很强的内容，以及非常复杂的试验步骤。故而受试者往往一是很难全面理解研究者所告知的试验信息，二是面对大量难以理解的信息往往无所适从、难以抉择。而说明的充分性要求研究者必须详细陈述试验流程，穷尽一切可能存在的潜在试验风险，否则就可能存在法律风险及诉讼中的不利益。另一方面，在医学人体试验中，把决定权完全交给受试者本人，其结果不一定最有利于受试者利益。原因是受试者所处的环境会影响或干扰其作出正确的判断。病人受试者往往受到病痛的困苦或者是在经济方面处于困境，希望得到免费试用药物或医疗器械的机会，对疾病的巨大恐惧也使受试者丧失必要的理性和判断。健康受试者则容易受到试验提供的高额经济补助的诱惑，从而可能忽略了对知情同意书中关键试验信息的关注和解读。因此，在医学人体试验中，知情同意书似乎日益成为保护研究者的工具，保障受试者知情同意权的本质日益模糊。

（二）知情同意书的内容

1. 知情同意书内容不易理解

有些知情同意书内容非常多，尤其是我们翻译使用的国外企业的知情同意书，往往达到几十页甚至上百页，不仅内容非常多，而且有些翻译生硬难懂。使用的语言也不够简明易懂，如使用长句、复杂句型，使用医学术语的缩写却未附相应的解释，试验程序、步骤或分组情况介绍含混不清。关于知情同意书的内容应简单易懂，各类法律法规都有相关规定，2016 年《涉及人的生物医学研究伦理审查办法》要求"知情同意书应当包含完整、必要的信息，并以受试者能够理解的语言文字表达"，《药物临床试验质量管理规范》有关条文也规定，知情同意过程应采用受试者或法定代理人能理解的语言和文字。

临床试验方案、研究者手册等，主要是提供给研究者阅读使用的，但知情同意书主要是提供给受试者阅读签字的，设计知情同意书的最终目的是要让受试者理解明白知情同意书的内容。所以，知情同意书内容的设计应把受试者放在第一位考虑，融合国内外文化差异，从选词、句式、格式方面综合考虑，尽量设计出非医学专业的普通人配合上研究者的解释后能够读懂的知情同意书。

2. 知情同意书内容不完整

《药物临床试验质量管理规范》《医疗器械临床试验质量管理规范》等规章都明确列出了知情同意书一般应当包括的内容及对事项的说明。但在实施过程中容易被忽略的内容有："受试者需要遵守的试验步骤，包括有创性医疗操作"，如采血次数和总量，不能只告诉受试者需要采血或采血的总量，应该告知具体的量化的信息，包括采血次数、频率、单次采血量、采血地点等，让这些信息给予受试者直观的感受，有利于受试者作出判断；"其他可选的药物和治疗方法，及其重要的潜在获益和风险"常常会出现不告知或告知不完整。研究者不能由于想要尽力宣传试验药物，而不告知受试者其他可替代的治疗方法。或者简单告知"如果不参加试验，就接受常规的治疗"，而没有比较参加试验与接受常规治疗的潜在获益和风险。因为受试者只有在评估了不同的受益与风险后才能作出最恰当的判断；"受试者参加临床试验预期的花费"也是容易被忽视的告知项，为了尽快纳入受试者，申办方往往希望受试者看到对他们利好的方面，突出"免费"的项目，如化验检查免费、试验用药物或器械免费等，忽略了受试者参加试验所需的花费。例如，目前很多医疗器械临床试验，与试验相关的项目才免费，很多项目是不免费的，如住院费用、手术费用，甚至对照器械的费用都是不免费的。要把临床试验预期的花费都写入知情同意书，以便受试者在考虑是否参加此项临床试验时参考，进而作出理智的判断。[1]

3. 知情同意书忽视风险告知

风险是受试者决定是否参加临床试验的关键考虑因素之一。知情同意书需要写出"试验可能致受试者的风险或不便"，这里"风险"的范围常常告知不足。许多申办方避重就轻，只说明试验药物的风险，未说明阳性对照药物的风险，也没有说明使用安慰剂的风险，或者未说明来自试验操作的风险，例如，在风险较高的第三类植入类医疗器械临床试验中，除试验器械本身的风险外，还应该说明对照器械的风险、手术本身的风险等。又如，体外诊断试剂临床试验知情同意书中，常常写着"试验中几乎不会发生风险或不良反应"，这样描述是不负责任的，即便是抽血所带来的皮肤红肿等不适，也应该

---

〔1〕 邢晓敏等："临床试验知情同意问题的若干思考"，载《临床医药文献电子杂志》2019 年第 82 期。

告知受试者。这些内容体现了对受试者的关怀，也是临床试验申办方应尽的责任。[1]

4. 知情同意书内容存在过度诱导或不正当影响

申办方为了在较短时间招募到受试者参加临床试验，有时在知情同意书内容的设计上存在过度诱导、胁迫等不恰当的倾向。例如，"该试验药物优于市面上已有的药物"，轻描淡写，有意无意间就在"王婆卖瓜，自卖自夸"，况且该试验药物还没经过临床验证，如何能得知该药的疗效一定优于已上市药物，这样的描述是没有根据的，存在过度诱导的嫌疑。又如，"参加试验你将获得医生的精心治疗"，暗含着若你不参加试验，医生就不会对你好好治疗，这样的说法会造成胁迫和不正当的影响，知情同意书中应该避免这样的描述。临床试验相关法律法规对此也有明确的规定，例如，"申办者应当避免对临床试验机构、研究者、受试者等临床试验参与者或者相关方产生误导或者不当影响"。

（三）知情同意的过程

知情同意包括内容与过程两个方面。完备的知情同意书内容与完整的知情同意过程共同构成了知情同意的有机整体。但是，在医学临床试验中，与知情同意书的内容相比，知情同意的过程更是一个薄弱环节，存在着各种各样的问题。

1. 知情同意过程简单化

知情同意的本质是一个过程，可是很多受试者和研究者还是将其看成一纸签字，多以取得受试者签字为目的，导致知情同意的过程简单化、机械化、模板化。现行的知情同意过程就是研究者使用已通过伦理审查的知情同意书，快速切入签字这一主题。研究者多数是医生，他们往往站在医疗的角度，而非临床试验的角度与受试者谈知情同意。在与受试者的交谈中，主题是"你有什么疾病，××药是仿制××国上市药，你用这个药可能会对你的疾病有所帮助，而且这是一项临床试验，您在试验期间的检查和药物都是免费的"，这样的讲述既属于诱导受试者，而且没有解释清楚临床试验的真正含义。事实上，知情同意的过程是主观的，是研究者与受试者交心的过程，是因人而异的，

---

[1] 张海洪："伦理审查批准标准解读与探讨"，载《中国医学伦理学》2019 年第 11 期。

是以知情同意书为基础但超出知情同意书内容的谈话过程，不能用客观的机械的模板生搬硬套。研究者应该给予受试者充分的时间理解知情同意书的内容，并鼓励受试者提问，确保受试者真正了解临床试验的过程、受益与风险。研究者和受试者谈论是否参加临床试验，应该是一个长时间的深思熟虑的过程，在一个固定安静的受试者接待室，而不是嘈杂的门诊室或急诊室，或者是临上手术之前，慌忙地谈知情同意。应该慢慢地、详细地讲清楚整个临床试验的来龙去脉，让受试者对试验有清晰明白的认识。

2. 知情同意过程不均衡

在临床人体试验领域，发展最为规范的是药物临床试验。药物临床试验的发展时间最长，法律法规相对完善，发展最好。研究者与受试者谈知情同意的过程逐渐被重视起来，时间渐长，内容渐丰富，签署知情同意书也较规范。医疗器械临床试验的规范性次之。但是，随着 2016 年《医疗器械临床试验质量管理规范》的出台，医疗器械临床试验的监管也逐渐严格化，操作愈加规范化，受试者权利保护的意识也逐渐加强。国内医疗器械企业的知情同意书越来越完善，知情同意的过程也得到重视；相较于药物和医疗器械临床试验，我国体外诊断试剂临床试验起步较晚，法律法规也不甚完善，知情同意书内容有缺项，知情同意书签署过程也存在各种问题。

当前药物临床试验的申办方多为外企或国内大中型企业，临床试验经验丰富，已经形成规范化模式；医疗器械临床试验的申办方大多为国内企业，规模较小，临床试验经验不足，保护受试者意识不够强，知情同意书在文字内容方面不够准确；体外诊断试剂临床试验的申办方大多为国内企业，规模小，试验流程简单，试验周期短，与受试者接触少，有些使用临床剩余标本或废弃标本的临床试验甚至是免除知情同意的，因此，加强对受试者安全与权益的保护是一个亟待解决的迫切问题。

3. 知情同意过程不持续

在一项临床试验中，以受试者签署知情同意书当天作为该受试者进入临床试验的第一天。大多数研究者认为，知情同意的过程只存在于临床试验开始前，一旦签署知情同意书，知情同意就结束了。但是，对临床试验熟悉的研究人员更清楚，在持续的试验进行过程中，知情同意其实是一个持续的长期的过程，它应该伴随临床试验始终。在试验过程中，受试者若有任何问题，可以随时寻求研究者的帮助。因为一般的受试者刚开始面对试验的巨大信息量，他们可能只能理解其中的一小部分，研究者需要在试验过程中，不断解释，不断重复，不断说明，才能尽可能达到充分知情的目的。试验过程中关于药物的用法用量、医疗器械的使用方法、试验流程、合并用药情况、不良反应等，研究者都需要与受试者进行沟通，这都表示了对受试者尊严和自主权的尊重。但现在的问题是，研究者往往是临床专家，工作繁忙，他们常常把知情同意及后续持续告知的责任交给合同研究组织人员，这些人员无法及时准确地回答受试者的有些问题，又需要去请示主要研究者，这中间就会出现转述不准确、问题解决拖延、问题搁置等问题。我们认为知情同意是贯穿于整个试验周期的，具有与时俱进性、发展性和流动性，研究者应为此付出耐心和努力，做好受试者的知情同意工作。

五、我国受试者知情同意制度重构

鉴于知情同意现实中存在的问题，我们需要制定相应的制度，保障受试者得以享有知情同意的权利。

（一）重视受试者自我决定的权利

民事主体须在法律范围内自由处分自身的权益，在医学人体试验中，受试者的自我决定、自由处分则体现在经研究者充分告知后受试者能够理解相关信息，并在此之上对是否参与医学试验作出独立、自由的决定，其题中之义便是"我的事情我做主"。但医学试验相较于常规诊疗措施具有高度的专业性和不确定性，可能存在较大的可预知或不可预知的风险，受试者的合法权益处于高度风险之下。对此，受试者知情同意权成为保障受试者自我决定权能够得以实现的核心与途径。如果受试者的知情权不能得到充分的保障，那么受试者的其他各项权益更无从谈起。我们理应把知情同意权放在受试者保护机制中的特殊地位。为实现这一权利，要求研究者重视两个环节、落实两项保障、做到两个前提。两个环节主要体现在"自愿加入"和"自愿退出"。两项保障是指"事前无胁迫"和"事后无不利影响"。两个前提是指"受试者具有民事行为能力"和"受试者充分获知相关信息"。因此，"使受试者知情权得到充分实现"便毋庸置疑地成为临床试验的核心。

（二）实施医患双方的共同决策

目前在尊重受试者自主决定权的基础上，对受试者知情同意权的保障过犹不及，可能会使自主权成为象征性仪式，甚至成为研究者逃避法律责任的方式。在临床试验的语境下，若没有研究者的详细告知和解释，受试者的自主权是无法实现的，其实现需要研究者和受试者共同努力，分配双方之间的权利与义务。虽然研究者和受试者可能存在着期望利益上的不统一，但其目标存在一致性，即研究者和受试者都希望临床试验取得成功，受试者获得健康利益或经济利益，研究者的试验被证明具有临床价值。在这种共同目标的基础上，研究者和受试者才能够形成流畅的沟通协作关系，通过双方共同决策，实现受试者的最佳利益。

(三) 加强伦理委员会的监督审查

伦理委员会对人体试验的监督审查是保护受试者权益的重要外部力量。因医学知情具有高度的壁垒性和专业性，受试者往往处于弱势地位，或是因为经济因素，在面对相对处于强势的人体试验研究机构时，处于明显的弱势地位等，所以伦理委员会作为国家对受试者权利保障、提供专业支持的组织，发挥着不对称管制的效用。受试者在签署知情同意书的过程中是否充分知情、完全理解和完全自主自愿等这些问题都要被很好地关注与审查监督。然而，现实中常与之相反。伦理委员会应加强建设，尽量从受试者角度考虑问题，积极保持其应有的公正性和独立性。因此，应切实贯彻执行《涉及人的生物医学研究伦理审查办法》中"伦理委员会中要有非本机构的社会人士"的要求，选取有较强话语能力的社会人士，给予社会人士足够的话语权，发挥社会人士独特视角的功用，切实保障受试者权益。

(四) 构建严格的法律责任追究机制

在《药物临床试验质量管理规范》等相关规范中，只是规定了"如发生与试验相关的损害时，受试者可以获得治疗和相应的补偿"这种承担民事责任的内容。但是，如果发生故意隐瞒试验内容、临床试验数据无法溯源、药物出现严重毒副作用、药物带来后遗症等侵害受试者健康权的情况，就已经不仅仅是民事责任范围内的问题，可能涉及行政责任甚至是刑事责任。这就要求国家构建完善的追责机制以确保受试者权利的实现。一方面，要建立健全损害赔偿制度且要与临床试验性质和特点相适应，明确侵犯受试者知情同意权的认定和法律适用标准；另一方面，为加大对侵害受试者合法权益的侵权行为的制裁惩罚力度，应将民事赔偿与行政处罚和刑事手段相结合。

第三节　机构受试者保护体系构建

一、研究背景

医学科研对人类社会的贡献不可估量，但是科学研究是一把双刃剑，医学科研如果把握不当，会给人类带来伤害甚至灾难，"二战"中的人体试验就是前车之鉴。科学的进步离不开探索和创新，而其中试验是一种重要的科学研究手段，而如何加强对受试者的保护和规范，究竟应当如何协调好科学和伦理之间的关系？如何才能做到既推动科学研究发展，又保护好研究受试者？对于涉及人体的试验，我们必须确保并解决好研究的科学性与伦理性，尽量减少医学科研给受试者带来的伤害，促进医学科研的健康发展。

为保护涉及人体试验的受试者，国际社会出台了很多伦理指南，世界各国也建立了相应的受试者保护体系，出台了相关法律。比如，美国在国家层面设立国家生命伦理委员会，直接向总统就生命科学重大问题进行伦理评估和决策咨询；美国还制定了联邦层面的受试者保护法律。[1]我国虽然有着悠久的医学伦理历史，但是研究中受试者保护工作起步较晚，[2]目前的受试者保护模式基本沿袭的是美国 20 世纪中叶的做法，主要依赖"知情同意"与"机构伦理委员会"两个机制，其中机构伦理委员会在受试者保护工作中承担着重要的职责。

"机构伦理委员会"是否能充分地保护研究受试者呢？2012 年在我国发生的"黄金大米事件"凸显了我国研究人员受试者保护意识的缺乏以及机构伦理委员会流于形式的审查；2013 年上半年北京大学人民医院"拜耳新药试验"案例也反映出药物临床试验过程中机构伦理委员会对受试者损害赔偿审查的不到位。上述事件充分表明目前的受试者保护模式尚不能充分保护受试者的安全与权益。在研究机构中，仅仅依赖"机构伦理委员会"来保护参加研究的受试者是不充分的。在国际上，当前的人体试验受试者保护体系的效

---

〔1〕　曹永福等："我国'医学伦理委员会'的成立背景、功能和建设建议"，载《中国医学伦理学》2004 年第 5 期。

〔2〕　李勇、田芳主编：《医学伦理学》，科学出版社 2015 年版，第 113-115 页。

率与效果也正遭受部分研究者的评判。部分学者认为，伦理审查不仅未能起到对受试者应有的保护作用，反而在一定程度上增加了研究的负担，耽误了研究的开展；[1]现行的机构伦理审查模式显然已经无法满足科学技术日新月异的要求。[2]研究表明，我国医学科研、药物临床试验和临床诊疗新技术研究应用工作中同样存在着伦理审查不充分、知情同意不到位、研究者伦理意识薄弱等类似问题。[3]

为加强机构伦理委员会保护受试者的成效，美国人体研究保护认证协会（The Association for the Accreditation of Human Research Protection Programs, AAHRPP）创立了"受试者保护体系认证"项目（Accreditation of Human Research Protection Program）。该项目提出了设立包括申办者、研究者、伦理委员会、研究机构等多方主体共同组成的机构受试者保护体系，并在全球范围内认证了近200家知名的大学、医院与研究机构，取得了显著成效。我国也有学者提出了建立"受试者保护体系"的概念，[4]认为受试者保护是参与研究各方的共同职责，除了伦理委员会，还包括主管部门、研究者、申办者等，甚至受试者自身。除了目前的伦理审查机制，明确研究主管部门、研究机构与申办者等各方在受试者保护中的职责，还要开展科研伦理教育，管理研究中的利益冲突等。[5]

如何建立更为行之有效的机构受试者保护模式？本书结合我国医疗机构的具体实际，建立符合国际规范的机构优良人体研究受试者保护体系，并在体系构建之初就确保其可行性，进而为构建和完善人体试验受试者保护体系创建新的且行之有效的保护模式。

---

［1］ George Silberman & Katherine L. Kahn, "Burdens on Research Imposed by Institutional Review Boards: The State of the Evidence and Its Implications for Regulatory Reform", *Milbank Q.* 2011, 89 (4), pp. 599–627.

［2］ Timothy M. Straight, "Clinical research regulation: challenges to the institutional review board system", *Clinics in Dermatology*, 2009July–Aug. 27 (4), pp. 375–383.

［3］ 张弛等："药物临床试验中受试者权益保护存在的问题及对策"，载《中国医学伦理学》2012年第2期。

［4］ 王思成等："推动伦理规范落实 构建受试者保护体系"，载《中医药管理杂志》2011年第12期。

［5］ 李继红、刘福全："临床科研项目受试者权益保护策略初探"，载《中国医学伦理学》2019年第2期。

二、存在的制约因素

受试者保护是涉及研究各方的共同职责，当前仅仅依靠知情同意制度与伦理委员会的受试者保护模式已经无法充分胜任受试者保护的职责。

（一）伦理委员会滞后于医学科技的快速发展

得益于主管部门的推动以及伦理委员会的自身努力，机构伦理委员会工作在近些年得到了有目共睹的快速发展，这是自伦理委员会在我国建立以来最快的发展时期，伦理委员会在受试者保护中起到了非常重要的作用，也获得了主管部门以及研究人员的认可。依据《药物临床试验质量管理规范》有关规定，我国目前受试者保护的模式，即主要依赖"知情同意"与"伦理委员会"这两个机制来保护研究受试者。然而，随着科学技术的不断发展以及研究环境的不断变化，这种模式在当前是否仍然能充分有效地保护参加研究的受试者的权益与安全呢？

医学伦理无论是在我国还是西方都有着非常悠久的历史，但是科研伦理却起源于 20 世纪中叶。"二战"中纳粹法西斯开展了大量惨无人道的人体试验，其后出台了著名的《纽伦堡法典》。此后，伴随着塔斯基吉梅毒研究等人体研究的丑闻不断出现，国际社会又陆续出台了《赫尔辛基宣言》《贝尔蒙特报告》等国际伦理指南，与此同时明确规定了由伦理委员会负责对人体研究进行伦理审查和批准，各国也陆续出台了相关法律法规，伦理委员会在受试者保护中扮演着重要的角色。然而，随着科学技术的发展以及研究环境的不断变化，当前受试者保护体系及法规的效率与效果正在引起研究者及相关人员的关注。美国是伦理委员会的发源地，正在发生着有关伦理审查效率与效果的争议。一方面，一些研究者以及管理人员均认为伦理审查不仅未能给予受试者保护以一定程度的增值，反而在很大程度上阻碍了研究的开展；现行法规与程序复杂又烦琐，对研究者的科研热情造成挫伤；伦理委员会的工作重心偏离了伦理审查，变成了对联邦规章的依从性监管；科学技术的快速发展及日益复杂化给伦理审查带来了挑战。另一方面，有些学者认为，用研究耽搁的成本来衡量伦理审查的价值是"功利主义"思想在科学与医学领域的体现，这种思想对于患者的健康与权益来说是危险的。哈佛大学医学院 Greg Koski 教授认为，目前的受试者保护体系源于历史上的一系列受试者损害案例，被"保护主义"思想所主导，这是目前体系效率不高且程序烦琐的根本原因，他建议，建立针对研究者的研究伦理培训以及人体试验研究准入制度。

（二）伦理委员会审查流于形式

在我国，2012 年下半年的"黄金大米事件"引起了社会的极大关注。中国疾病预防控制中心发布的调查情况通报表明，在研究过程中，研究人员未能尽到充分的告知义务，隐瞒在实验过程中所使用的大米属于转基因大米，导致学生家长的知情同意权未能得到充分的实现；研究者在接受有关部门调查时隐瞒事实，提供虚假信息。"黄金大米事件"凸显了国内研究人员受试者权利保护意识的缺乏，以及机构伦理委员会审查的流于形式。[1]北京大学人民医院在 2013 年发生的"拜耳新药试验案"也反映出药物临床试验过程中机构伦理委员会对受试者损害赔偿审查的不到位，事后北京市朝阳区人民法院专门向国家食品药品监督管理总局和北京大学人民医院发出司法建议书，建议国家食品药品监督管理总局构建保险强制制度，同时明确了伦理委员会是未尽到审核义务的具体责任承担主体。

上述国内外以及受试者保护现状与存在的问题，充分表明当前受试者保护模式已无法充分有效地保护受试者的安全与权益，给伦理委员会的审查也带来多重考验。[2]只依赖知情同意制度与伦理委员会审查制度来保护受试者是不充分的，我们亟须建立更为有效的受试者保护的新模式与新机制。

三、体系的基本框架

构建在机构负责人的领导下，包括伦理委员会、人体研究的管理部门、专业科室及研究者、申办者等共同组成、协调统一的人体试验受试者保护体系，能将受试者保护真正落到实处。

受试者保护不仅仅是伦理委员会一方的职责，美国人体研究保护认证协会的认证以及"中医药临床研究伦理审查平台评估"标准及要求对此都有类似的体现。美国的认证结合当地实践，提出了构建一个由多方主体，包括研

---

〔1〕 滕亚、冯泽永："受试者权益保护中的程序公正——对'黄金大米'事件的反思"，载《医学与哲学》2013 年第 9 期。

〔2〕 廖红舞等："对研究者发起的临床研究的监管与伦理审查的思考"，载《中国医学伦理学》2019 年第 12 期。

究者、申办者、伦理委员会等主体共同参与构建的受试者保护体系。上述美国的认证是此协会进行的国际性认证，目的在于充分保护临床人体试验研究过程中的患者和受试者的权益，宗旨在于促进临床医学研究向着规范化和高质量方向进展。该认证不仅充分展现了公正、公平、尊重的伦理原则，还代表了当今世界人体试验研究保护水准的最高标准。该认证的理念在于建立基于机构的人体试验受试者保护体系。其认证要求的机构受试者保护体系需要涵盖以下几个方面的职能，即伦理委员会、研究者和研究辅助人员、受试者教育、机构受试者保护策略、药品管理、合同和基金、利益冲突、执行监管。

生物医学的根本目标在于探寻副作用更小、风险更低、更安全有效的方式和手段来预防和治疗疾病。正是基于上述目标，政府相关部门、研究者、制药公司、受试者、伦理委员会等各方主体共同参与人体试验科学研究过程，并在科学研究当中肩负着不同的职责使命，在保障受试者安全和健康的基础上促进研究进程的提升，最终得出对于全人类有益的科学研究结果，以实现上述根本目标。所以，一方面要保障受试者的安全和健康，另一方面要保障研究的科学性，这是所有参与研究的主体的共同责任，正是由各方主体共同参与而构建的对受试者的保护体系。另外，根据我国《药物临床试验伦理审查工作指导原则》第15条的规定，伦理委员会具有批准或不批准研究开展的权力，但是不具有行政管理的职能，不具有对研究者进行约束与处理的职权；另外，伦理委员会只是实施审查职能，真正将受试者保护的要求贯彻到实际工作中的还是研究者，因此伦理委员会一方无法将受试者保护的职责切实落实到底。只有将受试者保护作为参与研究各方的共同职责，研究者负责受试者权益保护的贯彻落实，管理部门负责受试者权益保护的行政监管，伦理委员会负责受试者保护的伦理审查，申办者负责出现损害的受试者补偿，这样各司其职，才能将受试者保护真正落到实处。构建在机构负责人的领导下，包括人体试验研究的管理部门、伦理委员会、学术委员会、利益冲突管理部门、数据安全监察委员会、质量内部审核委员会、专业科室及研究者、申办者等共同组成、协调统一的人体试验受试者保护体系，将受试者保护真正落到实处。受试者保护体系各方的职责如下。

（一）研究机构的职责

在研究机构内部，研究机构对于受试者的保护责任是义不容辞的，无论这种研究是属于新药临床试验、医疗器械临床试验还是课题研究等。机构为保证该项职责的落实需要建立人体试验受试者保护体系，赋予不同的部门与人员不同的权限与责任，能够充分保障受试者的安全和健康。研究机构在受试者权益保障方面的职责涉及以下方面：组建受试者保护体系，明确受试者保护体系的最高负责人，赋权相关职能部门履行各自在受试者保护方面的职责。

（二）机构受试者保护体系的最高负责人职责

医院实际上也属于研究机构之一，院长应当授权主管院长全面负责对受试者安全和健康等权利的保护工作。主管院长主要负责管理医院人体研究保护体系，提供必要的资源、协调与支持；审核批准相关制度规范；定期监督评价人体试验保护体系执行的效果、质量、效率等，促进其持续改善；为确保伦理审查的独立性，如果伦理委员会审查不同意开展的研究项目，主管院长不得强行批准。

（三）受试者保护办公室职责

在院长以及主管院长的领导下，受试者保护办公室总体负责临床研究受试者保护体系的运行管理与监督，包括负责受试者保护体系构建与总体方针的确定；制定医院层面受试者保护的相关制度规范；负责协调与沟通受试者保护体系各部门与各组成部分之间的关系；负责组织受试者保护体系的定期评估，评价受试者保护体系的执行情况、质量、效率与效果，促进持续质量改进；负责接待有关受试者保护体系的咨询、投诉与建议。

（四）相关职能部门职责

涉及人体研究的相关职能部门包括科技处、临床人体试验机构办公室、医务处等。科技处负责监督所有涉及人的药物临床试验、医疗器械临床试验、纵向或横向课题研究满足受试者保护的要求，包括提交伦理委员会审查与批准，贯彻知情同意要求，调查处理违反受试者保护规定的情形等；临床人体试验机构办公室肩负管理医疗器械与药物临床研究，确保以下有关工作满足法规及受试者保护的要求，包括试验药物的管理、临床试验的质量控制与管理，定期组织受试者保护相关培训，确保研究者满足开展研究的资质要求，通过合同与协议的签署将受试者保护的相关要求落实到申办者，定期开展受试者及社区教育以促进建设支持研究的社区氛围。医疗管理部门负责监督临床诊疗新技术研究项目的开展满足受试者保护的要求。

（五）伦理委员会职责

伦理委员会只有成为独立的部门，才能对"涉及人体的研究"进行独立公正的审查和监管。伦理委员会应当审查研究项目的科学性与伦理性两个方面。伦理委员会应当对获批研究项目从批准某项研究到研究结束之前进行跟踪审查。审查内容包括但不限于对研究方案进行修改，应当以获得伦理委员会批准为前提。对于在研究过程中发生的不良事件，应及时报告给伦理委员会；另外，对发生违背方案与违反受试者保护的行为也应及时报告给伦理委员会。要对研究过程实施现场访视以及观察知情同意过程，对于不符合受试者保护要求的研究有权终止或暂停。负责确定哪些项目可以免除审查以及对研究者与伦理委员会的利益冲突进行管理。若试验项目没有得到伦理委员会的批准即不得开展相应的临床研究工作。

（六）学术委员会等专家委员会职责

学术委员会主要是从学术的角度出发对研究项目的科学性提供学术技术支撑，特别是伦理委员会审查存在困难的创新性研究，包括评估研究的科学性、研究设计以及研究预期结果；审查结果与结论应传达给伦理委员会，供伦理审查时参考。如果研究涉及其他专业相关学术问题，相应专家委员会也应该履行类似职责。

（七）利益冲突委员会及相关部门职责

研究的客观性与公正性是临床研究的基石，临床研究会存在各种各样的利益冲突，如研究者本人对研究产品拥有专利，研究者接受申办者的赞助开展研究。因此，临床研究应建立利益冲突委员会对研究相关的利益冲突进行管理，并明确各相关部门的职责。利益冲突委员会及相关部门负责对临床研究相关利益冲突进行审查与监督，制订利益冲突管理计划，从而保证临床研究的客观性与公正性。及时与伦理委员会沟通利益冲突管理计划，以便伦理委员会对研究项目进行审查时考虑受试者保护。

（八）数据安全监察委员会职责

为了从根本上保障受试者的安全和健康，临床研究应该构建独立于其他主体的第三方数据安全监察委员会以全面负责对具有较高风险的临床研究进行独立的监察。定期审查和评价数据的安全性与有效性以及评价严重不良事件报告，对临床试验研究安全性数据实施评估，评估人体试验研究风险是否超出预期设计，就是否继续进行研究或修改方案提出书面建议，从而确保试验数据的完整性与试验受试者的安全。

（九）专业科室与研究者职责

专业科室负责人对本专业开展人体研究的受试者保护负责，专业科室负责人负责管理本专业开展的研究项目，保障本专业研究中受试者的安全与权益保护。研究者在遵守相关法规和指南的情形下开展研究，明确"临床研究"与"临床医疗"的本质区别，并保护受试者的安全与权益。[1]研究生、进修生等须在导师的指导和监督下开展研究。

（十）质量内部审核委员会职责

人体研究受试者保护体系运行的质量、效率与效果需要有独立的质量内部审核委员会定期进行质量监管。要设立质量内部审核委员会，定期对临床研究受试者保护体系所涉及的各部门实施内部监督，制定预防和纠正措施确保受试者保护体系的质量管理可以适合受试者保护的要求与标准，促进受试者保护体系的不断改善。

（十一）申办者职责

制药公司等从本质上而言仍然属于企业，其最终目的就是通过销售药品以获取利润，这本无可厚非。然而，申办者在具有经济目标的同时也具有社会责任，而符合伦理开展研究本就是其社会责任的重要组成内容。因此申办者应该严格遵守法律法规以及有关政策中对人体试验研究的约束性规定，并积极采取有效措施予以执行和配合。具体来说，申办者保护受试者的职责具体体现在以下几点：首先，开展研究的前提必须符合伦理，不得忽视受试者的安全和健康。如果发生受试者安全与研究任务之间相冲突的情况，必须要以前者的利益为优先。其次，要构建数据监察体系并加强研究质量的监管、保障药品质量和安全。再次，对于在试验过程中发生的不良事件或其他会导致受试者受伤的事件应提供免费的医疗保障和医疗服务。最后，对于研究结果无论其最终呈现阴性还是阳性，都必须对外公开，以促进医疗行业的发展，最终促进社会的进步。

---

〔1〕 廖红舞等："对研究者发起的临床研究的监管与伦理审查的思考"，载《中国医学伦理学》2019年第12期。

（十二）受试者职责

科学研究的最终获益者当然是整体患者的利益，但这并不表明个体患者就应当作为受试者成为参与人体试验研究的被动客体，相反，个体患者应当成为主动的合作者和积极的参与者。所以，研究机构与研究者应当鼓励受试者积极参与研究的各个阶段。这样做既有助于充分贯彻落实尊重受试者伦理原则，进而保障受试者的安全和健康，也有利于培养和激发受试者主动参与的合作意识，为研究奠定良好的群众基础，进而能够更有利于采集真实且可靠的研究数据。

四、机构受试者保护策略

（一）确定研究者是受试者保护的第一责任人

构建研究者自律与机构监管相结合的受试者保护新模式将会提高受试者保护的效率与效果。关于美国伦理审查效率与效果的争议，哈佛大学医学院 Greg Koski 教授认为，受试者保护体系存在诸多问题，究其原因是与当前受试者保护体系建立的渊源有关系的。他建议，应该建立研究者开展研究的伦理方面的培训，提高研究者保护受试者的自觉自愿。我国国内也有学者提出类似的建议，部分学者提出了构建医德自律与他律相结合的模式。胡林英教授认为，伦理委员会体系从根本上而言在一定程度上与研究者对受试者保护的责任感之间是存在依赖关系的。[1]然而从总体上来看，针对研究者开展的科研伦理的培训课程匮乏，教师队伍资源亟待扩建，甚至部分工作人员的审查能力和科研伦理知识都严重不足，很大程度上削弱了伦理委员会职责的发挥。所以，应对研究人员定期进行伦理、法律知识的培训，帮助其发现与受试者的互动行为中存在的问题，从而规范对受试者的保护行为。[2]另外，在临床研究中受试者保护的意识也是医德的一部分，是在临床研究中的特殊医德。医德是医务人员自身的内在医疗道德，需要医务人员的自律。王东红学者认为，医德的培养离不开外在的法律制约和伦理规范，也离不开医者内心的自律自觉。在自律自觉中，医德认知是前提，医德情感是动力，医德意志是保

---

〔1〕胡林英："我国医学专业行业自律问题初探"，载《中国医学伦理学》2006年第6期。

〔2〕姜柏生、郑逸飞："人体生物医学研究中受试者权益保护对策"，载《医学与哲学（人文社会医学版）》2014年第2期。

障，医德行为习惯是表征。王东红学者认为，"知然后行"，医者作为特殊的职业群体更应如此，高尚的医德一方面源于直接经验，即医者在医疗实践过程中的自觉养成，而另一方面更为重要的是源于间接经验，即通过他人授课、阅读等方式了解到的医德理论、医德规范等基本知识。[1]

研究机构的职能管理部门管理以及伦理委员会审查监管都是外部监管，任何形式的监管都不是目的，根本目的在于研究者在研究过程中贯彻受试者保护的措施。受试者保护的直接责任主体即为研究者。在受试者保护的框架体系当中，任何主体要对受试者进行保护都必须通过研究者来执行保护措施，所以，对于受试者的保护而言，研究者扮演了一个非常重要的角色。研究者在制定研究方案时需要将受试者可能遭受的风险罗列清楚，尤其是在常规医疗之外所要承担的试验风险，而且研究者有责任且有义务采取一定的措施将风险控制到最低。研究者在未经伦理委员会批准的情况下不得私自开展研究。在获批后应当充分尊重和满足受试者参与研究的知情同意权，以公开、公平、公正的方式招募受试者，主动接受相关责任机关的管理。对于需要提交伦理委员会审查的研究，应当由研究者提交审查并接受伦理委员会的监管。对参与研究的团队成员的资质进行审查，要做好充分的培训工作来确保受试者的权益和健康。

（二）建立基于风险管理的机制

机构伦理委员会工作近些年来在国内得到了快速的发展，日常工作在不断规范，委员的审查能力在不断加强，伦理审查的范围也在不断拓宽。然而在这个过程中，伦理委员会也面临着科学技术的快速发展以及研究日益复杂化所带来的全新挑战。例如，涉及细胞治疗的临床试验、放射性标记药物的人体试验等，如何才能对上述试验进行风险评估，继而针对受试者构建安全有效的保护体系，而又不妨碍科学研究的进程，这对于伦理委员会而言显然是一个不小的挑战。伴随着伦理审查范畴的拓展，凡是涉及人体的临床研究、流行病调查等都逐渐开始提交给伦理委员会进行审查，这无疑会增加伦理委员会的工作量。伴随着新时代新使命的到来，如何规划和确定伦理审查范畴，在保护好受试者的同时又不至于过于增加伦理委员会的工作负荷，应当基于

---

[1] 王东红："他律与自律共进的医德培养模式"，载《中国医学伦理学》2008年第3期。

风险管理构建明确的伦理审查机制，为此，我们需要做好以下两个方面的工作。

首先，对于风险较小的研究，要明确伦理审查中基于风险管理的观念，减少研究者的负担。伦理审查本身是基于风险的管理，伦理委员会全体会议应当对风险高的研究进行详实的审查，并明确要求研究者就研究进程进行报告，对于风险极高的研究应当要求研究者进行逐例报告；而对于风险较低的研究也基本上要求研究者每三个月报告一次；对于那些风险相对较小的研究，研究者报告的频率可以适当放宽，可以要求研究者一年报告一次；还有的研究几乎没有风险的，则可以免去伦理委员会的审查义务，研究者也无须进行跟踪报告。随着伦理委员会工作的不断规范，目前部分伦理委员会已经出现了工作负荷不断加大，秘书工作越来越琐碎的现象。因此，相对于创新药物临床试验而言，大多数临床基础研究以及流行病学调查风险相对较低。在针对这类研究的伦理审查时，可以降低强度，采取更为简易的审查模式，以有效降低工作压力，进而为研究者减负。

其次，完善风险评估控制中基于风险管理的机制，对于风险高的研究，应设立独立的第三方数据安全监察，确保受试者安全。伦理审查的重要内容之一就是要对研究的风险进行评估。研究对受试者造成的风险来源有很多种类，例如，创新药物所不可预见且暂时无法采取有效措施预防的毒副作用，试验药的制备和质量检测不合格将会带来风险，人体细胞在实验室的修饰处理可能改变细胞的生物学行为从而带来致癌的风险，安慰剂对照会延缓疾病的治疗，受试人群本身属于危重疾病患者在一定程度上因为其身体客观原因就会增加研究的风险，研究者缺乏实践经验或研究抢救设施不齐备等都会导致受试者遭受风险，研究者采集的受试者隐私泄露也在一定程度上会给受试者带来风险。伦理委员会评估研究的风险并非其根本目的，其目的是采取有效措施将受试者的风险降到最小，包括制定恰当的纳入与排除标准，排除那些参加研究风险大的患者个体和群体，选择公认有效的药物作为研究的对照药，针对可能发生的严重不良事件，制定应急预案，培训并提高研究者处置严重不良事件的能力等。在众多风险最小化措施中，独立的数据安全监察也是不可忽视的重要措施之一。按照国际惯例，任何临床研究都必须构建独立的数据安全监察体系，数据安全监察工作的强度与研究风险等级之间应该呈正相关关系。如针对基因治疗、危重病的研究等都属于风险较高的研究，针对这类研究应当构建高强度的数据安全监察体系，除常规措施（研究者对不良事件进行恰当的处理和追踪，记录并按规定报告不良事件，定期分析临床研究不良事件，双盲临床试验制定相应的揭盲程序，开展研究过程的监察）外，应当构建研究数据监察系统，确保研究数据能够实时进入该系统，以有效地对受试者进行实时跟踪。构建独立的第三方数据安全监察委员会，定期对数据的安全性和有效性进行深入的分析与评估，以判断研究是否具有继续的前提和基础。

（三）建立高效质量管理体系

临床研究两大核心要求，即研究过程规范、结果科学可靠，保护受试者的权益与安全。真实可靠的数据来源以及受试者保护都依赖于高质量的临床研究，因此，临床研究的质量至关重要。虽然《药物临床试验质量管理规范》对申办者、研究者以及监管机构的职责有明确规定，但如何建立临床试验的质量控制体系并开展有效的临床试验质控至今却没有公认的方式。前些年，国内药物临床试验机构探索开展临床试验的三级质控，[1]三级质控涉及的人员有所不同，但是基本上是这两种模式，即研究者、专业质控员与机构质控员的三级质控，或专业质控员、机构质控员、机构与专业负责人的三级质控。[2]各级质控的基本职责与做法是，研究者作为临床试验质量第一负责人，需要严格遵循临床试验方案，并采用标准操作规程，确保将数据真实、准确、完整、及时、合法地载入病历和病例报告表（CRF）。专业质控员主要负责临床试验的全过程质控，包括核对纳入或排除标准、审核知情同意书签署、核对住院病历等。专业负责人需要负责协调管理本专业临床试验，定期检查和监督管理各临床试验研究者执行临床试验方案等情况；机构质控员对临床试验项目开展启动、中期与结题质控，内容包括伦理审查、知情同意书签署、CRF 表格填写、检验检查源数据的核查等。目前，已经有药物临床试验机构开始探索建立新的质量管理机制与措施，包括独立的第三方质控以及按照国

〔1〕 刘峰等："机构质控员加强对药物临床试验质量控制的探讨"，载《今日药学》2014 年第1 期。

〔2〕 宋苹等："建立'三级质控'体系，提高药物临床试验质量"，载《中国新药杂志》2005 年第 7 期。

际标准化概念开展基于PDCA[1]的质量管理措施等。[2]

按照美国认证的要求，建立由受试者保护体系质量总负责人、质量内部审核委员会以及受试者保护体系各部门共同组成的质量管理体系，开展针对临床研究项目以及体系各部门工作两个维度的定期质控检查，关注体系的质量、效率与成效，确保临床研究质量及质量的持续改进。主要包括以下内容。

1. 人体试验研究质量管理体系

建立由受试者保护体系各部门、质量内部审核委员会、受试者保护体系质量总负责人共同组成的质量管理体系。如受试者保护体系各组成部分每年进行1-2次自评；质量内部审核委员会每年定期组织对受试者保护体系各组成部分的工作进行独立评审与检查；主管院长担任受试者保护体系质量总负责人要对受试者保护体系进行每年一次的管理评审，积极发现体系在受试者保护与研究质量方面存在的问题，并制定质量改进措施以持续改进。

2. 针对临床研究项目以及体系各部门工作定期开展质控检查

科技处、机构办以及医务处常规对各自管理的临床研究进行定期质量控制；临床研究的质量控制不仅包括对研究项目的质量控制，还包括对各管理部门工作进行质控。受试者保护体系各组成部分（包括科技处、医务处、机构办公室、伦理委员会、各专业科室）定期自评，评估法规指南以及医院相关制度规范的执行情况，特别是受试者保护以及研究质量的制度规范落实；质量内部审核委员会每年定期组织对受试者保护体系各组成部分的工作进行内审。当发现不符合时，应与相关部门共同制定改进措施，并监督落实；受试者保护体系质量总负责人的管理评审，综合受试者保护体系各组成部分的自评以及质量内部审核委员会每年定期的外部评审，就受试者保护体系中的人员与经费资源进行评估，并对发现的问题进行不断改进。

3. 关注体系的质量、效率与成效

受试者保护体系应制定评估的目标、目的以及评估指标。其目标主要在于要遵照执行相关法规指南、医院制度规范以及执行相关研究方案；通过持续质量改进来提高受试者保护体系的质量、效率与效果。其目的在于提高研

---

[1]　PDCA，即计划（Plan）、实施（Do）、检查（Check）、行动（Action），是质量管理的四个阶段。

[2]　高宏伟等："药物临床试验第三方质控模式"，载《长春中医药大学学报》2013年第6期。

究人员对相关法规指南、医院制度以及研究方案的依从性；提高伦理委员会对相关法规指南、医院制度的依从性；确保医院受试者保护体系的有效沟通交流，达到受试者保护的应有效果。根据医院受试者保护体系的现状确定评估指标，侧重关注药品监管部门进行临床试验项目核查的通过率；伦理委员会从项目受理到项目审查的持续时间，以及伦理委员会在一年中接受受试者投诉的次数。

（四）提升医学受试者的法律意识水平

医学受试者往往没有接受过系统的医学专业培训，对医学知识一知半解，在医学信息不对称的情况下，再加上自我法律保护意识普遍薄弱，导致其在临床试验中没有话语权。然而，医学研究者受多种因素的影响，经常忽视受试者的正当权益，而比较重视临床试验的数据和信息。所以，应当针对医学受试者在临床试验之前进行医事法律普法培训，让其了解自身在医学试验过程中享有哪些权益，一旦自身权益受到医疗损害时，可以充分运用法律的手段来保护自己的合法权益。

（五）确立医学受试者保护的多部门协作机制

在医学受试者权益保护的过程中，只靠卫生行政部门或药品监管部门管理是很难达到理想的效果，必须依靠卫生行政部门、药品监督管理部门以及司法部门等多个机构与单位的相互协作才有可能从实质意义上维护医学受试者的正当权益。然而，多个部门仅仅有形式上的协作机制是不行的，还必须明晰涉及医学受试者各个机构的职责，增强实质合作力度，时刻铭记维护受试者的正当权益，贯彻落实到医学临床试验的各个具体环节，并且对其加强临床试验监管。

诚然，我们探索构建的机构受试者保护体系有待于在实践中加以验证、应用并不断完善；此外，在建立我国受试者保护体系中，应立足我国的实际和传统文化，构建属于我们自己的人体试验受试者保护体系，保障受试者的权益。

第七章　医学受试者损害的救济机制

《纽伦堡法典》明文规定，开展人体试验，应当避免一切无谓的身体伤害和精神创伤。我国《药物临床试验质量管理规范》也作出了类似的规定，其指出《人体生物医学研究国际伦理指南》和《赫尔辛基宣言》是以人为研究客体时必须遵从的规范，应当公平公正，尊重受试者的人格。尽管在临床医学试验中，受试者有可能受到伤害，但相关主体应当竭尽所能，最大程度地避免受试者受到损害，以此充分保障受试者本人的合法权益。参与临床医学试验的各方主体，应当充分理解和遵循上述伦理原则和指导思想。此外，我国现行有效的《药品管理法》等法律规范性文件，也应得到普遍遵循。然而，就我国当前对受试者权益保护的立法而言，其总体上仍不容乐观，2006 年张某诉拜耳医药公司新药试验合同纠纷案就在很大程度上说明了这一问题，[1]而且在救济途径上，也存在很多方面的局限，这势必会长期制约我国临床医学研究事业的良性、持续和健康发展。诚如罗马法谚所言，"没有救济就没有权利"，当医学受试者在现实中受到了来自医学研究行为损害的情形，[2]如何为其提供多元、足够、及时、方便的救济机制，就显得至关重要，也值得学术界和实务界密切关注和深入研究，最终实现医学发展与公民权益保障的良性平衡。

第一节　损害补偿

根据我国《药物临床试验质量管理规范》第 23 条的规定，临床试验的研究者（有时也可以是研究者指定的相关代表）应当向临床受试者说明临床试

---

〔1〕 邓虹主编：《域外医事法典型案例评析》，浙江工商大学出版社 2016 年版，第 234 页。
〔2〕 顾加栋、姜柏生："论药物临床试验受试者的权益保护"，载《中国卫生质量管理》2010 年第 2 期。

验的情况，并且应当尽可能地详细。一旦出现与医学临床试验有关的侵害的情况，医学受试者能够得到相应的医治和合理的补偿。实践中，我国已经涌现出许多对医学受试者要求补偿和报酬的案例，[1]其设定的数额是否合理，将直接影响到人体医学研究的顺利进行和有序推进。在此有争议的是，这里的"损害补偿"属于何种法律性质？这不仅是我国卫生法学界长期争论的主题，也是民法学界迄今尚未完全解决的难题，深值探讨。

一、损害补偿的法律性质

有的学者认为，我国《药物临床试验质量管理规范》第 39 条规定的补偿，是无过错责任原则在药品临床试验中的具体应用。有的学者对此并不赞同，认为这类情形属于民法上公平责任在损害分担上的应用和彰显。如果受试者在医学人体试验中遭受了人身损害，鉴于受试者、申办者和研究者等没有过失，使受试者单独承担临床试验中的侵害显然违背法律的公平精神，且研究者、申办者的经济实力雄厚，让其承担一定的损害补偿责任，也是"利益与风险一致"原则的具体体现。[2]

本研究认为，秉持上述两种观点的学者均有一定的道理，但也存在一些值得商榷之处。理由是，起源于 19 世纪初的无过错责任，其本旨是在产业灾难不断、运输意外灾祸激增、公共灾害惨重，危害人们身体健康等情形下，打算探索一种比过失责任更为苛刻的法律责任，为受害者供给拯救和庇护，其在适用时需要法律明确的规定，否则不能加以适用。[3]因此，将《药物临床试验质量管理规范》第 39 条规定的补偿视为无过错责任在该领域的适用明显不妥，因为该规范从未被法律确定为适用无过错责任的情形。

有的学者将补偿理解为公平责任原则的适用，由于依据该归责原则的要旨，其主要适用于行为人和受害人均无过错且按照我国现行民事法律法规的相关规定又不适合应用无过错责任之情形，为了对受害人的损失进行救济，人民法院在充分考虑行为人和受害人双方财产状况的基础上进行的一种平衡

〔1〕 陈旻、李红英："实例解析受试者招募中的伦理问题"，载《中国医学伦理学》2016 年第 4 期。

〔2〕 吴军、汤权："新药人体试验致人损害民事赔偿诉讼中的法律问题"，载《人民司法》2007 年第 23 期。

〔3〕 张新宝：《侵权责任法》，中国人民大学出版社 2016 年版，第 18-20 页。

考量。[1]不过，法学界中不乏有些学者否认公平责任原则是一项归责原则，其缘由在于以下几个方面：首先，我国《民法典》并没把公平责任作为一项单独的归责原则加以明确规定，在学术界的讨论中也存在巨大争议；其次，公平责任规制的领域非常狭窄，且其适用的绝大多数情形并不能归属于严格的侵权范畴；最后，现实中双方都不存在过错的损害赔偿案例中并不是完全都适合应用公平规则。[2]我国侵权法学者张新宝教授持有相似的观点。[3]

事实上，《民法典》第6条所规定的民法基本原则——公平原则，可普遍适用于我国物权编、侵权责任编、合同编等各个民事领域，医学受试者受到损害，在研究者、申办者和受试者等均无过错的情况下，一方面不能适用无过错原则，另一方面应当基于公平原则对不幸损害进行一种合理分担，可见，公平责任原则并不是作为一项独立归责原则在侵权法领域进行法律适用。

二、损害补偿的方式

综观世界各国或地区的医学受试者权益保护立法和实践可知，关于医学人体试验的补偿方式，有的国家和地区采用强制补偿方式，有些国家或地区则采取自愿补偿方式。但是应当看到，无论是强制补偿方式，还是自愿补偿方式，既有各自的优势，又在实践中彰显出自身的不足，均需要在理论上深入探讨，在实践中不断调试、不断改进，以期可以符合某一国家或者地区的本土环境，实现扬长避短的目的。

（一）强制补偿方式

一般认为，强制补偿方式是指政府建立的，直接依据法律的规定强制对受试者予以补偿的一种法律制度。

在美国，强制补偿计划被划分为联邦政府保险计划和政府疫苗伤害补偿计划两种情形。其中，联邦政府保险计划的适用范围具有一定的条件，主要包含有意在向美国 FDA 上交上市请求而开展的医学临床试验和美国联邦政府赞助的医学临床试验。若该项医学临床试验是为了评价一种医疗保险上的益处，那么无论该项益处是医学诊断检测，还是医疗卫生服务，或是具有经用

---

[1] 王利明：《侵权行为法研究》（上卷），中国人民大学出版社 2004 年版，第 274 页。

[2] 杨立新：《侵权法论》，人民法院出版社 2004 年版，第 118-119 页。

[3] 张新宝：《侵权责任法》，中国人民大学出版社 2016 年版，第 22 页。

性的药品医疗器械，若是非健康受试者参与了相关的临床试验，且在这一过程中遭受了一定程度上的损害，就可以按照联邦政府保险计划从政府那里获得相关的医疗赔付，实现对受试者的权益救济。为了有效应对疫苗自身所秉具的潜伏性、长期性等特质，美国政府通过多方努力构建了政府疫苗伤害补偿计划，这一计划的主要目的就在于解决由于疫苗临床试验造成的损害供给适当的经济补偿，因为有些疫苗在使用后，接种人并不会立刻感受到或者显现出相关的副作用，而是经过日积月累的发展后才逐步显现出来。在美国的政府疫苗伤害补偿计划中，其补偿并不强调行为人有过错，而是采用无过错责任原则，受害者只要证明其参与了疫苗临床试验，并且由此造成了一定的损害，美国政府疫苗伤害补偿方案均会予以补偿，[1]进而实现对医学受试者权益的救济。

无论是我国发生于2002年底的"非典"事件，还是随后于2005年发生的禽流感事件，这些大规模的公共卫生安全事件也都采取过类似的强制补偿机制。如果医学人体试验中出现了同样或者类似的情形，也可以考虑采取强制补偿机制。一旦在国家层面建立了该领域的强制补偿制度，既可以使医学受试者迅速获得有效的救济，而且可以降低纠纷解决成本，[2]还可以在很大程度上弥补个体抵御风险的不足，进而促进医学科学的发展与进步。

（二）自愿补偿方式

自愿补偿机制可以成为医学试验侵权责任和强制保险制度的有效补充，它根据不同机构所提供的具体自愿补偿方案，又可以分为多种类型，但主要包括研究者提供的自愿补偿方案和申办者提供的自愿补偿方案两种。以美国为代表的一些国家或地区均建立了研究机构自愿补偿方案。在美国，临床试验自愿补偿方案并无统一模式，它一般是由研究者和申办者在试验开始前进行商定，因而具有很大的差异性。另外，临床试验自愿补偿方案与发起试验的主体类型密切相关。一般来说，企业发起的临床试验的补偿标准要远高于其他主体，但在补偿内容上又存在一定的差别，有的侧重于对受试者的后续治疗，有的侧重于经济方面的补偿，具体如何选择，实践中操作不一，主要取决于

〔1〕 沈玉红等："美国药物临床试验受试者的损害补偿及其启示"，载《药学实践杂志》2013年第4期。
〔2〕 鹿雨竹："人体医学试验侵权责任研究"，黑龙江大学2017年硕士学位论文。

研究者和申办者商定的结果。[1]但需要注意的是，由于美国临床试验的发起主体半数以上是企业，因此与其他发起主体相比，其更高的补偿标准显然更有利于保障临床受试者的权益。

不过，自愿补偿机制是不是可以把人体试验强制责任保险和损害赔偿责任摒弃在法律适用之外，至今还存在一定的法律困惑。有的学者认为，不宜直接得出肯定或者否定的简单结论，而应根据具体情景有针对性地开展法律适用剖析。具体而言，若试验者和发起者在临床试验开展之前对医学受试者完全详细地说明了其出现损害的情形时本身的自愿补偿机制、强制责任保险机制以及损害赔偿机制，受试者在全面理解先决条件下自觉、独立地签订摒弃保险请求权和损害赔偿请求权的书面合同，应该判定其具备民事协议的法律效果，对合同的双方都有法律拘束力。若此合同是在医学受试者被胁迫、欺骗、乘人之危等情况下签署的，则属于可撤销、可变更的民事法律行为，受试者可以请求仲裁机构或人民法院撤销或变更此协议，[2]进而否定该协议的法律效力。同时，如果该协议违反了国家利益或者社会公共利益，则构成民事法律行为的无效，根据我国《民法典》的相关规定，其自始无效。

我们应当认识到，医学试验补偿机制无论是自愿补偿机制，还是强制补偿机制，其都具有多项功用，它不仅可以让受试者明确知晓自己的权利所在，而且可以使受试者及时救济因参与医学实验而遭受的损害，至于救济的内容是免费治疗还是经济补偿在所不论，但都试图在医学发展和受试者权益保护中取得一种平衡，以预防纠纷或者投诉的发生。[3]我国的卫生立法对医学受试者补偿问题缺少顶层设计，我国现行的《药物临床试验质量管理规范》虽对受试者在药物临床试验中受到损害进行补偿作出了一些规定，但整体而言内容较为粗疏，补偿范围、补偿金额等相关事项尚未提及，导致其可操作性

---

〔1〕　沈玉红等：“美国药物临床试验受试者的损害补偿及其启示”，载《药学实践杂志》2013年第4期。

〔2〕　满洪杰：《人体试验法律问题研究》，中国法制出版社2013年版，第232页。

〔3〕　也有学者指出，赔偿和补偿制度只能弥补受试者的损失，却不能避免研究机构再次非法操作行为的进行。因此有必要建立惩罚性制度，以遏制恶性事件的发生。对于人体试验本身不经注册仍然招募受试者，导致多数受试者身体受到损害等行为要给予严重的惩罚。虽然这不是根治的措施，却能在一定程度上起到一定的效果。参见王丹等：“论人体试验中知情同意的法律问题”，载《医学与社会》2010年第4期。

不强，社会实效也大打折扣，这将成为我国立法机关和相关部门努力完善的重点领域之一。

三、损害补偿的范围

我国现行法律并没有对医学受试者损害补偿的范围作出具体的规定。英国与我国相似，其也未通过强制性法律文件对其作出明文规定。不过，英国为了弥补这一不足，其制药行业协会（ABPI）在其中发挥了至关重要的作用，经过不懈的努力，制定了一系列针对受试者在临床试验中受到损害需要得到补偿的指南。事实上，ABPI 作为非法律制定主体，其所制定出的这些指南并不具有强制执行的效力，其能否被制药企业普遍遵循显然容易受到一定的质疑。然而，这种质疑很快被现实推翻，因为这些指南经过数十年的发展，已经成为制药企业的伦理共识，他们普遍认为应当对受试者的损害提供一定的补偿。关于补偿金额的问题，确实是受试者补偿中非常棘手的问题，医学伦理委员会不会选择设定相同的补偿数额，它不仅可以为补偿金额设定一定的上限，也可以参考一定的因素进行酌减，以此提升该制度的适应性和灵活性。例如，尽管受试者在试验过程中受到损害，但是如果这种损害并非全部源于试验，也有一部分是源于受试者自身的原因，那么在这种情况下，伦理委员会就会相应地酌减。

另外，如果受试者在试验过程中受到的损害全部源于试验本身而没有自身原因的参与，但其可以通过其他渠道获得相应的保险补偿，那么在这种境况下，医学伦理委员会同样可以相应酌减补偿数额。在Ⅱ期、Ⅲ期临床试验中，还需权衡患者受试者原初疾病的严重程度、出现不良反应的可能性，并比较试验用药物和当前标准治疗药物的风险收益比，以便能够灵活调整补偿金额。[1]由此可见，在受试者补偿问题上，伦理委员会发挥了不可替代的功用。但需要注意的是，无论是试验的申办者，还是参与试验的受试者，均可以对补偿数额提出异议，如果最终不能达成一致意见，可以求助于第三方仲

---

〔1〕 这里需要区分药物临床试验中不同阶段的报酬和补偿问题。有的学者认为，受试者在药物临床试验中可享受免费医疗服务，特别是不能从研究中获得直接利益的受试者，可以因研究带来不便或花费时间而获得酬金。参见倪正茂、刘长秋主编：《生命法学论要》，黑龙江人民出版社 2008 年版，第 408-409 页。

裁，由仲裁来决定补偿数额是否需要调整。[1]

我国《药物临床试验质量管理规范》虽然触及受试者的损害补偿，但对补偿范围并没有规定，未来应当细化有关条款，以提高其在实践中的操作性和适用性，进一步保护医学受试者的合法权益。例如，补偿费首先要用来支出临床试验时期医学受试者的交通费、误工费等。有的学者则建议，人体试验损害补偿范围应该依照人身侵权责任的普通规则来处理，涉及受试者死亡赔偿金、残疾补偿金、后续治疗费用、受赡养者的生活费等。[2]

申办者和研究者对医学受试者支出人体试验损害补偿费用的判定，需要综合考量招募和补偿的关系，如果补偿标准制定过高，显然存在利诱受试者的嫌疑，最终将难以通过伦理审查；如果补偿的标准过低，则对受试者的权益保护十分不利，[3]在这方面，日本的一些做法值得借鉴。根据有关学者的调查研究，"在日本，对每一位受试者大约要支付7000日元作为每次门诊支出费用，可以把它视为承担没有认同的临床试验而增加的抽血次数或增加的门诊数所得到的弥补。此外，应该重视在新药临床试验的境况下，需要防止把勤工俭学的学生或药厂的工作人员当作试验目标，因为这样操作会出现知情同意随意性的缺陷，而且更为重要的是，若对受试者的补偿费用过于高于一般水准，会无法确保实验者对药品的试验结果是否存在偏私，并会造成药品的成本额外增幅很多。其次，临床试验如果仍以医治为目标，则会对患者的疾病有积极的价值，因此，不需要付出报酬或对价"。[4]

第二节　强制保险

一、强制保险的概念

强制保险，有时也称为法定保险，通常是指根据一国或者地区的法律法

---

[1] 郑澜、邵蓉："完善我国药物临床试验损害补偿体系建议"，载《现代商贸工业》2013年第12期。

[2] 倪正茂、刘长秋主编：《生命法学论要》，黑龙江人民出版社2008年版，第411页。

[3] 李睿等："Ⅰ期临床试验中健康受试者保护的若干问题探讨"，载《中药新药与临床药理》2017年第1期。

[4] 黄丁全：《医疗　法律与生命伦理》，法律出版社2007年版，第390-391页。

规的相关规定，在某些领域内，投保人必须向保险人投保的保险。一般而言，强制保险主要有两种形式：一是强制无过失保险，二是强制责任保险。美国、澳大利亚、加拿大等国家和地区采用强制无过失保险，德国、日本等国家或地区采用强制责任保险。强制保险与自愿保险存在巨大差异。例如，强制保险具有更高的公益性，其设定并不是为了营利；在合同订立上，也并非完全适用意思自治原则，而是具有一定的强制性，许多合同条款均为格式条款。[1]

二、强制保险在医疗领域的应用

从世界各国预防医疗纠纷和化解医疗纠纷的实践考察来看，医疗责任保险的功用得到了普遍的承认，它不仅有利于平衡医患双方的合法权益，而且有利于促进医患信任，构建一个国家或者地区的和谐医患关系。1961 年成立的经济合作与发展组织（OECD）在 2006 年做过一项有关是否建立医疗责任强制保险的调查，结果发现美国、英国、丹麦等 18 个国家均采取了这一举措，并通过国内立法予以确认，以有效应对国内医疗纠纷。[2]可以说，构建和实施医疗责任强制保险制度，已经成为国际上预防和化解医疗纠纷的有效措施。[3]

另外需要重视的是，法国、德国等国家还将强制保险引入医学人体试验领域。例如，在德国，如果试验者和申办者想要开展药物人体试验，就必须按照国内关于药物人体试验强制保险的规定为医学受试者购买保险。如果受试者在受试过程中遭受了损害，试验者和申办者一般不被卷入侵权纠纷或者合同纠纷之中，受试者的合法权益完全可以通过强制保险制度获得较为充分的救济，以弥补其在医学人体试验中受到的各种损失，与侵权损害赔偿制度相比，具有较高的优越性。[4]

三、我国人体强制保险的建构

我国当前是否具备全面设立临床受试者强制保险制度的条件，尚需理论

---

〔1〕 孙宏涛："论强制保险的正当性"，载《华中科技大学学报（社会科学版）》2009 年第 4 期。

〔2〕 OECD, *Policy Issues in Insurance Medical Malpracticeprevention*, *Insurance and Coverage Options*, OECD PUBLISHING, 2006, pp. 76-82.

〔3〕 徐喜荣："论实施医疗责任强制保险的法理基础"，载《河北法学》2018 年第 1 期。

〔4〕 满洪杰：《人体试验法律问题研究》，中国法制出版社 2013 年版，第 231 页。

界和实务界的深入调研和全面评估，但作为一种未来发展趋势，应当在制度建设上提前布局并进行前瞻性研究。在临床试验阶段，申办者、研究机构和受试者等不同主体的价值追求不尽相同。对于申办者而言，其首要目标在于推动新类型的药品尽快上市，最好没有风险或者赔付等不良后果发生，如果确实无法避免，则可以合理控制这种风险。对于研究机构而言，其不仅希望能够顺利、高效地完成研究，而且希望不要因此给自己惹来麻烦，产生一些不必要的纠纷。对于受试者而言，他们处于风险的中心地位，他们往往最关心的是自身的健康权等合法权益不受到侵害，即便是出现了医学不良事件，也能获得积极的救治和相应的补偿（赔偿）。从这个意义上说，建立临床试验强制保险制度十分必要，研究机构也可成为被保险人，一方面可以让临床受试者在发生不良事件后获得及时救治和经济理赔，另一方面也可有效减轻自身的经济负担，有利于化解纠纷。

人体试验强制保险机制不仅有助于维护受试者、研究者和申办方的利益，更是对三者的一种有效保护手段。《药品管理法》规定，申办方必须为临床试验的受试者购买人体试验强制保险，以便解决可能发生的与医学试验有关的医学不良事件。过去，国内的申办方风险防范意识不强，很多机构忽视了为受试者购买相关保险，媒体曾经报道过国外一家制药企业由于没有及时地给医学受试者投保，发生了医学试验导致受试者死亡的不幸事件，该药企没有能力进行经济赔偿，最后宣告破产倒闭，医学受试者家属也没有获得合理的经济补偿。《药品管理法》充分吸收了国内外的临床试验的经验教训，在修订时对人体试验的强制保险做了有力的回应。在保险制度构建过程中，应强调《药品管理法》对人体试验责任保险制度的强制作用，出台配套规章明确责任保险赔偿的范围、责任免除范围及层级化赔付流程。[1]为了实现这一目标，作为承保的保险公司应当尽可能地缩短理赔周期，以便受试者能够获得及时救济。为了更好地推动这项工作，保险公司可以聘请相关专业人士担任顾问，不断优化临床试验保险相关流程，全程参与临床试验不良事件的处理。另外需要注意的是，如果申办者不是国内的主体而是国外的主体，那么其制定的赔付方案和拟定的理赔手续等方案还要适合我国的基本国情。

---

〔1〕 杨帆等："我国临床试验受试者损害保险赔（补）偿制度研究"，载《中国新药杂志》2016年第16期。

<h2>第三节 基金</h2>

<h3>一、基金的概念</h3>

基金，简言之就是指为了某个目标而创设的拥有确定数目的资本。在医学研究中，如果医学研究者没有过错而不构成侵权，或者虽然构成侵权但因责任财产有限而没有能力进行赔付，且也没有其他有效的权益救济途径的情况下，构建具有补偿性质的基金制度将成为一项重要的救济机制。

<h3>二、基金在大规模受害领域中的应用</h3>

医学试验既是一种医疗卫生科技行为，也是一种医疗风险行为，还是一种容易导致大规模损害的行为，因为医学受试者人数通常数量较多，仅在少数情况下，才涉及单个或者数个受试者参与的情况。因此，我们有必要考察基金在大规模受害领域中的应用。

（一）美国

美国国会曾经为了创设一个综合的反馈体系，即消除由于事故性溢流或因涉及堆放有害废弃物处理现场惯常的环境损害的有害废弃物污染，于1980年底通过了《综合环境反应、赔偿和责任法》（CERCLA），该法被学界称为"超级基金法"。在美国的费城，针对数量众多的石棉案件，一位联邦地区法院（federal district-court）的法官将对一个被提议的在20家石棉公司和原告代理律师之间的和解举行一场公平的听证会。如果这一和解得以批准，这些公司将设立一个10亿美元的基金，基金由诉讼解决中心（Center for Claims Resolution）负责管理，所有对这些公司的未来的诉讼将从这一基金中得到补偿。

（二）日本

与美国相似，日本也曾经深受石棉公害，通过国家层面制定相关政策，创设基金制度预先规定为公害受害者进行权益救济。基金制度的实施先决条件是依据民事赔偿责任，由石棉的生产商、销售商以及该项产品的应用公司来分担相关费用，同期还思量由政府和行业自治主体承担经济赔偿义务。中小企业公司是生产石棉产品的主体，经营状况不佳，倒闭的不在少数。石棉零件组装公司以及建筑企业在修筑和制作的流程中会使用很多石棉产品，这样会导致石棉飞散的概率很高。若不是这些企业大量需要石棉材料，中小企业就不可能加工那么多石棉产品。因此，应当从企业责任和公平性出发，决定承担方法。日本国会于 2011 年表决通过了《原子能损害赔偿支援机构法案》，该法案首要目标在于化解日本福岛第一核电站核泄漏事故出现后如何对受害者进行有效的经济赔付问题。根据该法案的有关规定，各电力企业应当依照确定的比例向此单位缴纳赔偿金，更为强调企业社会责任的承担。

三、基金在大规模受害领域中的评价

张新宝教授认为，救济（赔偿）基金是指专门用来施济和赔付大规模侵权事故的受害人财产和人身损失的基金，基本吻合固有民法对于"财团法人"所设定的条件和要求。赔偿基金的设置和运作需要按照一定的程序和形式进行，就中国当前的现状而言，主要有政府基金和信托基金两种形式。其中，政府基金主要是指各级政府机关及其所属机构依据政策性文件、行政法规和法律的有关精神，为了扶持某项工作的开展，通过确定的程序向其他社会组织、法人和公民招募、提取或布置利用的预算外的各种财政性资金；信托基金主要是指委托人鉴于对受托人的信任把其拥有的全部家产或一部分财富的归属权变更为受托人，受托人依据委托人的意图针对具体受益人或者其他特有打算，以本人的形式进行处理和经管资金。在行政权力较为强大的中国，政府基金具有设立便捷和征收有力等优点，而且在美国也有学者倡导对大规模侵权受害人的补救可以借鉴"9·11"设立的基金路线将其纳入一个巨大的行政赔偿体系。[1]

不过，在我国设立政府基金赔偿大规模侵权至少会面临着以下三个具体问题：首先，在大规模侵权事件中，使用政府基金赔偿受害人的损失使政府沦为了偿付的主体，这与其自身所处的地位和肩负的职能不能完全吻合。事实上，政府机关在大规模侵权案件中，在很多情况下，其也是受害者，因为其为了保护受害者的合法权益和维护社会秩序的稳定，已经先行垫付了一部分资金。此外，对于环境污染造成的大规模侵权事件，政府为了治理相关环境

---

〔1〕 张新宝："设立大规模侵权损害救济（赔偿）基金的制度构想"，载《法商研究》2010 年第 6 期。

也需有一定的花费，这也是美国为何将烟草诉讼案、儿童铅中毒案等作为公共诉讼案件来对待的主要原因之一。在这种情况下，受害者可以向有关责任企业索赔自己的损失。其次，从我国的现行政策考察，财政部采取的是严格限制的态度，即除法律和行政法规具有明确规定外，国家一般不再设立新的政府性基金项目，这将面临管理体制上的障碍。最后，对大规模侵权事件中受害人的赔偿是一种私法关系，而政府基金体现的是一种公法关系。因此，在应对大规模侵权案件时，应当选择信托基金这一模式。

从最终的目的考察，医学受试者绝不是单单为了自己的利益进行活动的，其是为了提高整个社会在预防和治疗某种疾病所做的牺牲，属于社会公益的范畴，如果其在受试阶段受到损害，让受益者承担相应的责任就具有一定的合理性和正当性。如果是成立专项基金，无论是作为行政监管部门，还是申办者，或国家税收等，均应参与其中，以免医学受试者遭遇损害后无法获得及时有效的救济，进而产生社会不公的现象。[1]救济基金可以通过由各医药企业从每年的利润中提取、个人和社会团体募捐、政府部门拨款等方式共同集资构建。这样，既能达到支持保护受试者和人体医学研究发展的双重目的，也能保证受试者受到损害时及时得到救济，又能减轻意外发生之时研究方与相关企业的经济负担。[2]

第四节　法律责任

我国法理学界通说将法律责任区分为违宪责任、民事责任、行政责任和刑事责任。医学受试者受到损害，侵权行为人可能承担不同形式的法律责任，但一般并不涉及违宪责任的问题。在民事责任、行政责任和刑事责任中，最为常见的仍是民事责任，尤其是民事责任中的损害赔偿责任，而且应当根据不同主体之间的民事法律关系具体确定。[3]行政责任和刑事责任将充分发挥

〔1〕雷娟："试论临床试验受试者的权利保护机制——以程序规则为视角"，载《医学与哲学（人文社会医学版）》2009年第6期。

〔2〕姜柏生、郑逸飞："人体生物医学研究中受试者权益保护对策"，载《医学与哲学（人文社会医学版）》2014年第2期。

〔3〕姜柏生："医学临床试验法律关系之内容要素探析"，载《医学与哲学（人文社会医学版）》2015年第12期。

其严厉性的特质，对侵犯受试者合法权益行为的相关主体予以惩戒和教育，恢复社会正常的社会秩序。

一、民事责任

（一）民事责任的概念

我国《民法通则》和《民法典》对民事责任均进行了相关规定。根据《民法通则》第106条的规定，民事责任是民事主体违背契约负担或者其他义务的法律结果。依据《民法典》第176条的规定，民事主体应当对自己违反义务的行为负责，至于违反的是约定义务还是法定义务在所不论。所以，民事责任可以简单地界定为民事主体违背民事负担所应该承担的民事法律结果。[1]在民事责任中，最常见的就是侵权责任和违约责任，但是从逻辑体系上考察，其还包含了缔约过失等其他民事责任类型。

（二）民事责任方式

1. 《民法通则》的规定

我国《民法通则》对民事责任的主要方式进行了集中规定，其主要包括赔礼道歉、停止侵害、消除影响、恢复名誉、排除妨碍、支付违约金、消除危险、赔偿损失、返还财产、修理、重作、更换以及恢复原状等。这些民事责任方式的适用，既可以单独进行，也可以合并进行，取决于侵犯权益的具体类型。

2. 《合同法》的规定

我国《合同法》明确规定合同当事人应当按照合同义务履行，若一方当事人不施行，或者虽然履行，但其履行不符合订立合同的宗旨，则应当承担相应的违约责任。违约责任的形式既可以是继续履行，也可以是采取其他补救措施，还可以是赔偿损失等，具体适用需要综合合同违约的情形和状况综合确定。

3. 《侵权责任法》的规定

我国《侵权责任法》对侵权责任作出了较为详细的规定，就承担侵权责任的方式而言，其主要规定了恢复原状、排除妨碍、停止侵害、返还财产、赔偿损失、消除危险、赔礼道歉、恢复名誉、消除影响等。在侵权责任的法

---

〔1〕　魏振瀛主编：《民法》，北京大学出版社、高等教育出版社2016年版，第41页。

律适用上，既可以单独适用，也可合并适用。

4.《民法典》总则编的规定

我国《民法典》总则编基本上承继了《民法通则》《民法总则》关于民事责任的规定，其规定的民事责任的方式主要有赔偿损失、停止侵害、修理、重作、更换、排除妨碍、返还财产、消除危险、消除影响、恢复名誉、恢复原状、继续履行、支付违约金、赔礼道歉等。

在医学受试者权利受到侵害之后，医学受试者可以依据合同纠纷寻求违约救济，也可以依据医疗损害纠纷寻求侵权法救济，不过在实践中，绝大部分案件采取的是后一种救济途径，即寻求侵权责任方式救济。之所以选择侵权责任方式救济，除其可以支持精神损害赔偿外，其法律依据也相对充分和完整，尤其是 2020 年修正的《最高人民法院关于审理医疗损害责任纠纷案件适用法律若干问题的解释》于 2021 年 1 月 1 日起生效之后，更是如此。在案件案由的选取方面，2011 年施行的《民事案件案由规定》对 2008 年《民事案件案由规定》重新进行了修改整理。修订后的《民事案件案由规定》在"医疗损害责任纠纷"中具体罗列了"医疗产品责任纠纷"与"侵害患者知情同意权责任纠纷"两种案由，在"服务合同纠纷"中明确列举了"医疗服务合同纠纷"。

(三)《民法典》侵权责任编的社会功能

与其他民事法律一样，我国《民法典》侵权责任编也具有自身的社会功能，在社会生活中发挥自身独特的作用，这种社会功能不仅是侵权责任编作为法律规范存在的目的，也是《民法典》总则编功能在侵权责任领域的具体体现，这在一定程度上直接决定了侵权责任编关于归责原则、责任构成要件、免责条件、举证责任分配等相关法律规范的设置。[1] 综观世界各国侵权法的立法状况，其所承载的社会功能各不相同，大致可以概括为单一功能说、双重功能说以及多重功能说三种代表性观点。

1. 单一功能说

单一功能说主张，侵权责任法只关注损害赔偿的社会效果。主张该种学说的国家主要有希腊和南非等。在希腊法中，损害赔偿并不关注损害的来源

---

〔1〕 王利明：《侵权行为法研究》（上卷），中国人民大学出版社 2004 年版，第 85 页。

是侵权还是合同，而是关注受害人是否遭受了损害。赔偿受害人所遭遇的侵害属于损害赔偿法的一般目的。因此，希腊最高司法机关坚持主张，损害赔偿的范围不能超越受害人恢复原状的花费，否则将会被认定构成不当得利。所以，损害赔偿仅具有赔偿性质，而不具有惩罚性质。在南非，侵权法的首要功能就是通过法院的损害赔偿判决，赔偿受害人因为侵权行为所遭受的损害，赔偿的数额与损害的数额基本等值。在权利人的人格权遭受侵害时，金钱无法衡量人格利益的损害，此时所判决的金钱赔偿带有一定的抚慰目的，但这一目的，仍发挥着损害赔偿的功能。整体而言，主张侵权责任法单一功能说的国家并不多，并且随着侵权责任法实践和理论的不断发展，也有可能不断修正和完善。

2. 双重功能说

双重功能说主张，侵权责任法具有损害赔偿和预防或者损害赔偿与惩罚（制裁）两种社会功能。主张该种学说的国家比较多，比利时、意大利、荷兰和美国等均为代表。在比利时，传统观点认为，通过威慑实现预防和赔偿属于包括侵权责任在内的民事责任的两个重要功能。但这两项功能在不同时期各有侧重，先前更加重视预防，而如今更为侧重损害赔偿，将保护重点转向如何救济受害人的损害方面。在意大利，损害赔偿法的主要目的就是赔偿权利人遭受的损失和可能获得的利润。但需要指出的是，现代侵权责任在一定程度上被认定为矫正不法损害的工具，而且从《意大利民法典》的相关内容考察，其还保留着侵权责任法原始的惩罚目的。荷兰这一国家对侵权责任法的目的与损害赔偿的目的作了有益而严格的区别，侵权责任法的目的就是辨别赔偿责任的成立与否，而损害赔偿法的目的就在于赔偿全部损害，所以，预防损害是侵权责任法的目的，而不是损害赔偿法的目的。在美国，侵权责任法大致具有两个方面的社会功能：一是损害赔偿，即赔偿原告因侵权行为所遭受的损害；二是震慑，即通过对侵权行为人科以赔偿责任，以此来震慑被告的疏忽行为。

3. 多重功能说

多重功能说主张，侵权责任法具有损害赔偿、预防、制裁、权利宣示、避免得利等数种功能。主张该种学说的国家主要有英国、法国、奥地利、德国等国家。在英国，侵权责任法的首要功能就是赔偿原告因侵权所遭受的损害，但在一些侵害名誉权和错误监禁等案件中，除赔偿目的外，还具有惩罚和返还不当得利的功能，即要求被告返还其通过侵权行为所获的利润。在法国，损害赔偿仍然被认为是侵权责任法最重要的目的，但在精神损害判决中，其又体现出侵权责任法的惩罚性质。应当说，法国的侵权责任法并没有拘泥于上述两种功能，它还包括预防功能，特别是当侵权行为具有一定的连续性时，这一功能更为凸显。在奥地利，无论是合同法，还是侵权责任法，其主要的目的均是使受害人获得赔偿；通过判决侵权行为人支付损害赔偿金以示对加害人的震慑，因此又起到了预防的功能。[1]

尽管学术界对侵权责任法的社会功能存在不同的认识，但是随着我国《侵权责任法》于 2009 年 12 月 26 日的正式公布，这一争论才逐渐平息下来。我国《侵权责任法》开宗明义地指出，制定该法主要实现以下三大社会功能：一是损害填补，二是预防侵权行为的发生，三是制裁较为严重尤其是主观谴责性较高的行为。我国《民法典》侵权责任编实质上也采纳了多重功能说。不过，在这三种社会功能中，最为首要的社会功能仍然在于损害填补，即填补被侵权人一方所遭受的损害。在医学人体试验中，就是填补医学受试者因为试验者等侵权人侵害其权利所遭受的损害。

（四）损害赔偿的立法支持

《关于人权与生物医学公约》第 24 条规定，患者由于医疗干预行为遭到不当的侵害，可以依照法定条件与程序，请求依法公正赔偿。2013 年版《赫尔辛基宣言》第 15 条首次增加了医学受试者损害的补偿条款，即对参加医学研究受损害的主体应该保证其得到适当治疗和补偿。[2]《立陶宛患者权利和医疗损害赔偿法》第 11 条明文规定患者享有参与生物医学研究的权利。并且依据该法第 13 条规定，在诊疗服务的流程中，由于患者权益遭到侵害酿成事故的，患者可以请求医方承担民事责任尤其是民事损害赔偿责任。患者行使损害赔偿请求权主要通过以下几种重要法律途径得以实现：首先，在提供诊断治疗的流程中，由于医务人员或者医疗机构存在过失导致患方受到财产或精神上侵害，形成保险事故的，由保险资金进行支出；其次，若保险资金不能完全填补赔偿金，应由承担医疗损害赔偿责任的医疗机构负担已支出保险金

---

〔1〕 刘炫麟：《大规模侵权研究》，中国政法大学出版社 2018 年版，第 188—191 页。

〔2〕 姚树森、范贞："《赫尔辛基宣言》修订与受试者权益保障"，载《中国医院》2014 年第 2 期。

和实际赔偿金之间的差额；最后，在出现例外境况时，为了防止医方没有经济赔偿能力出现倒闭情形，应付保险金与实际损害赔偿金之间的差额，允许通过法定程序由强制医疗保险基金中的储备金来支付。[1]《拉脱维亚患者权利法》第 11 条规定，患者享有参加临床试验的权利。同时通过第 16 条规定了患者有向医方请求赔偿的权利。具体而言，由于诊疗流程中出现的各类自然情形，或者由于医方的医务人员的积极行为或消极行为，给病人的健康或生命带来的所有侵害，既包括财产损失也包括精神损失，都允许患方行使请求赔偿权，患方也可请求赔偿相关为了减少或清除此类侵害的不良结果而需要继续诊治的支出。依据《伊朗患者权利法案》第 9 条规定，对是否参与医学研究，患者有权利进行允诺或回绝，并且不能由于患者的上述行为让其担负任何不利结果。由此可见，《伊朗患者权利法案》也承认，若医学受试者在医学研究进程中遭到侵害，有权得到侵权损害赔偿。《丹麦医疗投诉和损害赔付法》第 19 条明文规定，虽然生物医学试验并不构成诊断、治疗的一部分，但参加生物医学试验的人应视为患者。该法第 22 条规定，如果损害可能是因为医学试验或者组织切除等活动造成的，受试者和捐献人可以请求赔付，除非凭借更为有利的证据加以举证，该医学受试者遭到的损害是其他缘由导致的。第 38 条规定，受试人和捐献人所受精神损害也应当给予赔付。依据第 43 条规定，当药物不良反应的本质和水准不属于受害者合理承受的限度，就应赔偿该不良反应造成的损害。这里所说的不良反应既包含不可预见的不良反应和可预见的不良反应，也包含未知的不良反应和已知的不良反应。第 50 条规定，因药物临床测试造成的药物损害，每一项试验给予的赔付金额不超过2500 万丹麦克朗。[2]

（五）损害赔偿责任的构成要件

一般侵权责任的构成要件是指担负一般侵权责任的各项必需要求的要素。学界通常认为，一般侵权责任是指侵害行为造成损失的责任，其责任方式主要是赔偿损失和恢复原状。[3]在侵犯医学受试者合法权益的案件中，主要是医疗损害责任赔偿，附属于一般侵权责任的领域。因此，需要运用一般侵权

---

〔1〕 唐超编译：《世界各国患者权利立法汇编》，中国政法大学出版社 2016 年版，第 213-225 页。
〔2〕 唐超编译：《世界各国患者权利立法汇编》，中国政法大学出版社 2016 年版，第 213-225 页。
〔3〕 张新宝：《侵权责任法》，中国人民大学出版社出版 2016 年版，第 23 页。

责任的构成要件结合医学受试者权益保护法律实践予以剖析。

1. 一般侵权责任构成要件争议

概言之，世界上关于一般侵权责任构成要件的立法范式主要有两种：一是以德国为代表的国家和地区主张的"四要件说"，即过错、违法行为、损害事实以及因果关系；二是以法国为代表的国家和地区主张的"三要件说"，即过错、损害事实和因果关系。我国《民法典》第 1165 条第 1 款均对过错责任作出了相应的明文规定，但从上述两条规定的具体内容考察，并不能直接确定我国到底是采取了"四要件说"还是选择了"三要件说"，一度引起学者的学术争鸣。张新宝教授主张，与"三要件说"相比，我国选择"四要件说"似乎更为合理和科学。一方面，尽管我国《民法典》第 1165 条对过错责任作出了规定，但并没有明确指出损害结果这一要件，这就必然涉及另一个问题，即上述法条中"由于""因"这样的语词表述，究竟指的是过错与行为之间的因果关系，还是特指过错与损害结果之间的因果关系，似乎并不十分明确。如果是前者的话，那么过错与加害行为之间会归并为单个要素，就当然切合"三要件说"的基本主张。但是如果是后者的话，那么可以得出立法上区分了过错与加害行为两个部分，则符合"四要件说"的基本观点。前文已述，我国《民法典》第 1165 条规定并未涉及损害后果的问题，因此，综合观之，"四要件说"比"三要件说"更加科学、合理。[1]《最高人民法院关于审理名誉权案件若干问题的解答》第 7 条对侵害名誉权责任进行了界定，也在一定程度上表明了实务部门对一般侵权责任构成要件的态度和观点，其认为如果想证成侵害某一民事主体的名誉权，需要从以下四个方面入手考察：一是主观过错；二是违法行为；三是损害事实；四是违法行为与损害事实之间具有因果关系。由此可见，我国司法机关实际上采纳的是"四要件说"。基于以上综合考虑，尤其是考虑我国民法理论的通说以及德国法对我国的影响，本研究主张一般侵权责任的构成要件应该选择"四要件说"的基本观点。

2. 医学人体试验的基本要求

《涉及人的生物医学研究伦理审查办法》对涉及人的生物医学研究行为进行了针对性的规定，主要涉及以下三个方面：一是疾病的预防、诊疗和康复

---

〔1〕 张新宝：《侵权责任法》，中国人民大学出版社出版 2016 年版，第 24 页。

等研究行为；二是以人为对象的试验性研究行为；三是关于人的样本、行为、医疗记录的收集等行为。另外，依据我国《药物临床试验质量管理规范》的相关规定，医学研究者应该对自己负责的医学临床试验具有担当精神，因此对其自身的资格条件应当进行严格设定，要包括但不限于以下三个方面：一是在试验方案中，一般都有相关主体的任职资格、专业知识和经验的要求，毫无疑问，研究者应当满足这一主体资格条件；二是对申办者提供的文献资料比较熟悉，对相关人员和设备具有较强的支配力，为了确保受试者的人身安全得到保障，其还应会操作处理紧急情况的设备设施；三是作为一项科学研究，研究者应当确保实验室的检查结果真实、确凿。

在我国，尽管也存在少数科学研究机构施行或者凭借纯粹征招募志愿人员的方法开展有关针对病人的非医治的医学人体试验，但就医学人体试验的大多情形而言，仍是由医生在一定级别的医院内针对病人开展施行的。前者适用一般侵权责任，后者虽然也适用一般侵权责任，但应当优先适用《民法典》侵权责任编有关医疗损害责任章节的具体规定。针对试验性医疗活动自身具有的无法预料风险的特点，最高人民法院以前在阐述《侵权责任法》的有关著作中进行了鲜明的回应，在很多教学科研并重性医疗机构，时常发生通过政府相关单位同意把医学临床试验的治疗器械、试剂、药品等在病人身上尝试使用，这就涉及一个问题，即当病人出现不良后果和不良反应等损害时，作为医疗机构是否应当承担相应的法律责任？对于医疗机构而言，其在实践中应当如何操作。若在病人身上尝试使用治疗器械、试剂和药品，那么医疗机构应当按照试验的方案和有关规定进行，主动向患者说明此项试验的目的，尤其是因为此次试验可能产生的不良反应和不良后果，在患者知情后，征求患者的同意，并签订协议书。如果患者签订了协议书后参与了相关的临床试验，在此过程中发生不良后果的，医疗机构免责。

3. 一般侵权责任的具体要件

（1）研究者实施了医学人体试验行为。前文已述，从事医学人体试验的主体主要是医疗机构中具有专门执业资格的医务人员。依据《医师法》的有关规定，我国医师主要涉及执业助理医师与执业医师，其在取得医师资格证书后，需要在相应的医疗、预防和保健机构中注册，是我国专业医务人员组成中的重要群体。值得一提的是，我国不仅有专业医务人员，而且还存在少数社会医务人员，主要是指获得了医疗卫生技术专门职称的个体行医人员或者亟待聘用的医务者，并经过原卫生部于 1998 年 11 月 19 日颁布的《卫生部关于加强医疗机构聘用社会医务人员执业管理的通知》进行确认和法律规制。根据前文所述从事医学人体试验的相关规定，除经过批准由科研院所的研究人员从事医学研究外，社会医务人员不得从事医学人体试验，若是其从事了医学人体试验，将涉嫌非法行医或者按照《民法典》侵权责任编的一般规定追究其相应的法律责任。

此外，学术界还存在另外一个争议，即开展医学研究行为是否应归属于诊断治疗行为？根据 2017 年 4 月 1 日实施的《医疗机构管理条例实施细则》第 88 条的规定，应该把医方针对病人本身的病痛，使用相关的新药物或者医疗新技术在其身上开展医学人体试验，归属于医疗诊断治疗行为的领域。依据《药物临床试验质量管理规范》的有关具体条款，对于凭借招募志愿者的方式所施行的相关药物试验行为，医学研究人员应该在所在医院进行医学试验活动，而且应当让其所隶属的医院批准才可以具体实施药物临床试验。并且从保护药物受试者权利以及对药物临床试验的流程进行规范化的视角考虑，也必须把这种药物临床试验活动归入诊断治疗行为加以法律规制，依照《民法典》侵权责任编的有关规定要求其承担相应的民事责任。

（2）损害后果。损害后果主要指医方的不当医疗行为给病人的财产或人身所带来的损害。按照不同的标准，可以对损害进行不同的分类。例如，依照侵权行为带来的损害是可得利益的损失还是直接导致的损失，可以划分为间接损失和直接损失；按照是否可用金钱直接予以计算来将损害分为精神损失与财产损失。[1]在医学人体试验中，损害后果是指医学受试者在临床试验过程中所遭受的损害，既包含精神损失，也包含物质损失。其中，医学受试者的物质损失包含对其身体权、健康权、生命权等权益所造成的损害。人体临床试验过程中的精神损害主要包括两类：一类是仅仅侵犯了医学受试者的知情同意权；另一类是对医学受试者隐私权的侵害。[2]根据我国《民法典》侵权责任编有关条款的意旨，若加害人给他人的人身权益造成了损害，且由

---

〔1〕 刘鑫：《医事法学》，中国人民大学出版社 2015 年版，第 222 页。
〔2〕 张馨心等："人体药物临床试验受试者合法权益保护法律问题研究"，载《中国卫生法制》2019 年第 3 期。

于此行为造成了他人严重的精神损害，那么侵权行为人或者相关责任主体就应该赔偿受害人的精神损失费。由此可见，受试者的精神损害主要是因为受试者人格权所遭遇的无形损害，而且需要达到比较严重的水准，其权利诉求才能获得司法机关的支持。在侵权责任法上，没有损害就不能适用损害赔偿这一民事责任方式。

事实上，要构成我国《民法典》侵权责任编规定的损害，需要具备一定的条件，一般而言，可以从以下三个方面进行考量：首先，损害不是当事人主观臆造的，而是客观发生的，具有真实性和确定性等特征；其次，损害是加害人由于侵害受害人的合法权益而导致的不利后果，对于损害的类别是精神损害、人身损害等非财产损失还是财产损失在所不论；最后，要成为侵权责任法上"适格"的损害，还必须经过法律上的衡量和评估之后认为有必要予以救济，如果没有必要救济，那么即便是发生了损害，也不构成侵权责任法上的损害。此外，这种损害还应当满足具有救济可能性的条件。换言之，如果产生了损害且有救济的必要，但在事实上已经没有救济的可能性，那么也不能成为侵权责任法上的损害。[1]

（3）研究者实施的医学人体试验行为与受试者的损害之间具有因果关系。坦率地说，无论是哲学上的因果关系，或法学上的因果关系，均是经历了长期探讨但尚未得出令人信服的定论的问题。在哲学上，英国著名哲学家大卫·休谟最早以经验主义的视角，提出了有关因果关系必然性的探究，进而否定了人们能够根据经验就可以获得必然性的因果关系的结论。其主张，人们在日常生活中对因果关系的使用，仅仅是一种基于心理的习惯。德国著名哲学家康德则认为，因果关系并非一种基于心理的习惯，而是属于一个先验范畴，现象与先验范畴相符合具有必然性。秉持逻辑经验主义的学者则认为，因果关系仅仅是一种概率上的讨论。在法学上，美国加州大学弗莱明教授认为让学者和法院最困惑的难题就是侵权行为法中的因果关系。波斯纳认为，此难题有价值的方面已探讨过多次，而无意义的方面也讨论了很多。我国台湾学者王泽鉴先生更是在其《侵权行为法》一书中坦言："虽然本人对此问题论证了很大的篇幅，但还是多在反复其他人已经论述的看法，并且说了很多意义

---

〔1〕　姜柏生、汪秀琴主编：《医学研究受试者的权益保护》，科学出版社 2014 年版，第 115-116 页。

不大的话。"

我国民法在判定因果关系时经常采纳二分法，即事实上的因果关系与法律上的因果关系。具体而言，加害行为与损害之间的因果关系认定并非一蹴而就，而是按照两个阶段进行。第一阶段是考察加害行为与损害之间能否成立事实上的因果关系，如果答案是肯定的，然后再鉴别法律上的因果关系是否可以成立。依据这个方法，鉴别研究者开展的医学人体试验行为与受试者所遭受的侵害之间是否具有因果关系，也应该分两个步骤施行。第一，是否能够确立事实上的因果关系，即判断医学研究者的人体试验行为是否属于受试者遭受侵害的缘由，本质上就是辨别医学研究人员的医学人体试验行为是否属于给受试者造成侵害的原因。大多情形下，医学受试者参与医学人体试验，只要不是由于受试者不遵从医嘱或者自身身体的缘由造成的不利结果，一般可以认定事实上因果关系的存在，接下来还需判断法律上因果关系的存在，即是否存在具体的请求权基础而对受试者的损害承担损害赔偿责任。

（4）研究者存在过错。2010 年 7 月 1 日，我国《侵权责任法》开始实施，将过错和因果关系的举证责任配置给患者一方承担，这是一个巨大的制度转变，也是不断调和与平衡医患双方当事人利益保护的需要，《民法典》侵权责任编也延续了这些规定。2021 年 1 月 1 日，《最高人民法院关于审理医疗损害责任纠纷案件适用法律若干问题的解释》开始施行，其虽然延续了我国《民法典》侵权责任编的规定，但要求患者一方仅就医疗机构的过错和因果关系进行初步举证，医疗机构为了达到免责或者减责的目的，势必需要对有无过失、过失程度、有无因果关系以及存在多大程度上的因果关系进行举证，进一步缓和了医患双方的对立地位和利益失衡，有助于医疗纠纷的公平、公正处理。

在实践中，一部分患者囿于医学知识不足等局限，难以提供相关的证据证明医方是否具有过错，也很难证明医方的医疗行为与患者所遭受损害之间是否具有因果关系。此时，根据我国医疗损害司法解释的相关规定，其可以依法申请医疗损害鉴定，对于这样的申请，人民法院应予准许。由此可见，我国对医疗侵权案件的处理经历了过错推定到一般过错再到一般过错的缓和三个不同的历史阶段。[1]

---

〔1〕 刘鑫：《最新医疗侵权诉讼规则理解与案例实操》，中国法制出版社 2018 年版，第 21-28 页。

依据我国《民法典》《药品管理法》《药物临床试验质量管理规范》《涉及人的生物医学研究伦理审查办法》等医药卫生法律以及部门规章的相关条款，并且结合最高司法机关在医疗法律实施中产生的指导案例，研究人员实施医学人体试验活动主要涉及下面几种类型，值得在实践中进一步总结经验，加以规制和预防。

第一，没有经过医疗机构或者相关政府所属机构同意实施医学人体试验。依据《医师法》的有关条款，医师虽然有科学研究的自由和权利，但是对进行试验性临床医疗还是作出了必要的限定，主要包括两个方面：一是需要经过医师所在医疗机构的批准，二是需要征得患者的同意，如果患者是限制民事行为能力人或无民事行为能力人，则应征得近亲属的同意。如果欠缺上述任一要件，将严禁试验性临床医疗的实施，否则就应当按照《医师法》等相关法律法规承担相应的法律责任。依据《涉及人的生物医学研究伦理审查办法》的有关条款，一般的医疗卫生机构并不能够从事生物医学研究，因为该项生物医学研究需要进行事前的伦理审查，这是一项不可或缺的工作。当前的伦理审查主要是由伦理委员会负责的，承担相应的管理责任。由此可见，如果某一所医疗卫生机构没有设置伦理委员会，那么其肯定不能从事生物医学研究工作，违者将受到法律的严惩。医学伦理审查应该遵循我国医药卫生法律、行政法规的相关条款，在医学研究的过程中充分重视医学受试者的知情同意权，并且要恪守医学公正、医学不伤害以及医学有益的准则。医学伦理委员会应根据审查的实际情况对该审查的医学研究项目作出相应的决定，例如，暂停或者终止研究的决定、修改后再审决定、修改后批准决定、不批准决定、批准决定，并阐述缘由。伦理审查时，医学伦理委员会应该以召开会议的方式让各位委员对研究项目充分商议形成一致的看法，并且所产生的决议应该得到全部医学伦理委员的半数以上赞成。

第二，未事先向医学受试者详细告知并获得医学受试者的同意。我国《药物临床试验质量管理规范》《药品管理法》《医师法》等对受试者的知情同意权作出了较为详细的规定。如果医学研究者没有按照上述规定向受试者告知医学人体试验的详细信息，也没有合法取得受试者的同意，应当认定研究者存在过错。

第三，未履行其他应尽义务。我国《涉及人的生物医学研究伦理审查办法》《药物临床试验质量管理规范》《药品管理法》《医师法》《民法典》等法律规范性文件，均对医务人员的注意义务作出了相应的规定。值得注意的是，在医学人体试验中，研究者除需要遵从医务人员的一般注意义务外，还需要履行特别注意义务。例如，力求使医学受试者最大程度获益和尽可能避免损害。

二、行政责任

（一）行政责任的概念

行政责任即行政法律责任，是指由于违背行政法律或行政法规规定的事由而应该承受的法定不利后果。行政责任通常既包含行政相对人如社会组织、公民等违背行政法律而导致的行政责任，也包含委托或授权的相关组织及其工作人员、行政机关及其工作人员在行政管理中由于不当行政行为、滥用职权或违法失职而导致的行政责任。[1]

（二）行政责任的构成要件

1. 有承担行政责任的主体

行政主体与行政相对人属于承担行政责任的主体。在我国，行政主体既包含法律、法规授权的组织也包含行政机关，行政委托组织承担由于委托组织被行政主体托付行使行政职责产生的有关责任。行政主体职务范围内的权力所指向的一方就是行政相对人，其应该主动实施约定的义务和法定的义务，并且遵从相应的行政法规、法律。行政相对人既可能是行政职权所指向的其他行政机构，也可能是其他社会组织、法人或公民。在相关行政规制法律活动中逐渐出现了行政相对人的法律责任，这也是有关行政法律规制领域的重要构成要素。

2. 需要承担行政责任的行为

需要承担行政责任的行为是指违背其他赋有行政法律效力的规则以及行政法律法规或者由法律规则对违背行政执法主体命令等情形作出的规定，应该承担相关行政责任的行为。第一，它应该是可以产生行政法律关系的行为，并且通过行政法律加以规范；第二，它应该产生实在的行政法上的义务权力（利）关联；第三，它会有相应的行政法律结果，主要表现在对各方的权利义

---

[1] 张文显主编：《法理学》，高等教育出版社、北京大学出版社 2011 年版，第 126 页。

务产生一定的影响。

3. 因果关系

客观上具有的事实因果关系属于行政责任中的因果关系，然而行政责任所要惩处的不是自然上的势必因果关系，而是责任人自我意识方面的恶性。所以行政责任人自我意识方面的状况的判定对行政责任因果关系的界定至关重要。外部行为与人的思想、心理、意志等自我意识方面要素之间的因果联系，即造成危害后果或损害后果产生的不法举止是否是由于不法行为人自我意识方面左右外部举止的后果，就变成具备自然的因果联系的举止是不是具备该罚的关键尺度。并且，开展法律上行政责任的判定，查办行政相对人的行政责任，需要法律上明确加以规范，否则不能追查。

（三）卫生行政责任的主要形式

卫生行政责任是指卫生行政法律关系的自然人、法人或其他组织因为触犯行政法律规则而应该担负的不利法律后果。卫生行政责任主要包括卫生行政处分和卫生行政处罚。就医学人体试验领域而言，我国不同的法律也作出了相应的不同规定。

1. 《医师法》的相关规定

《医师法》第 26 条规定，医师开展药物、医疗器械临床试验和其他医学临床研究应当符合国家有关规定，遵守医学伦理规范，依法通过伦理审查，取得书面知情同意。依据该法第 60 条规定，违反本法规定，阻碍医师依法执业，干扰医师正常工作、生活，或者通过侮辱、诽谤、威胁、殴打等方式，侵犯医师人格尊严、人身安全，构成违反治安管理行为的，依法给予治安管理处罚。依据该法第 61 条规定，违反本法规定，医疗卫生机构未履行报告职责，造成严重后果的，由县级以上人民政府卫生健康主管部门给予警告，对直接负责的主管人员和其他直接责任人员依法给予处分。

2. 我国《药品管理法》的规定

2019 年我国《药品管理法》进行了第二次全面修订。《药品管理法》第 123 条规定，提供虚假的证明、数据、资料、样品以及采取其他手段骗取临床试验许可，撤销相关许可，10 年内不受理其相应申请，并处 50 万元以上 500 万元以下的罚款。第 127 条规定，违反本法规定，药物临床试验期间，发现存在安全性问题或者其他风险，临床试验申办者未及时调整临床试验方案、暂停或者终止临床试验，或者未向国务院药品监督管理部门报告，责令限期改正，给予警告；逾期不改正的，处 10 万元以上 50 万元以下的罚款。同时，结合我国《药品管理法》的修订，应该对《药品管理法实施条例》中有关药物临床试验的相关规定进行修改，以确保协调一致。

3. 《涉及人的生物医学研究伦理审查办法》

根据《涉及人的生物医学研究伦理审查办法》的有关条款，医方没有依照有关条款设置医学伦理委员会，私自进行有关涉及人的生物医学研究的，由县级以上地方卫生计生行政部门责令限期整改；逾期不改的，由县级以上地方卫生行政部门予以警告，并可处以 3 万元以下罚款；对机构主要负责人和其他责任人员，依法给予处分。

三、刑事责任

（一）刑事责任的概念

刑事责任是指由于违背刑法相关规定而应该承担的法律规定的不利后果。行为人的犯罪行为应符合犯罪构成要件时才应当承担刑事法律责任。刑事法律责任的承担主体既包含社会组织、法人，也包含公民。[1]简言之，犯罪就是指违反刑事法律、应受刑罚处罚、严重危害社会的行为。

（二）犯罪的成立条件

犯罪的成立条件是指行为构成犯罪所必须具有的全部构成要件。德国、日本刑法并无犯罪构成的概念，我国刑法理论将成立犯罪所必须具备的条件称为"犯罪构成"，因此我国的犯罪构成指的就是犯罪成立条件。传统的犯罪构成由四个方面组成：犯罪客体、犯罪客观方面、犯罪主体、犯罪主观方面或犯罪主观要件。当然，在符合上述四个要件之后，再讨论排除犯罪事由等。

（三）侵犯医学研究受试者权益承担的刑事责任

医学研究者在医学人体试验的活动中，由于过失或故意损害了受试者的人身权益，导致受试者人身受到伤害或者侵犯了国家医疗管理秩序，符合我国《刑法》上的有关罪名的构成要件，应该承担有关的刑事责任。其中，最为重要的就是医疗事故罪及其刑事责任的问题。

---

〔1〕 张文显主编：《法理学》，高等教育出版社、北京大学出版社 2011 年版，第 126 页。

1. 医疗事故罪及其刑事责任

我国《刑法》第 335 条对医疗事故罪进行了规定，如果医师等医务人员在诊疗活动中存在重大过失，并且因为此种严重不负责任的行为造成患者的死亡或者其他严重的人身损害，应当对该医务人员处以 3 年以下有期徒刑或者拘役的刑事处罚。2008 年 6 月 25 日，《最高人民检察院、公安部关于公安机关管辖的刑事案件立案追诉标准的规定（一）》公布并施行，第 56 条明文规定，医务人员由于严重不负责任，造成就诊人死亡或者严重损害就诊人身体健康的，应予以立案追诉。具有下列情形之一的，属于本条规定的"严重不负责任"：严重违反国家法律法规及有明确规定的诊疗技术规范、常规的；使用未经批准使用的医疗器械、消毒药剂、药品；擅离职守的；严重违反复核、查对制度的；未经批准擅自开展试验性治疗的；无正当理由拒绝对危急就诊人实行必要的医疗救治的；其他严重不负责任的情形。本条规定的"严重损害就诊人身体健康"，是指造成就诊人严重残疾、重伤等难以治愈的疾病或者其他严重损害就诊人身体健康的后果。对于医务人员所开展的非法临床人体试验行为构成犯罪的，构成医疗事故罪。

2. 故意杀人罪等其他犯罪及其刑事责任

我国《刑法》对故意杀人罪、过失杀人罪、故意伤害罪进行了明确规定，并给予相应的刑事处罚。具体而言，如果是犯有故意杀人罪，轻者需要承担 3 年以上 10 年以下的有期徒刑，重者则需要承担 10 年以上有期徒刑、无期徒刑甚至死刑。过失杀人罪轻者判处 3 年以下有期徒刑，重者则判处 3 年以上 7 年以下有期徒刑。对于故意伤害罪而言，一般需处 3 年以下有期徒刑、拘役或者管制，但是如果故意伤害他人有其他严重情节的，还要判处更加严厉的刑罚。不具备医师资格的人基于科学研究所开展的非法人体试验行为构成犯罪的，构成非法行医罪。若非法人体试验行为造成受试者死亡或重伤的，则适用过失致人死亡罪或过失伤害致人重伤罪。非法行医罪和医疗事故罪对非法人体试验行为的规制是否符合罪刑相适应原则、罪刑法定原则值得探索。在刑法中增设非法人体试验罪是维护刑法权威最有效的方法，也是依照刑法基本原则处罚非法人体试验行为的刚性需要。[1]

---

[1] 李芬静："非法人体试验行为的刑法规制及立法对策"，载《医学与哲学》2019 年第 15 期。

刑法具有谦抑性、最后手段性等特征，其并不是需要主动出击的法律，而是在民法、行政法等均不足以规制某种行为（如医学受试行为）时，才会走向前台，发挥最后一道防线的作用。限于我国卫生法学基础理论研究的薄弱，其对卫生健康立法的供给非常有限，导致我国卫生健康立法虽然有了一定的体量，但仍然比较粗疏。迄今为止，我国卫生健康领域有关临床受试者的规定较少，其他民事、行政和刑事法律法规中虽偶有涉及，但均难以直接适用，在很大程度上影响了医学受试者的权益保护和对违法犯罪行为惩处的力度。2018 年 11 月，贺某某团队宣布世界首例免疫艾滋病的基因编辑婴儿出生，立刻在国内外引起了轩然大波，直接挑战了医学伦理和科研伦理的基本原则，这一事件同样拷问了我国卫生健康领域的立法状况。非法植入基因编辑、克隆胚胎罪为《刑法修正案（十一）》所增加的罪名。《刑法修正案（十一）》规定，在《刑法》第 336 条后增加 1 条，作为第 336 条之一："将基因编辑、克隆的人类胚胎植入人体或者动物体内，或者将基因编辑、克隆的动物胚胎植入人体内，情节严重的，处三年以下有期徒刑或者拘役，并处罚金；情节特别严重的，处三年以上七年以下有期徒刑，并处罚金。"实践中，要准确把握构成本罪的"情节严重"标准，可以从行为人所实施的行为对公众健康、国家安全和社会公共利益的危害性、社会伦理的挑战等方面考量其行为是否属于本条规定的"情节严重"。实施本犯罪行为的人数、被害人的人数、实施犯罪行为的时间及次数、所涉及的地域、社会影响、公众舆论等情节均可作为判断"情节严重"的因素。因此，建议在刑法中更为明确地规定有关针对医学受试者权益受到侵害的犯罪行为，并提高相应的刑事处罚力度，以实现行为规制功能、法益保护功能和自由保障功能的协调和统一。

结　语

本研究利用国内外已有的研究成果及资料，对医学受试者权利保护问题作了比较全面系统的研究，并提出了一些富有建设性的观点。相信并期待这些观点能对我国医学受试者权利保护的理论与实践起到参考作用。本研究的基本观点如下。

一是受试者的权利范围是公权利、私权利在医学研究中的体现。受试者权利保护不仅要遵守相应的法律原则，同时要符合公正、尊重、有利、不伤害等伦理法则。根据医学研究的性质和特点，受试者的权利表现又有其自身特色。总体上来说，医学研究中受试者的权利是以生命健康权为核心，以知情同意权为保障，以医疗救治权、损害补偿权为救济。

二是医学研究和医疗服务具有专业性、不确定性和风险性，但两者有明显的区别。医学研究更加追求医学本身的发展和未来病人的需要，而非直接利于作为受试者的本人，研究结果有利于其他病人，有利于科学，有利于社会，受试者是为科学事业作出贡献的志愿者。且医学研究可能比医疗服务带给患者更加严重的损害。因此，要特别强调个人自主原则、充分知情同意、规范伦理审查、强化损害救济。

三是尽管特殊受试者的行为能力有限，但针对他们进行的医学研究仍然应当被认为是正当的。但由于某些客观原因如主体年龄、精神状况、文化程度、身体健康程度、客观自由行动能力等无法正确认识或充分自由地选择自己行为的特殊受试者，其权利比较容易受到损害。为了公平，法律必须对这些受试者进行特别的合理性论证，必须制定一系列严格的保护性措施，而不是简单的知情同意。

四是我国医学受试者权利保护立法与管理制度尚存不足。为了保护受试者的权利、保障其安全，保证医学研究的正常、健康发展，需要进一步完善现有的医学研究受试者权利保护法律法规，并依法构建相应的管理制度与保障体系。

本书受到 2014 年国家社科基金一般项目课题（项目批准号：14BFX161）"医学受试者权利保护研究"资助以及 2020 年南京医科大学学术著作出版项目资助；本书由主编提出全书结构和章节主题，紧密结合每位专家的研究特长进行撰写，具体章节分工如下：导论（姜柏生），第一章（李歆、夏媛媛、方文箐），第二章（龚波），第三章（郭玉宇），第四章（顾加栋、姜柏生），第五章（李歆、苏钰文、方文箐），第六章（邓蕊、任元鹏、汪秀琴、姜柏生），第七章（刘炫麟），结语及附录（姜柏生、陆麒）。姜柏生主编负责统稿及定稿，岳远雷、曹凯等参与了校对书稿。

当然，由于本研究者才疏学浅，还有一些与受试者权利保护有关的问题没能涉及，只能期待以后进一步深入研究。对于已经研究过的问题，本研究者也深感惶恐。因为研究医学受试者权利保护问题，存在两个问题：一是医学受试者权利保护涉及医学、药学、公共卫生学等专门知识，这是本研究者所欠缺的，虽然在研究中向有关专家就某些专业问题进行了请教，也针对一些问题作过讨论，但仍有可能存在对有些问题的论述不够准确和深刻的缺陷；二是由于医学受试者权利保护问题具有较强的实践性，虽然本书的研究者也兼任了多家医院伦理委员会委员，参与了多年的伦理审查实务工作，但还是缺少足够的实践经验，因此有些理论与观点未必正确，未必符合实际。在此，诚恳地希望专家学者批评指正，以帮助本研究精益求精。

附录一　案例评析

案例评析旨在进一步理解医学受试者权利保护的意义和内涵，揭示受试者权利保护问题的症结。附录中收集的案例主要源于司法判例、新闻媒体、学术论著等公开发表与披露的近年来国内外人体试验和临床实践中发生的 10 个典型案例（涉及新药、新器械临床试验、新技术临床应用试验研究、科研课题等各类涉及人的生物医学研究实例）。所分析讨论的常见问题，包括受试者的权利、权利保护体系与制度建设以及弱势群体保护等。案例短小经典，分析简要，具有理论性、实用性和情境性。

一、北京艾滋病药物人体试验案

【案情简介】

2003 年，北京某医院进行了为期 9 个月的"胸腺核蛋白制剂"（TNP）试验，两家美国公司和中国某地艾滋病预防控制中心作为合作单位参与试验。该试验选取了 39 名感染艾滋病病毒（HIV 病毒）的患者作为试验对象，其目的是评估 TNP 治疗 HIV-1 携带者的安全性和有效性。试验期间，其中 7 人死亡。值得关注的是，TNP 试验项目从未被国家监管部门批准。同时 TNP 也没有获得全球专利，也更不是所谓的"唯一经过高度提纯的单一蛋白体"，就连与之合作的国外公司也无关于艾滋病的研究经历。2004 年 3 月 16 日，经相关部门调查认为：依现有证据，此试验仍然符合相应的伦理原则和受试者利益，也不足以证明是 TNP 治疗导致了患者的死亡；同时建议该院将 48 元的《患者知情同意书》复印费退还给患者。在调查听证会上，该院承认了自身行为存在两点不足：首先，在知情同意书签署前没有进行试验项目的伦理性审查；其次，没有给患者提供知情同意书副本，而是允许其复印知情同意书，依复印病历的收费标准收取费用。据患者回忆，在签署《患者知情同意书》前，该医院医生说：你们很幸运才会有这次治疗的机会，经过治疗后，在 20

年内不会出现问题。而医院的部分医生认为，之所以无法做到艾滋病人的真正知情同意，很多时候，是因为这些人不能理性地分析事情的利弊，经常以"抓住救命稻草"的心态作出选择。

【评析】

本案涉及药物临床试验中弱势群体的权利保护问题。药物临床试验中的弱势群体，是指可能因为无法正确认识自己的行为或不能充分自由地决定自己行为而容易在医学研究中受到损害的人，主要是无民事行为能力人、限制民事行为能力人等。之所以称之为弱势群体，是因为他们缺乏决断力，甚至是无决断力。他们的知情能力、自我决定能力以及对于试验的特殊态度，都有别于一般人。以他们为受试者时，法律应当给予特殊保护。在欧美国家，经过排除、吸收等环节筛选受试者，把是否为弱势群体这个因素纳入筛选条件之中。弱势受试者的家属、监护人或是代理人代为决定是目前较为常见的形式。

在试验中，同意能力是指知晓试验程序，能够权衡利弊，可以作出选择，并且能预料选择所带来的后果等这些能运用知识作出决定的能力。有专家认为，试验的同意能力要求要比一般医疗行为的高。[1]我们不能简单地将知情同意能力等同于民事行为能力，因为与一般民法上的意思表示不同的是，决定是否参加试验会受到诸多因素的影响，这些因素包括年龄、文化程度、患病情况等。正如《涉及人的健康相关研究国际伦理指南》所指出的，如果需要招募弱势群体作为研究受试者，必须通过特别的合理性论证，他们一旦被选中，就必须采取严格措施，以保护受试者的权利和安全。在某种程度上，特殊人群的合理性论证和严格保护比简单的知情同意更为关键。本案中的受试者是农民（HIV 携带者），由于其自身文化水平相对较低，对于医疗认知较差，在试验前，试验者应当考虑到病情因素、文化层次等的差异，采用较为通俗易懂的语言予以讲解，使其充分认知和同意后方可参加试验。

---

〔1〕 王岳："从'韩国人参丸事件'反思我国药物临床试验中的法律问题"，载《中国药房》2005 年第 10 期。

二、BAY59-7939 新药片剂试验案

【案情简介】

2006 年 10 月，在北京某医院住院治疗期间，一位老人参加了一项由拜耳医药公司正在该院进行的临床试验，该新药片剂是由德国拜耳医药集团研制开发的新药（BAY59-7939），用于预防术后血栓。术后两周，在一次进行造影时，该老人突然发生休克，经抢救后得以保住性命。该院认定此事件为试验的"严重不良事件"。因此，该老人将拜耳医药公司和医院诉至法院，请求法院判令两被告连带赔偿 15 万欧元。德国拜耳医药集团作为此次试验药物的研发者，为本次试验进行了投保，确定最高保额为 50 万欧元／人。根据相关文件规定，如发生因本试验而对受试者造成损害的情况，保险公司应提供一定的赔付金额。

法院经审理认为，原告与被告某医院之间存在医疗服务合同关系，医院与拜耳医药公司之间存在临床试验协议，双方也均认可该委托关系。作为原告的受试者与拜耳医药公司之间存在新药试验合同关系。基于拜耳医药公司与医院系委托关系，所以应当由拜耳医药公司向受试者承担新药试验合同项下的赔付责任义务。此外，根据《药物临床试验质量管理规范》的有关规定，申办者应为受试者提供保险，受试者若发生与试验相关的损害包括死亡的，申办方应当向受试者承担有关治疗的费用及相应的经济补偿。另外，一审中，试验保险合同作为关键的证据，直接决定着是否赔付、赔付金额等事项，但公司因合同文本长，翻译成本较高等理由迟迟不肯向法院提交。该公司被法院多次要求后最终仅提交了一份由保险公司出具的说明。因缺乏关键证据，法院无法明确认定该案件的责任归属。最终依据相关法律，法院推定该保险合同中包含相应的赔偿内容，判令该公司赔偿老人 5 万欧元。

值得一提的是，法院结合案件审理中发现的问题，分别向相关部门和该医院伦理委员会发出司法建议。司法建议的主要内容是，建议相关部门修订《药品注册管理办法》，建立强制责任保险制度，明确伦理委员会是未尽审核义务的责任承担主体；同时建议该医院伦理委员会应当加强审议保险措施，留存相应文本。

【评析】

我国《药物临床试验质量管理规范》虽有对临床受试者的权利保护的规定，但规定相对笼统，原则性较强，所以在实际操作中存在比较大的困难。研究人员在设计试验方案时往往会忽略一些重要细节，使得受试者的安全和权益无法得到保障。例如，《药物临床试验质量管理规范》规定，申办者应为受试者提供保险，受试者若发生与试验相关的损害包括死亡的，申办方应当承担受试者有关治疗的费用及相应的经济补偿。因此，创建救济基金和建立人体试验强制责任保险制度等措施，一方面可以保证受试者在遭受损害后能及时得到救济；另一方面也能减轻相关企业、研究单位的经济负担。

法院的判决和司法建议书，体现了我国司法的进步，对我国受试者权利的保护无疑具有开创性的意义。[1]一方面，司法机关首次建议国家相关部门要完善受试者权利保护制度，这有利于加快该制度完善的进程；另一方面，本案法院明确指出伦理委员会存在未尽相关审核义务，因此应当承担法律责任，这一做法有利于加强伦理委员会建设，强化其法律地位与责任。

三、湖南"黄金大米"儿童人体试验案

【案情简介】

由美国塔夫茨大学汤光文教授主持的项目——儿童植物类胡萝卜素维生素 A 含量研究，于 2002 年 12 月通过了美国国立卫生研究院（NIH）糖尿病消化道和肾病研究所的批准。该项目主要研究菠菜、金水稻（俗称"黄金大米"）和类胡萝卜素（存在于 β-胡萝卜素胶囊中）在儿童体内吸收并转化成维生素 A 的效率。

该合作项目的主要负责人是汤光文教授，中国疾病预防控制中心营养与食品安全所的荫士安研究员和王茵是中方负责人。荫士安与浙江省医科院在 2003 年 9 月共同签订了美国国立卫生研究院（NIH）课题合作协议，次年 8 月美国塔夫茨大学与浙江省医科院签订了课题研究协议备忘录。荫士安当时

---

〔1〕 韩梅、王思成："法律视角下临床试验受试者权益保护的分析与建议"，载《中医杂志》2013 年第 20 期。

正在湖南省开展关于"植物中类胡萝卜素在儿童体内转化成为维生素 A 的效率研究"的国内项目，2008 年中美合作项目的研究地点被转移至湖南省衡南县，两个项目得以合并进行。中国疾病预防控制中心营养与食品安全所、浙江省医科院分别同湖南方面签订了合作协议书，但签约协议中未明确告知湖南方面转基因大米或"黄金大米"将被运用在试验中。

2008 年 5 月 20 日起，湖南省衡南县江口镇中心小学被研究组选为试验组，试验对象为 80 位 6 — 8 岁的儿童，试验对象被随机分成 3 组进行含有"黄金大米"的试验。2008 年 6 月 2 日，试验 1 组的 25 名儿童午餐时食用了 60 克"黄金大米"，午餐之外的进食选择当地直接采购的食物，和其他试验组对象一致，随后有研究人员抽取试验儿童的血液样品，进行后续观察研究。

经调查，该项目研究所用的"黄金大米"并没有相关审批程序就允许入境，此行为已违反了我国相关的法律规定。该研究在伦理审批和知情同意告知过程中，未明确向受试者及其家长、监护人等告知试验中将会使用转基因大米，在知情通报会上课题组没有向受试学生家长提供完整的知情同意书，仅将研究知情同意书的最后一页发放给受试者家长（监护人）并让其签字，然而知情同意书最后一页内容里也并未提及"黄金大米"相关信息。[1]此行为违反了原卫生部《涉及人的生物医学研究伦理审查办法（试行）》的规定，也违反了科研伦理原则。该项目的三位主要当事人故意隐瞒项目实施的相关情况并提供虚假信息，这一行为严重违反科研诚信，故主要当事人均被追究责任，给予撤职处理。

【评析】

2013 年版《赫尔辛基宣言》第 28 条规定，"对无知情同意能力的潜在受试者，医生必须寻求其法定代理人的知情同意。上述潜在受试者绝不能被纳入一个不可能带给他们益处的研究中，除非研究旨在促进该潜在受试者所代表的人群的健康，且研究不能以能够知情同意的受试者代替进行，同时研究仅造成最小风险和负担"。上述"黄金大米"事件的研究者仅仅考虑自己的研究

---

[1]　陈旻、李红英主编：《临床研究伦理审查案例解析》，人民卫生出版社 2016 年版，第 135 页。

成果，未考虑受试儿童的身体健康。试验者和有关部门人员仅提及课题组与受试者家长双方已签订知情同意书，而无法证实未成年人受试正当性是否具备、试验是否存在不必要的风险等情况，我国相关立法的缺失也因此充分暴露出来。显然，2008 年开展的"黄金大米"试验违反了我国的相关法规，也违反了伦理原则。[1]

"黄金大米"试验者选择该校开展试验，看重的是该校曾承担儿童正畸营养的课题，拥有试验基础且学生数量较多，但在该校开展人体试验的正当性未被证实。从程序性上讲，学校或教育主管部门应当以学校为背景进行试验评估并对试验方案认真审查，尤其应当考虑到儿童的生理和心理因人体试验的集体环境可能受到影响，例如群体压力下影响自愿性等。学校在试验的筹备和计划阶段就应当将学生及家长视为试验的共同决定主体，不应使其陷入完全被动地位，而应将是否参与人体试验的决策透明化、自主化。应当抽取家长代表参与学校和教育机构的决策过程，并主动向家长群体公开试验的全部信息，使其能够全面、客观地了解试验性质和方案，以便理性判断是否参与试验、试验中是否退出。且向学生讲解有关人体试验的信息时应当考虑学生的认知和理解能力。"黄金大米"试验从开展形式上看，家长有权决定子女是否参加本次试验，然而，家长对于该试验的性质、目的、风险一概不知，甚至连孩子是否食用了"黄金大米"也不知晓。学生及家长基于学校群体活动的特殊影响力对学校和教师怀有信任或迎合心态，这些因素使得学生或家长误解或违背自身意愿同意参与人体试验。受试儿童及其家长没有完全、正确地理解人体试验的目的、性质和风险，便没有实现真正意义上的知情同意。

四、江苏首例人体试药案

【案情简介】

2005 年，南京 56 岁退休工人郭某在住院治疗糖尿病期间，医生向其推荐一款新药，称该药对郭某的病应该有较好疗效，如服用该药既免药费还获赠小礼品。郭某在医生的建议下同意使用该药，随后签署了知情同意书，成为

---

〔1〕 李久辉、王磊："从'黄金大米'事件到西方伦理委员会制度建设的思考"，载《山东社会科学》2015 年第 1 期。

该临床药物试验的试验者之一，同时获得一个血糖仪。2005 年 9 月 29 日起郭某按要求停用原药品，开始每日按时注射新药剂。在试用期间郭某的血糖并未降低反而升高，在医生的要求下增加药量，达到 40 单位／晚。郭某血糖并没有因连续 13 周的用药而降低，反而被确诊为 II 型糖尿病、糖尿病肾病。2006 年 2 月郭某起诉该医院以及涉事药厂，诉请两被告赔偿各项损失 31 万余元。2006 年 6 月 23 日法院开庭宣判。

经庭审认定，根据《临床研究方案》的入选标准，郭某属于本次试验的试验人群，故被告对此不存在过失。由于受试者存在个人差异，应视受试者具体情况确定试验前所告知的内容及程度。根据原告签署的知情同意书推断，被告履行告知义务时存在一定过失。原告依自愿性原则可随时根据实际情况决定自身是否继续参加试验，因此，被告医院在试验过程中仍然有义务向受试者说明相关的情况，并且也有义务向受试者说明如注射该药物未能达到控制血糖的目的而带来相关风险，给予其合理建议，由受试者自主决定是否继续参加试验。然而在试验过程中被告医院除告知原告继续加大药量外未进行其他任何相关建议，对此存在过失。故法院称，被告医院及药厂未完全履行知情同意义务，侵犯了原告自主权，给原告带来了精神损害。判令被告医院赔偿原告精神抚慰金 1 万元，被告药厂承担连带赔偿责任。

【评析】

本案中虽然原被告双方都签署了知情同意书，但被告依然被判败诉，需承担相应的民事赔偿责任，因为知情同意过程在本案中仅仅被等同于知情同意书。本案中涉及的知情内容至少包括：(1) 该试验药物是否能控制原告的血糖？(2) 原告有糖尿病，在肾脏有问题的情况下参加试验是否存在风险？是否影响病情？(3) 原告在试用新药期间出现血糖继续升高后能否自主决定退出试验？如退出有何风险？可否避免血糖进一步升高？(4) 加大药量后能否带来其他风险？而被告的处理方式为：(1) 基于对该药试验效果的过于自信，便直接告知原告注射药物后应该会有疗效；(2) 在知晓原告患有糖尿病肾病以及未告知其参加试验的风险的情况下，便允许其参加试验；(3) 在试验过程中未及时告知原告相关情况而私自要求其继续参加试验。案情从实质上反映出我国药物试验的普遍问题：知情同意简单地等同于签署知情同意书。

如此，受试者的知情同意权并不能得到充分的保障。

保障受试者的知情同意权，需要遵循知情同意的行为要求：（1）提供信息。药物研究需整合医学、药学、化学等领域的专业知识，具有极强的专业性与技术性。在向非专业受试者提供信息时，应当注重保持内容的完整性和真实性，做到尽量周全而又通俗易懂。（2）同意能力。"同意"作为受试者的一项基本权利是神圣不可侵犯的。尤其对于民事行为能力不健全的未成年人、精神病患者等群体，如何确定其法定代理人或监护人的意思能力，以最大程度地保障特殊受试者的合法权益显得十分重要。[1]（3）同意程序。按照《药物临床试验管理规范》规定，知情同意过程至少需要把握以下六个步骤：①试验方案在试验开始前就应由申办者与研究者确立，试验方案应包括受试者的入选标准、排除标准和剔除标准，选择受试者的步骤以及受试者分配的方法；②试验方案需经伦理委员会审议；③伦理委员会应从保护受试者权利的角度严格审议受试者入选条件与入选方式，审核研究者向受试者提供的信息资料是否完整、通俗易懂，知情同意书的签订方法是否适当；④伦理委员会书面同意试验方案；⑤研究者向受试者说明临床试验的有关详细情况，在向其充分、详细地说明与解释后签署知情同意书；⑥若出现涉及试验药物的重要资料，必须修改知情同意书，上报伦理委员会批准，并再次征得受试者同意；伦理委员会批准试验方案后知情同意才可真正执行。（4）同意时限。受试者经过知情过程后行使自我决定权，应给予其合理充分的思考时间和足够的提问机会，并且能得到及时有效的反馈和解释。研究表明，信息的数量和时间的长短会影响受试者的同意率；过短的理解时间会导致受试者作出不理智的决定。[2]

研究发现，当前我国临床试验的知情同意书尚存在下列问题：[3]（1）采用口头方式进行知情同意。（2）伦理委员会审核批准知情同意书环节缺失。（3）知情同意程序不规范，部分试验项目受试者人数与知情同意书份数不一致，说明并不是所有受试者都签署了知情同意书。（4）知情同意书内容过简、

---

〔1〕 张建平等："江苏省首例药物临床试验诉讼与受试者的知情同意权保护"，载《药学服务与研究》2008 年第 5 期。

〔2〕 姜萍、殷正坤："人体研究中的知情同意问题研究综述"，载《哲学动态》2002 年第 12 期。

〔3〕 田少雷："药品临床试验中对受试者的保护——知情同意"，载《中国医药导刊》2000 年第 3 期。

语言模糊，不能尽到全面告知的义务。（5）知情同意书叙述诱导性较强，较多强调试验带来的利益，忽略对风险的提示。过分夸大药物的疗效甚至使用毫无依据或者错误的词语。（6）缺乏描述受试者应得的权益。（7）知情同意书缺乏规范的文本格式，如缺少必要相关人的签字或日期等，甚至出现了知情同意书无受试者签字并且研究者与见证人签字一致的现象。（8）签署知情同意书后没有向受试者提供资料复印件。以上问题可反映出当前存在的"重同意而轻知情，真同意而不知情"的普遍事实。部分试验者的关注点主要在是否同意，而忽视了知情这一受试者的重要权利，只是把知情同意当作临床试验的其中一个普通审批程序或形式来看待。

五、国内脑科戒毒手术被紧急叫停案

【案情简介】

脑科戒毒手术又称"边缘环路阻断术"，其原理是摧毁"奖赏系统"，从而去掉大脑对毒品的记忆。[1]该手术是通过两条深入脑内的金属针发射正负相反的电流，摧毁吸毒形成的犒赏性神经中枢，消除患者关于吸毒的身体和心理记忆，从而断绝毒瘾。[2]但它可能使人产生性格改变、影响正常生理欲望等副作用。1998 年，俄罗斯新西伯利亚市医院对该项治疗手段进行研究。2000 年，俄罗斯圣彼得堡脑科研究所将这一手段为吸毒者进行手术治疗。同年，广东三九脑科医院申请获得"脑科戒毒手术"的科研立项。2001 年，广东省卫生厅批准脑科戒毒手术作为临床科研项目立项。2003 年至 2004 年，广东三九脑科医院共实施 93 例脑科戒毒手术。

然而，自 2003 年开始，在这一研究尚未结题的情况下，广东、四川、江苏、北京、上海等全国各地 20 多家医院未经批准，擅自在病人中大量开展这项手术业务，并谎称该手术可大大降低复吸率，总计有 500 多名吸毒者接受了手术治疗，这在社会上引起了很大的反响。[3]吸引众多医疗机构实施脑科

---

〔1〕 "卫生部：暂不允许脑科手术用于戒毒治疗"，载《中国药房》2004 年第 12 期。

〔2〕 王伶、任广睦："脑科戒毒手术被叫停的医学伦理学思考"，载《山西高等学校社会科学学报》2006 年第 7 期。

〔3〕 张瑞宏："生物医学科研伦理审查需要制度化——从卫生部叫停'手术戒毒'治疗引起的思考"，载《昆明医学院学报》2006 年第 3 期。

戒毒手术的诱因除科研因素外，经济利益也是不可忽视的。据了解，做一例这样的手术，需要的费用为 3.5 万元到 4 万元。

为保障患者健康和合法权益，经专家论证，明确提出该项手术不能作为临床服务项目向毒品依赖者提供。2004 年 11 月 2 日，原国家卫生部办公厅发出紧急"叫停"通知。

【评析】

生命伦理的一个基本原则是选取利益最大化，即两害相权取其轻，反之则是两利相衡择其大。临床服务项目和临床医学研究两者之间存在着根本区别。脑科戒毒手术是一项临床研究，其手术的安全性和有效性尚未得到论证，因此不应作为临床服务项目向毒品依赖者提供。生命健康的保障是生命伦理学的核心与关键，脑科戒毒手术未经过长期随访，其副作用还未知，临床试验尚未结束，叫停脑科戒毒手术对患者来说是利益最大化的选择，最大程度地保障患者的生命健康与生命质量。广东三九脑科医院将脑科戒毒手术作为科研项目立项，进行临床人体试验，本是符合伦理规范的，但却向参与临床试验的志愿者收取高昂的手术费用，这一做法显然违背了医学伦理的公正原则，即临床研究不应向患者收取治疗费用。对于随后开展脑科戒毒手术的其他医院来说，将临床研究混淆为临床服务向患者提供，这一行为本身就违背了人体试验原则，侵犯了患者的知情同意权和生命健康权。与此同时，各医疗机构向患者收取高昂治疗费用，用经济利益绑架了伦理道德，背离了人体试验的初衷。

叫停脑科戒毒手术符合治疗原则中的"优后原则"。即只有在穷尽现有医疗手段仍无法治愈疾病时，才考虑采用新疗法。该项原则旨在最大限度尊重和保护患者的生命。据了解，除手术治疗外，仍有很多有效可行的戒毒方法，如美沙酮、丁丙诺啡等药物治疗，这些方法相较戒毒手术都是安全、有效、可靠的，在临床研究没有结束之前，手术戒毒不应作为吸毒者的首选医疗方案。

六、上海某医院人工心脏试验案

【案情简介】

2004 年 4 月 19 日，12 岁的周某清患病入住了上海市儿童医院，被诊断为"原发性扩张型心肌病"。3 天后，上海市儿童医院邀请上海某医院院长刘某进行会诊。刘某对孩子母亲说："你儿子的病很重，恐怕熬不过今晚。"刘某随即介绍说，东方医院与德国柏林心脏中心合作成立的中德心脏中心的安装人工心脏、骨髓干细胞移植术、肌细胞移植术和心脏移植手术等救治方案可以治疗该患者的病，这套治疗方法成功率为 90%，费用在 25 万元左右。你们非常幸运，德国柏林心脏中心的总裁和主任正好在我国上海，他们在医疗器械展览上带来了目前世界上最先进的人工心脏。随后，周某清被迅速从儿科医院转至上海某医院，7 月 15 日当晚就进行了心脏移植手术。然而 7 月 30 日，周某清被宣布死亡。

在他人的提醒下，周某清的父亲周某华意识到儿子可能被医院做了人体试验，随后向上海市徐汇区人民法院起诉，称上海某医院使用的德国柏林心脏中心的人工心脏从未取得国家食品药品监督管理局颁布的医疗器械许可证，在法律上还处于临床试验阶段。并且，上海某医院为周某清进行的干细胞移植手术也从未得到临床公认，而医院没有告知病人家属该真实情况，完全是拿周某清做人体试验。

庭审中，上海某医院提交的进口医疗器械注册证显示，德国 Medos 公司生产的心室辅助装置已于 2001 年取得注册并盖有国家食品药品监督管理局公章。但是，后由国家食品药品监督管理局信访办公室回函，确认了该公司生产的 Berlin Heart VAD 人工心脏产品从未在国家食品药品监督管理局进行过医疗器械注册。由此法院认定，上海某医院出具的北京凯文公司的进口医疗器械注册证是伪造的。经法院调解，上海某医院同意支付 16 万元赔偿金。

【评析】

针对周某清案，我国著名生命伦理学专家邱仁宗说过，由于我国相关法规尚不健全，因而有可能成为国外新药、医疗器械、医疗技术的非法试验地，我国公民有可能成为国外医药企业研究机构的试验品。[1]因而，在医学人体试验立法与临床试验管理过程中，必须加强对受试者的保护。至少应在两个方面着手：一方面，立法者、执法者、医疗方乃至整个社会要进一步增强对医学受试者人权保护的重要性的认识，进一步明确非知情同意的医学人体试验的严重危害性；另一方面，受试者知情同意权需要相应的有效机制保障，特别要加强监管机构的监管力度，充分提高伦理委员会的地位和发挥其伦理审查的作用，坚决遏制医院和医学研究机构漠视知情同意权利，对病人或受试者肆意欺骗、隐瞒相关信息的行为。

七、危地马拉秘密人体试验案

【案情简介】

2011 年 8 月 29 日，美国生物伦理问题研究总统委员会公布了一则调查报告，该报告称：1946 年至 1948 年，美国研究人员对危地马拉的 1300 多名精神病患者、囚犯和性工作者进行了秘密的人体试验，故意让其染上淋病、梅毒等性病，只为了研究青霉素能否治疗和预防性病。而其中只有 700 人左右得到了某种治疗，共计 83 名试验对象死亡。美国韦尔斯利学院从事女性和医学史研究的专家苏珊·里维尔在阅读已故医生约翰·卡特勒留下的档案文件时，惊讶地发现了这些证据。据她披露，试验人员有时让受试者喝下含有性病病毒的水，有时拿着带有病毒的注射器划破妇女的口、脸和手臂，只为让她们感染性病。这些受试者对于试验毫不知情，有的人甚至没有接受过任何治疗。

这一罪行曝光后，危地马拉政府进行了强烈的谴责。副总统埃斯帕达称，已经发现了 5 名接受过人体试验的幸存者，政府拟把他们送到当地最大的医院进行有关医学检查，以确定试验是否对他们和家人造成了影响，然后决定该如何应对。

美国总统奥巴马就此事向危地马拉总统表示了道歉，并下令组成了生物

---

[1] 张万洪主编：《我们时代的人权：多学科的视野》，中国法制出版社 2010 年版，第 219–220 页。

伦理问题研究总统委员会来展开深入调查。该委员会仔细评估了该案件中的伦理和道德问题，表示没有任何正当理由能让政府、机构、研究人员在明知违反伦理道德的情况下进行这种人体试验，委员会保证今后绝不再发生类似事件。

【评析】

显然，危地马拉秘密人体试验严重违背了医学伦理原则，剥夺了受试者的诸多权利，包括生命健康权、知情同意权、隐私权、医疗救治权、赔偿权等。（1）生命健康权。《贝尔蒙特报告》提出医学伦理的"有利、不伤害"原则，就是申明在人体试验中，生命健康权始终居于受试者权利的首位，然而危地马拉秘密人体试验就违背了这一重要宗旨。（2）知情同意权。研究者应当完全为了受试者的利益，就试验目的、试验可能产生的副作用、风险等向受试者作充分的解释说明。当年，美国在试验前既没有告知受试者真实的研究目的，也没有要求受试者签署知情同意书，粗暴地剥夺了受试者的知情同意权。（3）隐私权。隐私保护是最基本的伦理要求，但是在当年的秘密人体试验中，研究人员既没有保护那些已经感染性病的受试者的隐私，还故意感染了一些健康的人，严重侵犯了受试者的隐私和名誉。[1]（4）医疗救治权。研究者不可能预见或控制医学研究的全部结果，因此应该时刻严密观察、高度重视，如果受试者出现了不良反应，应当第一时间对其采取积极的救治，保证受试者的生命健康。（5）赔偿权。根据《涉及人的健康相关研究国际伦理指南》的规定，若受试者因参与研究而受到损害，受试者有权得到对该伤害的免费医疗，并能获得经济或其他方面的救济。如果受试者因研究而死亡，他们所赡养的人有权得到赔偿。案件曝光后，危地马拉人权组织敦促受害者家属向国家索赔。事实上，即使得到了赔偿，也不能完全弥补对受试者及家属的身体和精神造成的损害。

危地马拉秘密人体试验事件是对世界人权事业的一次严重亵渎，凸显了强化国际生命伦理法律规范的必要性，尤其是国际人体试验立法，直接关乎人类的生命尊严。医学研究已进入了一个全新的发展阶段，它的进步需要进

---

〔1〕 刘丽："危地马拉秘密人体试验对人类生命伦理学发展的启示"，载《海军医学杂志》2010年第4期。

行一定的人体试验，但是研究探索的过程必须是符合人性的，必须以明确的道德伦理准则为基础，以严格的国际法律法规为准绳。

八、疟原虫治疗晚期癌症人体试验案

【案情简介】

疟疾和肿瘤本是风马牛不相及的两种疾病。机缘巧合，流行病学老师在课堂上挂出的两张流行病学图让陈某将两者联系到了一起。通过两张图的对照，他隐约觉得，疟疾多的地方肿瘤就少，似乎得了疟疾肿瘤就会好转。之后，他开始收集与此相关的数据，并于 2004 年开始论证疟疾和癌症之间的关系。经过 10 多年的研究发现，肿瘤会释放信号来催眠免疫系统。感染疟疾后，沉睡的免疫系统会被再次唤醒。被激活后的免疫系统会识别并杀灭肿瘤。2016 年，陈某团队找到了 3 名晚期肺癌患者。在征得病人和家属同意后，将疟原虫治疗方法应用于临床。其中 1 例无效，2 例疗效显著。令人颇为惊喜的是，一例患者颈部的转移病灶消失，肺部原发病灶由"螃蟹状"变为"斑块状"，后经微创手术被完整切除。临床试验初见成果，但陈某表示"以病克病"存在风险，必须小心谨慎。同时，疟原虫治疗方法需要克服伦理问题，从动物实验到应用于患者，必须严格遵守伦理审查规定，充分重视受试者权益的保护。2018 年底，陈某公开演说时提到："就目前的临床观察来看，在接受疟原虫免疫疗法的首批 10 位病人中，有 2 人可能被治好了。"[1]其中，"可能"二字体现了其谨慎的科学态度，得到了学界的肯定。

【评析】

疟原虫治疗癌症的逻辑类似于一百多年前的科利毒素。被誉为癌症免疫学之父的威廉·科利发现有些肿瘤患者在感染细菌、严重高烧后，体内的癌细胞消失了。他猜测细菌感染能干掉癌细胞。于是通过直接注射等方法故意让患者感染细菌，但由于缺少抗生素，科利无法控制感染。很多人不幸发烧致死，但活下来的人里确实有一些患者的肿瘤消失了。在科利那个年代，与

---

〔1〕 马晓华："疟原虫刷屏　传染病源能否成为癌症克星"，载《科学大观园》2019 年第 5 期。

伦理相关的问题尚未得到足够的重视，因此出现了很多侵害患者权益的情形。例如，在留下的档案资料中，患者的面容清晰可辨识，其隐私权受损。同时，疟原虫治疗癌症还需要注意以下问题：第一，疟原虫治疗癌症还只是早期研究，疗效和副作用都还未知。第二，注重患者心理疏导。要降低患者的心理预期，把疟原虫治疗方法作为众多选择的一种进行介绍。对于新患者，则不应把其作为首选。第三，媒介客观真实地进行宣传报道。患者真正需要的是扎实可靠的技术，相互吹捧的夸大宣传只能昙花一现。无论是新闻人还是科学家，都应做到实事求是，遵从本真。在没有把握，没有可靠结论时，要沉住气，不可急于求成。

这里仍然要强调知情同意权的问题。患者的知情同意权包括知晓情况、自主同意两个方面。知晓情况是指知晓真实、全面的情况，研究者不能隐瞒、夸大、欺骗受试者，要如实、全面、及时告知受试者有关信息。这不单是研究者的义务，也是媒体的义务。媒体要尊重受试者的知情同意权，不做夸大、虚假的宣传。受试者承担了很大的风险参与临床试验，媒体的言论是其获取信息的重要渠道之一，言论的可靠与否对受试者承担风险的大小有直接的影响。如果宣传失实，受试者误信则可能遭遇生命危险，对其本人还是家庭都将造成极大的不良影响。因此，试验机构与媒体都不应夸大、过度宣传。疟原虫治疗晚期癌症事例中有两个细节值得一提：一个是在临床数据发表前，媒体宣传"疟原虫是抗癌神器"，并且使用"治愈"这种误导性的词汇；另一个是陈某在演说时陈述"有2人可能被治好了"。媒体的"神器""治愈"与陈某的"可能"，两相对比，凸显了陈某作为临床试验研究者对患者知情同意权的尊重。

九、世界首例人头移植（换头术）案

【案情简介】

2015年2月，意大利神经外科专家卡纳维罗提出了一个疯狂的想法：将移植的身体和头部冷却到12—15摄氏度，同时切断患者与捐赠者的颈部，用人造血管连接大血管，随后切断颈椎并迅速移植头部，用医学"胶水"将脊椎连接起来并缝合肌肉和血管。这就是一经提出便引发热议的"换头术"。卡纳维罗指出，手术一旦成功，患者最快能够在一年内学会行走，并会逐步适应自己的躯体，甚至还能用原来的语言和声音与人交流。

其后，第一个愿意吃螃蟹的人出现了，他就是一个从小罹患先天性肌肉萎缩症的俄罗斯计算机科学家瓦雷里·多诺夫。这个蜷曲在轮椅上的男人想要带着健全的身体告别世界。他坦言近年来病情不断恶化，想要放手一搏，且已经获得家人的支持。这项手术需要 100 多名外科医生合作，持续进行 30 多个小时，费用高达 700 多万英镑。消息一经公开，多诺夫瞬间成为各大新闻媒体关注的焦点。然而，在所有人都翘首以盼医学奇迹的时刻，多诺夫却突然改变了主意。原来，参与手术的决定让多诺夫瞬间成名，他受到关注的同时，还收获了爱情。如今，娶妻生子的他已不愿承受如此巨大的风险，转而继续采取传统疗法改善症状。

2017 年底，换头手术在中国哈尔滨医科大学进行，任小平团队成功连接一具尸体的头与另一具尸体的脊椎、血管、神经及组织。他将其称为原创性、始发性的研究，并对此信心满满。此前，他还成功地为猴子进行了换头手术，并且成功将小鼠头部移植到大鼠背部。其中，猴子存活了 36 个小时。[1]

【评析】

"换头术"提出后，社会各界的质疑声接连不断。不单是因为手术过于血腥，颠覆人们的认知，更是因为这背后牵涉太多的伦理和法律问题。

首先，移植成功后，患者的身份如何界定？是继续沿用"大脑"的身份，还是"复活身体"的身份，抑或是创建新的身份？这既是一个伦理问题，也是一个法律问题。"大脑"和"身体"的组合如果触犯法律，应该由谁承担法律责任？其原有的家庭成员关系是否会受到影响？实务界的人士纷纷提出自己的看法。有人认为，脑部和身体组成了一个新的个体，应当以新的生命承担法律责任。也有人认为，从医学常识角度来看，大脑支配一切，既然身体受大脑控制，则应当沿用"头脑"的身份。

本研究赞同后一种观点。一方面，无论是民事责任还是刑事责任，都会考察法律主体的主观意志。意志源于头脑，身体是没有意志的。因此，责任

---

[1] 孙英梅、刘冬梅："'换头术'面临的技术与伦理问题"，载《医学争鸣》2018 年第 2 期。

主体应当确定为"大脑"。另一方面，身体可以视为多个器官的结合。在功能效用上，其等价于心脏、肾脏。即身体与心脏、肾脏一样，都是为了延续生命。那么移植身体应当和移植心脏一样，不会改变主体的身份。也许有人会据此反驳：大脑也是器官，移植大脑和移植心脏也应当具有等价性，有可能产生认同障碍。[1]

其次，假若手术成功，患者能够正常生活，组建家庭，并且有了孩子。那么孩子是属于谁的？该"身体"的亲属能否主张孩子的亲属权？《新科学家》杂志曾发表评论，认为因为卵子或精子来自这具新的身体，孩子在生物意义上是属于身体的捐赠者。这种说法有一定道理，但是如此一来，也会给参与手术的患者本人带来心理压力。并且顺着这一思路，"身体"的亲属依据血缘关系，也可以主张自己对孩子的亲权。那么当大家意见不一致时，就会产生更多的家庭纠纷，不利于孩子的身心成长。本研究认为，问题应该追溯到患者本人身份的认定上，手术的目的是延续患者的生命，"身体"只是延续生命的工具，所以身份认定上，患者沿用"大脑"的身份，即患者本人的身份。既然是患者本人身份生育的孩子，理应属于患者本人。至于"身体"的亲属能否主张亲属权利，本研究认为法律上应当不予支持，但是双方可以事先协商。其一，"身体"只是作为工具而存在，不具备人格意义。如果法律予以认可，实践中会产生混乱。其二，出于情理的考量，可以通过协商的方式尊重双方的意思。换头手术是医学技术发展的产物，是一项新兴事物，其利弊尚无定论，规则仍处空白，人们可以在不违背公序良俗的条件下进行约定，实现目的、避免纷争。

最后，还有一点需要注意，即受试者的知情同意权。一是知情同意权的行使。知情同意权贯穿于临床试验始终，受试者有权自主决定参与试验，也有权随时退出试验。多诺夫在意识到换头手术弊大于利时决定退出手术，研究人员予以认可且没有作出任何干涉，这充分体现了研究者对受试者知情同意权的尊重。二是知情同意权的保护。换头手术的研究才刚刚起步，很多技术都不成熟，缺乏数据和临床试验的支撑。此时，媒体不宜过早介入，宣传报道时也应注意分寸，不夸张不隐瞒，从而保护受试者的知情权。此外，在

---

[1] 唐旭、荀兴春："换头术：是愚蠢？还是疯狂？"，载《医学与哲学》2016年第9期。

尸体上进行换头手术是否通过了捐献器官的伦理审查？试验本身是否通过了伦理审查？这些事实都需要我们去逐一核实。没有经过伦理审查，就施行换头手术的原因在于研究者对伦理审查的不重视、伦理审查中行政权力的干预、伦理委员会缺乏独立性。只有在伦理审查工作中严格执行伦理审查制度，优先行使伦理权，才能让伦理审查工作真正地落到实处。[1]其实，在尸体上顺利实施换头手术，仅仅是医学研究迈出的第一步，而距离真正实现人类人头移植还有漫长的路要走。

十、基因编辑婴儿案

【案情简介】

2018 年 11 月，一对名为露露和娜娜的基因编辑婴儿在中国诞生。该月 26 日，南方科技大学副教授贺某宣布了这一消息。据贺某团队所称，通过修改婴儿的 CCR5 基因，使得她们出生后具有艾滋病病毒 HIV 抗体。[2]新闻一经播出，震惊中外，引起了激烈的讨论。我国国家卫健委随即回应该事件，将依法依规严肃处理。

2019 年 12 月 30 日，深圳某法院对"基因编辑婴儿案"进行了公开宣判，认定 3 名被告人即贺某、张某、覃某的行为构成非法行医罪。最终，判处贺某有期徒刑 3 年，并处罚金人民币 300 万元；判处张某有期徒刑 2 年，并处罚金人民币 100 万元；判处覃某有期徒刑 1 年 6 个月，缓刑 2 年，并处罚金人民币 50 万元。

【评析】

（1）"基因编辑婴儿"行为违反了什么规定？

2003 年，科技部和原卫生部联合印发了《人胚胎干细胞研究伦理指导原则》和原卫生部《人类辅助生殖技术规范》，两份文件均规定不得将已用于研

---

〔1〕 丁映轩、龙艺："伦理审查中的行政权与伦理权谁大？——'换头术'伦理审查的思考"，载《医学与哲学》2019 年第 4 期。

〔2〕 孙英梅、黄晓梅："基因编辑婴儿事件的医学和伦理问题及其应对策略"，载《生物学教学》2019 年第 11 期。

究的人囊胚植入人体或任何其他动物的生殖系统，不能假借生殖的名义对人类配子、合子和胚胎进行基因操作，当男女任何一方患有严重性传播疾病，禁止对其实施体外受精－胚胎移植及其衍生技术。根据调查组搜集的多项证据证实，自 2016 年，贺某与广东省某医疗机构张某、深圳市某医疗机构覃某等 3 人唯利是图，故意违反上述规定，在明确知道国家有关规定和医学、科研职业伦理不允许基因编辑婴儿的出生，仍知法犯法进行违法试验，伪造伦理审查材料，假借生育免疫艾滋病的婴儿的名义，招募多对夫妇志愿者（艾滋病病毒抗体男方阳性、女性阴性）参加试验，让他们相信编辑人类胚胎 CCR5 基因的技术，将人类胚胎基因编辑技术应用于生殖医疗辅助，而此项技术的安全性和有效性还未得到检验。最终，法院经过审理认为，贺某、张某、覃某 3 人在法律不允许、伦理不支持、风险不可控的情况下，采取欺骗、造假手段，恶意逃避国家主管部门监管，多次将基因编辑技术应用于辅助生殖医疗，造成多名基因被编辑的婴儿出生，其行为严重扰乱了医疗管理秩序，应属情节严重。

（2）该案为何按非法行医罪论处？

法院审理判定，贺某等 3 人招募多对夫妇志愿者（艾滋病病毒抗体男方阳性、女性阴性），并安排他人冒名顶替进行体检，将基因编辑试剂注入受精卵，骗取医务人员的信任，使他们在不知情的情况下将受精卵移植入母体，以辅助生殖技术的名义，通过编辑人类胚胎基因，达到生育免疫艾滋病的婴儿的目的。上述行为无视科学试验的边界，背离了科学研究的初衷，应当认定为非法医疗行为。在案件调查中，法院发现贺某等人长期参与各种医疗活动，却无人拥有医生执业资格，这一情节违反了《执业医师法》有关规定，而且非法在人类身上应用不成熟的技术，其行为符合非法行医罪的构成要件，应属情节严重。法院最终以非法行医罪对被告人进行裁决，这一判决完全符合罪责刑相适应的刑法基本原则。

（3）"基因编辑婴儿案"的启示。

人们常说科学技术是一把双刃剑。作为一项全新技术，基因编辑有可能提供一种新的方法应用于生命科学领域，从而治疗人类的各种疾病，基因编辑技术在业界有着无限的应用前景。基因编辑的合法使用有助于改善人类福祉，而滥用它会造成健康风险。本案基因编辑婴儿事例，由于存在脱靶效应，新生儿的基因异于常人。因此，这项基因编辑手术对这两个孩子的生理、心理以及未来生活所造成的影响不仅无法预测，而且后果不可逆。所以对于那些后果未知且可能造成不可逆后果的医学生物技术应用，应当建立健全新型医疗技术临床应用的伦理审查、风险管控机制，提升整个社会的伦理观念和法律意识。[1]我国刑法应在坚持风险防范、刑法谦抑性、法益保护的基本立场下，对刑法分则罪名体系尽快完善补充，具体设定人类辅助生殖基因医疗犯罪的有关罪名。[2]事实上，国家支持和鼓励基因技术的政策是建立在一种诚实、负责任和合乎道德的方式之上，因此这项裁决有助于划清合法和非法之间的界线。

"基因编辑婴儿案"再次告诉我们，在进行科学研究和应用医学生物技术时，应当时刻坚守道德和法律的底线。

---

〔1〕 林玲、张新庆："基因编辑婴儿的伦理、法律和社会蕴含"，载《科技导报》2019年第6期。

〔2〕 于慧玲："人类辅助生殖基因医疗技术滥用的风险与刑法规制——以'基因编辑婴儿事件'为例"，载《东岳论丛》2019年第12期。

附录二 专家访谈

开展对专家学者的深度访谈，旨在了解其对医学受试者权利保护问题的相关建议和意见。受邀访谈专家共 6 位，其中国内 4 名，国外 2 名。访谈采取现场访谈或电子邮件等方式获得访谈内容。

一、国内专家（4 名）

（一）胡庆澧教授

（1）专家介绍：胡庆澧，男，上海交通大学医学院附属瑞金医院终身教授、世界卫生组织前副总干事、上海市临床研究伦理委员会主任委员。

（2）访谈方式：现场访谈。

（3）访谈内容：

问题一：相比其他国家和地区，我国医学受试者保护发展处于什么阶段，有什么优势与不足？哪些地方还需要改进？

答：对于受试者的保护值得注意的是，美国专门针对生物医学研究受试者保护颁布了联邦法规文件，其中 21CFR56 阐述伦理委员会审查，并在美国健康与人类服务部专门成立了人体受试者保护办公室；欧洲 2005 年新颁布的临床研究指令相对以往法规重要的变更之一是，临床研究需要同时获得药政管理部门和伦理委员会的批准方可进行。我国与欧美等发达国家，甚至一些发展中国家相比，缺少国家级的伦理咨询及监管体制，不少国家有总统的伦理专家咨询委员会，为国家重大决策提供伦理咨询。现在我国科技部刚刚组建科技伦理委员会，希望能对新兴科技的伦理起到规范和监督作用：抓紧完善制度规范，健全治理机制，强化伦理监管，细化相关法律法规和伦理审查规则，规范各类科学研究活动。

问题二：我国对于受试者知情同意有哪些具体的要求？

答：知情同意制度是受试者权利保护的基本制度。具体的要求一般包括告知研究目的与方法；个人参与是自愿的，可以拒绝、随时退出而不会遭受歧视或惩罚；预期参与研究的时间或次数；可能带来的不便或影响；研究干预可能带来的痛苦或不适，已知的风险和可能的危害或风险；参与研究可能获得的临床受益、社会收益或科学贡献；任何目前可适用的替代的治疗或措施；参与研究可能的回报或补偿；是否愿意知道研究结果；隐私保密措施，及其有限性；研究需要个人承担的费用；有无保险；研究人员的资质及联系方式；伦理委员会已批准研究；伦理委员会的联系方式等。

问题三：对于受试者权利保护问题，目前面临的最大困境是什么？

答：我国近年来机构伦理委员会有了快速的发展，三甲医院基本上都成立了机构伦理委员会。但其伦理审查和对研究课题随访监管的能力参差不齐，我国中医药管理局有了对中医药系统的伦理委员会认证认可系统；但西医药系统目前不能依靠国外的认证认可，而我国自己又没有建立，省级卫健委对机构伦理委员会的监督能力也良莠不齐；在《关于深化审评审批制度改革鼓励药品医疗器械创新的意见》指示下，虽在一些集中的地区建立了区域伦理委员会，但相关的政策还没有及时出台，有些区域伦理委员会并没有真正代表地区的伦理审查水平。

问题四：您建议可以从哪些方向去努力提升受试者权利的保护工作？

答：我们可以借鉴美国的一些做法：美国健康与人类服务部有人体研究保护办公室来监督机构伦理委员会的受试者保护问题；美国国立卫生研究院（NIH）和 FDA 最近又对多中心研究就实行了单一伦理审查的制度，并在 2020 年开始执行 Common Rule 有关单中心伦理审查的规定。这将快速而有效地推动多中心的医药和器械的开发和研究工作，并更好地提升对受试者权利的保护工作。

（二）丛亚丽教授、赵励彦

（1）专家介绍：丛亚丽，女，现任北京大学医学人文学院医学伦理学教授，博士生导师，中华医学会医学伦理学分会主任委员、北京大学生物伦理委员会主任委员、北京大学医学部中美医师职业精神研究中心副主任。

（2）访谈方式：电子邮件。

（3）访谈内容：

问题一：相比其他国家和地区，我国受试者权利保护发展处于什么阶段，有什么优势与不足？哪些地方还需要改进？

答：发展存在不平衡现象。推进其发展不仅需要加强相关的宣传和培训，更要从立法层面推进。

问题二：我国对于受试者权利保护问题，目前面临的最大困境是什么？

答：有些机构仍缺乏对受试者保护的充分重视，不能提供相应的人财物的支持。

问题三：您建议可以从哪些方向去努力提升受试者的保护工作？

答：负责此工作的领导层需要了解此工作的性质；国家和机构层面都需要加强培训。

（三）樊民胜教授

（1）专家介绍：樊民胜，男，上海中医药大学教授，任国家卫健委医学伦理专家委员会副主任、上海市医学伦理专家委员会主任、中华医学会医学伦理学会常委。

（2）访谈方式：电子邮件。

（3）访谈内容：

问题一：相比其他国家和地区，我国受试者权利保护发展处于什么阶段，有什么优势与不足？哪些地方还需要改进？

答：三级医院和部分二级医院（包括部分民营医院）已经成立了伦理委员会，并开展伦理审查工作，主要工作范围包括药物和器械的临床试验和各级科研伦理审查。2016年国家批准世界中医联合会医学伦理审查分会负责机构伦理委员会的认证工作，目前卫健委管辖的医院和科研机构的伦理委员会正在接受认证。但科技部管辖的科研机构并没有此意愿，尽管他们的科研一直在进行，但不少机构缺乏伦理委员会的制度建设、伦理审查和伦理监管，甚至个别单位居然撤销了已经工作了多年的伦理委员会。因此亟须明确伦理委员会对所有涉及人的生物医学研究的伦理审查地位。

问题二：我国对于受试者权利保护问题，目前面临的最大困境是什么？

答：伦理审查制度还不够完善，国家卫健委和国家中医药管理局的医学伦理专家委员会还不具有国家伦理委员会的地位和职能，需要加快建设和完善。

问题三：您建议可以从哪些方向去努力提升受试者的权利保护工作？

答：制度建设永远在路上，要不断进行；确立伦理委员会的法律地位；加强医学伦理专业人才的培养。

（四）熊宁宁教授

（1）专家介绍：熊宁宁，男，南京中医药大学附属医院（江苏省中医院）教授、博士生导师，国家中医药管理局伦理专家委员会主任委员，世界中医联合会伦理审查委员会会长。

（2）访谈方式：电话访谈。

（3）访谈内容：

问题一：相比其他国家和地区，我国受试者权利保护发展处于什么阶段？哪些地方还需要改进？

答：我国医院伦理审查能力方面还需要多加改进。①涉及人的生物医学研究尚未按照法规要求全部都提交伦理审查；②研究人员尊重受试者权利、获取知情同意的意识有待提高；③伦理委员会的审查能力亟待提高。

问题二：我国对于受试者权利保护问题，目前面临的最大困境是什么？

答：在尊重受试者权利方面，中国文化与西方文化有很大不同。我国的家族文化往往忽视个人的权利，研究人员和伦理委员会委员以及研究管理者在研究知情同意的问题上往往忽视受试者的个人权利。尽管随着社会进步，尊重个人权利在逐步改善，但从整体情况看，还有很大的阻力。

问题三：您建议可以从哪些方向去努力提升受试者权利的保护工作？

答：推行伦理认证；"尊重受试者"要成为持之以恒的宣传教育。

二、国外专家（2名）

（一）Jeffrey Kahn 教授

（1）专家介绍：Jeffrey Kahn，男，美国约翰·霍普金斯大学生命伦理学中心主任。

（2）访谈方式：现场访谈。

（3）访谈内容：（录音整理并翻译）

问题一：说起受试者保护体系，我们知道美国在这方面有非常悠久的历史，美国有 AAHRPP 受试者保护体系认证，同时我们也知道美国有一套非常完善的法律法规体系，我们想了解的是，美国受试者保护工作的理论依据是什么？体系发展的依据是什么？有何理论基础？

答：事实上，您以上提到的那些基础都来自《贝尔蒙特报告》。您知道

《贝尔蒙特报告》吗？它在 20 世纪 70 年代末期出台，目的是应对或者回应当时美国一些临床研究的丑闻以及不当使用受试者的问题事件。政府针对不同的研究出现的问题和不同的人群，撰写了很多相关的文件，如针对儿童受试者、针对囚犯受试者、针对妇女受试者等相关文件。但是，这些文件中，最著名的应该算是《贝尔蒙特报告》了。它指出了伦理的三个基本原则：尊重、善行、公平。所有涉及人的研究都应该遵循的三个原则。所以美国的很多法律法规的建立都是为了回应和诠释《贝尔蒙特报告》的伦理三原则，这是基础。从那之后，越来越多的法律法规被细化，将伦理三原则落实到实际操作中，用来对《贝尔蒙特报告》的响应。

问题二：所以《贝尔蒙特报告》就算是基础？

答：是的，《贝尔蒙特报告》就是一个基础，虽然它很短，但是有很多哲学和理论研究的成果来诠释简单的理论和原则。Tom L. Beauchamp 和 James F. Childress 的《生命伦理学原则》一书有很长一部分在讨论四个伦理原则。四个原则其实跟《贝尔蒙特报告》是一样的，只是把其中一个原则分成了两个原则。这本书是对《贝尔蒙特报告》最好的哲学解释，很好地捍卫了《贝尔蒙特报告》所提出的伦理原则。

问题三：另外一个问题是有关法律法规体系的。我们知道在美国有联邦政府资助的研究项目和 FDA 发起的项目。同样地，你们针对这两类研究有两套法规体系，一套是联邦政府资助的法规体系叫作 Common Rule，另外一套就是 FDA 的法律法规。这两套法规如何协调和处理？

答：这两个法律体系是一样的。因为 Common Rule 只适用于美国联邦政府资助的研究项目。一些受联邦政府资助的大学研究都必须遵守 Common Rule，但是对于那些私营企业资助的研究并没有这项规定。一些申办方发起的研究都必须得到 FDA 的执照，如药物和器械的研究。但是 FDA 法规和 Common Rule 都是一样的，它们之间没有区别，只是在法规里面存在不同的部分。

问题四：这两个法律体系处于同一等级吗？没有说哪个更高吗？

答：没有，它们都是一样的级别。如果一项研究在大学里开展，那就必须遵循 Common Rule，但是如果一项研究的结果被用于向 FDA 申请注册，那么这个研究就必须同时遵循 Common Rule 和 FDA 的法规。

问题五：对于伦理委员会工作而言，美国政府是否有相关部门对伦理委员会的工作进行监管和检查？

答：OHRP 负责这项工作，但是 OHRP 并不是专门监管伦理委员会的。有一个办公室是为伦理委员会制定指南和提供相关信息，内容也包括动物实验的委员会 IACUC。而 OHRP 是专门针对涉及人的研究。他们的工作就是帮助伦理委员会提供相关依据和信息，而伦理委员会的责任归属于所属机构。所以对于机构而言，开展涉及人的研究都要跟联邦政府签订一个协议 FWA，证明本机构内的研究和伦理委员会遵循联邦的相关法律法规。联邦政府对于机构伦理委员会不承担任何职责。真正了解当地研究内容和情况的是当地的机构，而不是联邦政府，所以联邦政府不具有监督和管理机构伦理委员会的职能。所以所在机构能够更好地诠释联邦法规来规范机构内的伦理委员会，这就是我们的体系，有时候还很管用。当然有时候可能有所不同，例如，多中心研究，不同中心对于同一个法规条款也有不同的解释和理解，有时候会出现问题，但是最近，多中心临床研究在美国已经采取了单中心伦理审查体系（single IRB），这是非常新的方式。

问题六：在美国，伦理审查和受试者保护有什么挑战和困难吗？

答：一个挑战是研究越来越复杂。所以伦理审查的相关专业背景相对于研究而言有时候很难完全满足。如果你不能理解一项研究，就没有办法做好受试者保护的工作。另外一个比较大的问题是很多伦理委员会的审查时间太长，很多临床研究都被伦理审查拖延。这种情况在美国很少见。在美国，伦理委员会有很多的资源配备，委员经常碰头开会，所以审查的效率很高。人们不喜欢伦理委员会，因为它增加了很多管理方面的程序，减缓了研究的进展，但是伦理委员会非常重要。还有一个挑战就是平衡，即如何平衡伦理委员会的存在以及促进研究开展，这一问题非常重要。

问题七：您在今天的学术会议上提到临床试验之前要强调"公众参与"，公众参与的含义是什么？充分的公众参与的重要性在哪里？如何实现？

答：实际上这些主要针对新技术而言。在美国和欧洲，很多人认为基因修饰细胞是一件非常好的事情，但是一部分人可能持否定意见。所以对于这一问题，公众参与就显得非常重要，要给公众一个机会去参与和辩论，在一些新技术被正式运用前，需要公众的观点，不像在实验室进行的操作，这些技术是用在人身上的，所以需要公众的观点。但是我们知道在中国很难做到，因为中国太大了，也因为中国的体系不一样，中国不要求公众去辩论，所以主要看国家的具体情况。相比之下，英国有比较好的体系，他们有很多大型的宣讲会，把一些政策性的东西通过宣讲告诉民众，这样在宣讲会上能够得到意见的交流。由于英国相对于美国和中国而言，属于比较小的国家，而且人群差异也比较小，所以适合这种模式。但是非常具有争议的新技术的确需要公众的意见，如何获取公众意见，要根据不同国家的实际情况而定。我认为之所以要考虑公众的认可度是因为在美国，很多研究的资源和经费源于税收，作为公众有权利被告知这些税收是怎么被使用和投资的。很多研究是政府资助的，所以费用都来自税收，作为政府就必须要考虑民众的意愿才能够使用这部分税收。这是美国的系统，可能跟中国不太一样。

问题八：国际上有很多关于医学研究的通用规则、伦理规则，国家层面也有政策规定，包括认证机构的要求都不一样，如果不一致，怎么处理？

答：联邦政府规定的就是法规，必须遵循，你可以遵循更严格的，但是你不能低于法规的要求。AAHRPP 是额外的要求，不是强制的，事实上 AAHRPP 提出了更高的要求，法规是最基本需要遵循的，我相信其他国家也是一样的。国家的法规是根本，国际指南可以参考，可以选择遵循的较为严格的。

（二）Elyse Summers 教授

（1）专家介绍：Elyse Summers，女，美国人体研究保护认证协会主席，CEO。

（2）访谈方式：现场访谈。

（3）访谈内容：（录音整理并翻译）

问题一：对于美国的伦理审查，遵循了哪些基本的理论和基础？

答：美国伦理审查的哲学基础是《贝尔蒙特报告》。它重点介绍了三个伦理的原则：尊重，个人的自主权需要得到尊重；善行，平衡风险和获益，还包括希波克拉底誓言中提到的不伤害；公平，获益和负担需要被公平地分配给受试者。另外，《纽伦堡法典》《赫尔辛基宣言》也是美国很多法律的哲学基础。

问题二：据我所知，在美国的法规体系中，Common Rule 和 FDA 的法规是两个不同的体系，是否还有其他的体系？

答：也有一些联邦机构有自己额外的要求，如国土安全部资助的项目，他们有额外的要求等，环境保护机构也有其他的保护要求，Common Rule 和 FDA 法规是最大的体系。

问题三：除 OHRP 和 AAHRPP 外，美国政府是否还有其他机构监管和监督伦理委员会的工作？

答：Common Rule 有一部分关于 HRPP 的非预期事件等内容与受试者保护有关，事实上，AAHRPP 比法规要求更好。

问题四：您在学术会议上提到了"共同责任"，它的概念含义是什么？

答：我们之前一直认为临床试验有问题主要就是伦理委员会的责任，但事实上，受试者权利保护需要有很多部门和人员的参与，责任是共同承担的。

问题五：伦理审查如何实现本土化？

答：很好的问题。我们认为伦理审查标准是一致的，在其他国家我们会看是否遵循当地的国家标准，遇到不一致时，如果当地法规的要求低于 AAHRPP 的要求，那么我们要求遵循 AAHRPP，例如，有个国家说至少要有 3 个委员，那么我们认为不应该只遵循当地法规，还要遵循 AAHRPP 的要求至少有 5 人。如果有的国家法规要求比 AAHRPP 高，那么可以遵循更高的标准。

参考文献

一、中文书籍

1. ［法］卢梭：《社会契约论》，钟书峰译，法律出版社 2017 年版。

2. 杨立新：《人格权法》，法律出版社 2011 年版。

3. ［美］斯科特·伯里斯、申卫星主编：《中国卫生法前沿问题研究》，北京大学出版社 2005 年版。

4. ［美］罗伊·波特等编著：《剑桥医学史》，张大庆等译，吉林人民出版社 2000 年版。

5. 赵璞珊：《中国古代医学》，中华书局出版社 1997 年版。

6. 满洪杰：《人体试验法律问题研究》，中国法制出版社 2013 年版。

7. ［法］克洛德·贝尔纳：《实验医学研究导论》，夏康农、管光东译，商务印书馆，1991 年版。

8. 陈永法主编：《国际药事法规》，中国医药科技出版社 2011 年版。

9. 韩德强：《论人的尊严：法学视角下人的尊严理论的诠释》，法律出版社 2009 年版。

10. 南京大学法学院《人权法学》教材编写组编：《人权法学》，科学出版社 2006 年版。

11. 杨春福主编：《人权法学》，科学出版社 2010 年版。

12. 张文显：《二十世纪西方法哲学思潮研究》，法律出版社 2006 年版。

13. 余涌：《道德权利研究》，中央编译出版社 2001 年版。

14. ［法］阿尔贝特·施韦泽：《敬畏生命：五十年来的基本论述》，陈泽环译，上海社会科学院出版社 2003 年版。

15. 李泽厚：《论语今读》，中华书局 2016 年版。

16. 南怀瑾：《孟子与离娄》，东方出版社 2013 年版。

17. 孙慕义主编：《医学伦理学》，高等教育出版社 2015 年版。

18. ［美］约翰·罗尔斯：《正义论》，何怀宏等译，中国社会科学出版社 1988 年版。

19. ［美］H. T. 恩格尔哈特：《生命伦理学基础》，范瑞平译，北京大学出版社 2006 年版。

20. 赵汀阳：《论可能生活：一种关于幸福和公正的理论》，中国人民大学出版社 2004 年版。

21. 姚辉：《人格权法论》，中国人民大学出版社 2011 年版。

22. 魏振瀛主编：《民法》，北京大学出版社、高等教育出版社2016年版。

23. 张鸿铸等主编：《中外医德规范通览》，天津古籍出版社2000年版。

24. 翟晓梅、邱仁宗：《生命伦理学导论》，清华大学出版社2005年版。

25. 黄丁全：《医疗 法律与生命伦理》，法律出版社2004年版。

26. ［美］艾伦·M. 霍恩布鲁姆、朱迪斯·L. 纽曼、格雷戈里·J. 多贝尔：《违童之愿：
"冷战"时期美国儿童医学实验秘史》，丁立松译，三联书店2015年版。

27. 邱仁宗：《生命伦理学》，中国人民大学出版社2010年版。

28. 李勇、陈亚新、王大建：《医学伦理学》，科学出版社2012年版。

29. 邓虹主编：《域外医事法典型案例评析》，浙江工商大学出版社2016年版。

30. 张新宝：《侵权责任法》，中国人民大学出版社2016年版。

31. 王利明：《侵权行为法研究》（上卷），中国人民大学出版社2004年版。

32. 杨立新：《侵权法论》，人民法院出版社2004年版。

33. 倪正茂、刘长秋主编：《生命法学论要》，黑龙江人民出版社2008年版。

34. 刘炫麟：《大规模侵权研究》，中国政法大学出版社2018年版。

35. 唐超编译：《世界各国患者权利立法汇编》，中国政法大学出版社2016年版。

36. 刘鑫：《医事法学》，中国人民大学出版社2015年版。

37. 刘鑫：《最新医疗侵权诉讼规则理解与案例实操》，中国法制出版社2018年版。

38. 张文显主编：《法理学》，高等教育出版社、北京大学出版社2011年版。

39. 张万洪主编：《我们时代的人权：多学科的视野》，中国法制出版社2010年版。

二、中文文章

1. 刘长秋："人体实验法律对策研究"，载《东方法学》2009年第2期。

2. 翁舜章等："临床试验与临床治疗的区别探析"，载《中国现代药物应用》2011年第
9期。

3. 姚贺之、訾明杰："'临床医生'与'临床研究者'的角色转换与差异探讨"，载《中国
医学伦理学》2018年第7期。

4. 刘经裳、魏熹元："本世纪的医药公害：教训及其对策"，载《医学与哲学》1982年第
11期。

5. 艾勇琦、严金海："论涉及人的生物医学研究的治理：'塔西佗陷阱'的规避与应对"，
载《医学与哲学》2019年第21期。

6. 祝叶华："人类基因编辑'底线'公布 基因治疗或有'法'可依"，载《科技导报》
2017年第4期。

7. 蔡昱："《涉及人的生物医学研究伦理审查方法》的缺陷和完善建议"，载《中国医学伦

理学》2019 年第 10 期。

8. ［英］约翰·亚伯拉罕："渐进式变迁——美英两国药品政府规制的百年演进"，宋华琳译，载《北大法律评论》2001 年第 2 期。

9. 张力、刘小砚："论临床试验受试者权益保护——理论基础、现实困境与法律进路"，载《重庆理工大学学报（社会科学）》2015 年第 12 期。

10. 满洪杰："论医学人体试验中的侵权责任——以比较法为视角"，载《法学论坛》2012 年第 5 期。

11. 杨春治："医学临床试验受试者权益保护的理论逻辑和现实路径"，载《河北法学》2015 年第 3 期 。

12. ［美］Greg Koski："美国人体研究的监督：科学发展中的伦理与规定"，张健译，载《医学与哲学》2001 年第 12 期。

13. ［美］Ruth Macklin："《纽伦堡法典》的重新审视——当今的普遍性和相关性"，孙丹阳译，载《中国医学伦理学》2017 年第 4 期。

14. 王德国："探讨《纽伦堡法典》中人体实验的伦理原则与规范"，载《中国医学伦理学》2016 年第 2 期。

15. 满洪杰："关于受试者知情同意权的立法建议"，载《四川大学学报（哲学社会科学版）》2018 年第 3 期。

16. 吴静等："2013 版《赫尔辛基宣言》评述"，载《中国中西医结合杂志》2014 年第 1 期。

17. 李树婷："更科学严谨，更准确规范——评《赫尔辛基宣言》2000 年版"，载《中国新药杂志》2013 年第 4 期。

18. 杨丽然："更高的伦理标准与更多的利益冲突——《赫尔辛基宣言》2008 年的修订"，载《医学与哲学》（人文社会医学版）2009 年第 5 期。

19. 王福玲："世界医学会《赫尔辛基宣言》——涉及人类受试者的医学研究的伦理原则"，载《中国医学伦理学》2016 年第 3 期。

20. 郑航等："《赫尔辛基宣言》安慰剂使用原则的修订历程及启示"，载《医学与哲学》2018 年第 7 期。

21. 安丽娜："我国伦理委员会的变迁、现状与监管研究"，载《山东科技大学学报（社会科学版）》2019 年第 3 期。

22. 周莹、陆麒："CIOMS 伦理准则的沿革对我国临床研究的影响"，载《医学与哲学》2019 年第 11 期。

23. 郑航："ICH-GCP 基本原则分析与启示"，载《中国处方药》2019 年第 2 期。

24. 赵西巨："欧洲人权与生物医学公约（节译）"，载《法律与医学杂志》2005 年第

2 期。

25. 肇晖、邵蓉："关于上市后药品再评价立法的思考"，载《上海医药》2008 年第 3 期。

26. 唐伟华、王国骞："从塔斯基吉到通用规则：美国保护受试者立法的历史发展与启示"，载《中国科学基金》2017 年第 3 期。

27. 李歆、王琼："美国人体试验受试者保护的联邦法规及对我国的启示"，载《上海医药》2008 年第 9 期。

28. 邓瑞平、王继宁："论'天赋人权'的法制化及其发展"，载《西南民族大学学报（人文社科版）》1997 年第 4 期。

29. 何兆武："天赋人权与人赋人权"，载《读书》1994 年第 8 期。

30. 于慧玲："人类辅助生殖基因医疗技术滥用的风险与刑法规制——以'基因编辑婴儿事件'为例"，载《东岳论丛》2019 年第 12 期。

31. 顾加栋："医学研究受试者权利及其保护的基本问题"，载《医学与哲学》2015 年第 5 期。

32. 邵蓉等："对我国药物临床研究受试者权益保护的法理学思考"，载《中国药事》2011 年第 11 期。

33. 李忠林："从理性主义到功利主义"，载《理论与现代化》2005 年第 3 期。

34. 姜柏生、顾加栋："人体试验受试者人格权保护研究"，载《中国卫生事业管理》2013 年第 12 期。

35. 张艳梅："医疗保健领域的功利主义理论"，载《医学与哲学（人文社会医学版）》2008 年第 9 期。

36. 张运霞："论功利主义的当代价值"，载《中南民族大学学报（人文社会科学版）》2008 年第 4 期。

37. 庄晓平、郝文君："密尔的功利主义如何成为生命伦理学自主原则的理论基础"，载《学术研究》2012 年第 12 期。

38. 江一峰等："临床试验中的弱势群体及其伦理保护"，载《医学与哲学》2017 年第 6 期。

39. 姜涛："为了社会正义：将倾斜保护原则植入刑法理论"，载《江淮论坛》2013 年第 2 期。

40. 姚树森、范贞："《赫尔辛基宣言》修订与受试者权益保障"，载《中国医院》2014 年第 2 期。

41. 陆树程等："全球发展视阈中的敬畏生命观"，载《科学与社会》2017 年第 4 期。

42. 舒远招、吴雪："从义务论的角度看康德的正义思想"，载《道德与文明》2019 年第 1 期。

43. 崔新萍、郭玉宇："医学的人文意蕴及对医学院校人文教育的几点建议"，载《中国医学伦理学》2008 年第 5 期。

44. 刘婵娟："医学伦理审查的现实困境及在中国的建构"，载《中国卫生事业管理》2018 年第 1 期。

45. ［美］Rosamond Rhodes："参与研究何时会成为一种道德责任?"，詹可、王玥译，载《中国医学伦理学》2018 年第 7 期。

46. 何玲玉等："临床研究之伦理治理框架：Emanuel 八个'伦理原则'的审辨"，载《医学与哲学》2019 年第 16 期。

47. 陈旻、莫楠："论研究者发起临床研究的伦理自律"，载《中国医学伦理学》2017 年第 5 期。

48. 李晓洁、王蒲生："大数据时代的知情同意"，载《医学与哲学》，2016 年第 5 期。

49. 赵海燕、陈晓阳、杨同卫："论我国知情同意免除的法律规定之缺陷及其完善"，载《中国医学伦理学》2008 年第 6 期。

50. 张晓隆："代理行使知情同意权的难点探究"，载《中国农村卫生事业管理》2009 年第 2 期。

51. ［美］Mark Siegler："美国与知情同意有关的一些问题"，郭莉萍译，载《医学与哲学》2001 年第 12 期。

52. 刘锦钰等："临床研究豁免知情同意的情形分析与探讨"，载《中国医学伦理学》2019 年第 10 期。

53. 张海洪："伦理审查批准标准解读与探讨"，载《中国医学伦理学》2019 年第 2 期。

54. 张娟、张会杰："从受试者保护视角看医学伦理委员会的发展历程"，载《湖北民族学院学报》2017 年第 1 期。

55. 李一丁："我国人体试验伦理委员会法制发展现状评价"，载《医学与法学》2017 年第 2 期。

56. 李继红、刘福全："临床科研项目受试者权益保护策略初探"，载《中国医学伦理学》2019 年第 2 期。

57. 杨帆等："药物临床试验中申办者与其他主体的法律关系研究"，载《中国新药杂志》2016 年第 12 期。

58. 张馨心等："人体药物临床试验受试者合法权益保护法律问题研究"，载《中国卫生法制》2019 年第 3 期。

59. 滕黎、蒲川："国外伦理委员会的监管对我国的启示"，载《医学与哲学》2010 年第 6 期。

60. 姜柏生、郑逸飞："人体生物医学研究中受试者权益保护对策"，载《医学与哲学（人文社会医学版）》2014 年第 2 期。

61. 刘水冰等："药物在临床前及临床试验研究中的伦理问题综述"，载《中国医学伦理学》2017 年第 4 期。

62. 袁静等："儿童临床试验中受试者保护的伦理审查"，载《中国医学伦理学》2019 年第 10 期。

63. 高富平："个人信息保护：从个人控制到社会控制"，载《法学研究》2018 年第 3 期。

64. 满洪杰："医学人体试验特殊受试者保护研究：以比较法为视角"，载《东岳论丛》2012 年第 4 期。

65. 张海洪："弱势人群概念探析及其对受试者保护的启示"，载《医学与哲学（人文社会医学版）》2015 年第 2 期。

66. 林昕、周欣："临床试验中无意识受试者知情同意权的探析"，载《中国医学伦理学》2018 年第 11 期。

67. 曾令烽等："药物临床试验痴呆弱势群体与权益保障伦理学问题研究"，载《中国新药杂志》2016 年第 24 期。

68. 满洪杰："从'黄金大米'事件看未成年人人体试验的法律规制"，载《法学》2012 年第 11 期。

69. 倪韶青等："关于儿童用药的问题及建议"，载《中国医院药学杂志》2007 年第 6 期。

70. 倪韶青等："儿童 Unlicensed 和 Off-label 用药状况调查"，载《中国医院药学杂志》2008 年第 3 期。

71. 刘丽萍等："关于没有经过许可或药品说明书以外用药问题的探讨"，载《中国药房》2008 年第 9 期。

72. 姜淑明："临床试验中儿童受试者损害赔偿问题研究"，载《湖湘论坛》2017 年第 5 期。

73. 蔡菁菁等："关于药物临床试验伦理问题的思考"，载《医学与哲学》2007 年第 10 期。

74. 唐燕等："上海市三甲医院儿童临床试验伦理审查管理现状调查"，载《医学与社会》2016 年第 4 期。

75. 李歆："未成年人参与药物临床试验的法律问题研究"，载《医学与哲学（人文社会医学版）》2009 年第 2 期。

76. 张姝等："儿童临床试验伦理要素与受试者保护机制研究"，载《医学与哲学》2019 年第 5 期。

77. 朱慧婷、卢庆红、熊友健："浅谈基于风险评估的儿童药物临床试验伦理审查"，载《江西医药》2018 年第 10 期。

78. 徐喜荣："论人体试验中受试者的知情同意权——从'黄金大米'事件切入"，载《河北法学》2013 年第 11 期。

79. 唐燕、奚益群："儿童用药临床试验中的知情同意获得"，载《上海医药》2015 年第
    19 期。

80. 郭春彦等："儿童药物临床试验不良事件的伦理审查"，载《中国医学伦理学》2019 年
    第 10 期。

81. 张姝等："儿童临床试验伦理审查规范（重庆标准）"，载《中国医学伦理学》2019 年
    第 3 期。

82. 江泽宇等："孕妇药物临床试验中的伦理问题及其解决方案综述"，载《中国医学伦理
    学》2019 年第 6 期。

83. 汤虹、张金钟："药物临床试验孕妇受试者风险防控"，载《中国医学伦理学》2017 年
    第 3 期。

84. 于丹丹等："论美国伦理审查制度及其对我国的启示"，载《中国医学伦理学》2015 年
    第 4 期。

85. 徐源等："刍议美国持续性审查制度及其对我国的启示"，载《医学与哲学》2013 年第
    5 期。

86. 李久辉、王磊："从'黄金大米'事件到西方伦理委员会制度建设的思考"，载《山东
    社会科学》2015 年第 1 期。

87. 王彧等："刍议人体试验伦理审查程序的正当化"，载《医学与哲学》2014 年第 7 期。

88. 陆麒、姜柏生："区域伦理委员会的定位、职能与发展"，载《医学与哲学》2018 年第
    23 期。

89. 蒋海洪、弓志军："区域伦理委员会建设：定位、现状与路径"，载《医学与哲学》
    2018 年第 23 期。

90. 陆麒、伍蓉："关于多中心临床研究伦理审查模式的思考"，载《医学与哲学》2019 年
    第 13 期。

91. 谢洁琼等："我国药物临床试验伦理审查能力的调查研究"，载《中国医学伦理学》
    2019 年第 2 期。

92. 周吉银等："我国多中心临床试验组长单位伦理审查制度的挑战"，载《中国医学伦理
    学》2018 年第 9 期。

93. 粟志英等："多中心临床试验中心伦理审查模式探讨"，载《中国医学伦理学》2019 年
    第 6 期。

94. 张娟、张会杰："药物临床试验伦理跟踪审查中的问题与对策"，载《中国医学伦理
    学》2018 年第 8 期。

95. 尹梅等："加拿大研究伦理委员会持续性审查制度及其启示"，载《医学与哲学》2013

年第 11 期。

96. 廖红舞等："临床研究中方案违背的伦理审查策略"，载《中国医学伦理学》2019 年第
6 期。

97. 吴翠云等："临床试验伦理委员会对临床研究中不依从/违背或偏离方案报告的管理"，
载《中国医学伦理学》2018 年第 3 期。

98. 雷良华、周秋莲："建立规范的临床试验伦理审查机制的思考"，载《中国医学伦理
学》2018 年第 6 期。

99. 王宏斌、王樱儒："法律视角下的医学伦理委员会制度之完善"，载《医学与哲学》
2017 年第 9 期。

100. 王德彦："知情同意与人体试验"，载《自然辩证法通讯》2004 年第 1 期。

102. 张洪松、兰礼吉："医学人体实验中的知情同意研究"，载《东方法学》2013 年第
2 期。

103. 唐伟华、王国骞："试析英美等国保护受试者立法中'知情同意'的构成要素——以
科学基金法律制度为视角"，载《中国基础科学》2014 年第 3 期。

104. 赵琼姝等："关于药物临床试验儿童受试者知情同意问题的思考与建议"，载《中国医
学伦理学》2019 年第 10 期。

104. 钟旋等："药物临床试验中医学伦理委员会运作模式的探讨"，载《现代医院》2007
年第 8 期。

105. 曹永福等："我国'医学伦理委员会'的成立背景、功能和建设建议"，载《中国医
学伦理学》2004 年第 5 期。

106. 张弛、刘利军、翟晓梅："药物临床试验中受试者权益保护存在的问题及对策"，载
《中国医学伦理学》2012 年第 2 期。

107. 王思成等："推动伦理规范落实　构建受试者保护体系"，载《中医药管理杂志》2011
年第 12 期。

108. 滕亚、冯泽永："受试者权益保护中的程序公正——对'黄金大米'事件的反思"，
载《医学与哲学》2013 年第 9 期。

109. 胡林英："我国医学专业行业自律问题初探"，载《中国医学伦理学》2006 年第 6 期。

110. 王东红："他律与自律共进的医德培养模式"，载《中国医学伦理学》2008 年第 3 期。

111. 刘峰等："机构质控员加强对药物临床试验质量控制的探讨"，载《今日药学》2014
第 1 期。

112. 宋苹等："建立'三级质控'体系，提高药物临床试验质量"，载《中国新药杂志》
2005 年第 7 期。

113. 高宏伟等："药物临床试验第三方质控模式"，载《长春中医药大学学报》2013 年第

6 期。

114. 顾加栋、姜柏生："论药物临床试验受试者的权益保护"，载《中国卫生质量管理》 2010 年第 2 期。

115. 陈旻、李红英："实例解析受试者招募中的伦理问题"，载《中国医学伦理学》2016 年第 4 期。

116. 吴军、汤权："新药人体试验致人损害民事赔偿诉讼中的法律问题"，载《人民司法》 2007 年第 23 期。

117. 沈玉红等："美国药物临床试验受试者的损害补偿及其启示"，载《药学实践杂志》 2013 年第 4 期。

118. 王丹、张广森、强美英："论人体试验中知情同意的法律问题"，载《医学与社会》 2010 年第 4 期。

119. 郑澜、邵蓉："完善我国药物临床试验损害补偿体系建议"，载《现代商贸工业》2013 年第 12 期。

120. 李睿等："Ⅰ期临床试验中健康受试者保护的若干问题探讨"，载《中药新药与临床药 理》2017 年第 1 期。

121. 孙宏涛："论强制保险的正当性"，载《华中科技大学学报》（社会科学版）2009 年第 4 期。

122. 徐喜荣："论实施医疗责任强制保险的法理基础"，载《河北法学》2018 年第 1 期。

123. 杨帆等："我国临床试验受试者损害保险赔（补）偿制度研究"，载《中国新药杂志》 2016 年第 16 期。

124. 张新宝："设立大规模侵权损害救济（赔偿）基金的制度构想"，载《法商研究》 2010 年第 6 期。

125. 雷娟："试论临床试验受试者的权利保护机制——以程序规则为视角"，载《医学与哲 学》（人文社会医学版）2009 年第 6 期。

126. 姜柏生："医学临床试验法律关系之内容要素探析"，载《医学与哲学》2015 年第 12 期。

127. 李芬静："非法人体试验行为的刑法规制及立法对策"，载《医学与哲学》2019 年第 15 期。

128. 王岳："从'韩国人参丸事件'反思我国药物临床试验中的法律问题"，载《中国药 房》2005 年第 10 期。

129. 韩梅、王思成："法律视角下临床试验受试者权益保护的分析与建议"，载《中医杂 志》2013 年第 20 期。

130. 张建平等："江苏省首例药物临床试验诉讼与受试者的知情同意权保护"，载《药学服务与研究》2008 年第 5 期。

131. 姜萍、殷正坤："人体研究中的知情同意问题研究综述"，载《哲学动态》2002 年第
12 期。

132. 田少雷："药品临床试验中对受试者的保护——知情同意"，载《中国医药导刊》2000
年第 3 期。

133. 王伶、任广睦："脑科戒毒手术被叫停的医学伦理学思考"，载《山西高等学校社会科
学学报》2006 年第 7 期。

134. 张瑞宏："生物医学科研伦理审查需要制度化——从卫生部叫停'手术戒毒'治疗引
起的思考"，载《昆明医学院学报》2006 年第 3 期。

135. 刘丽："危地马拉秘密人体试验对人类生命伦理学发展的启示"，载《海军医学杂志》
2010 年第 4 期。

136. 马晓华："疟原虫刷屏　传染病源能否成为癌症克星"，载《科学大观园》2019 年第
5 期。

137. 孙英梅、刘冬梅："'换头术'面临的技术与伦理问题"，载《医学争鸣》2018 年第
2 期。

138. 唐旭、苟兴春："换头术：是愚蠢？还是疯狂？"，载《医学与哲学》2016 年第 9 期。

139. 丁映轩、龙艺："伦理审查中的行政权与伦理权谁大？——'换头术'伦理审查的思
考"，载《医学与哲学》2019 年第 4 期。

140. 孙英梅、黄晓梅："基因编辑婴儿事件的医学和伦理问题及其应对策略"，载《生物学
教学》2019 年第 11 期。

141. 林玲、张新庆："基因编辑婴儿的伦理、法律和社会蕴含"，载《科技导报》2019 年
第 6 期。

三、英文书籍

1. Timothy Stoltzfus Jost, *Readingsin Comparative Health Law and Bioethics*, Durham, NC: Caro-
lina Academic Press, 2007.

2. Jonathan Herring, *Medical Law and Ethics*, Oxford, UK : Oxford University Press, 2012.

3. Lainie Friedman Ross, *Children in Medical Research : Access versus Protection*, Oxford, UK:
Oxford University Press, 2006.

四、英文文章

1. Miller V A, Baker J N, Leek A C, et al. , "Patient Involvement in Informed Consent for Pedi-
atricPhase I Cancer Research", *Journal of Pediatric Hematology / Oncology*, 2014, 36 (8).

2. Michael K. Paasche-Orlow, "Assessment of medical school institutional review board policies regarding compensation of subjects for research-related injury", *The American Journal of Medicine*. 2005 (2).

3. Karine Morin, "The standard of disclosure in human subject experimentation", *Journal of Legal Medicine*, 1998 (2).

4. Nabulsi M, Khalil Y, Makhoul J, "Parental atti-tudes towards and perceptions of their children's participationin clinical research: A developing-country perspective", *Journal of Medical Eth-ics*, 2011, 37 (7).

5. Michael K. Paasche-Orlow, Frederick L. Brancati, "Assessmentof medical school institutional review board policies regarding compensation of subjects for research-related injury", *The American Journal of Medicine*, 2005 (2).

6. Karin Sygna1, Safora Johansen, "Recruitment challenges in clinical research including cancer patients and their caregivers, Arandomized controlled trial study and lessons learned", *Trails*, 2015, 16 (1).

7. David DeGrazia, "Common Morality, Coherence, and the Principles of Biomedical Ethics", *Kennedy Institute of Ethics Journal*, 2003 (3).

8. Miller V A, Cousino M, Leek A C, et al., "Hope and Persuasion by Physicians During Informed Consent", *Journal of Clinical Oncology*, 2014, 32 (29).

9. Robert L. Kerr, "Unconstitutional Review Board? Considering a First Amendment Challenge to IRB Regulation of Journalistic ResearchMethods", *Communication Law and Policy*, 2006 (3).

10. KorenG, Pariente G, "Pregnancy-Associated Changes in Pharmacokinetics and their Clinical Im-plications", *Pharmaceutical Research*, 2018, 35 (3).

11. Udson KL, Lauer MS, Collins FS, "Toward a NewEra of Trust and Transparency in Clinical Trials", *JAMA*, 2016, 316 (13).

12. White A, "Accelerating the paradigm shift toward inclusion of pregnant women in drug research: Ethical and regulatory considerations ", *Seminars in Perinatology*, 2015, 39 (7).

13. Robert L. Kerr, "Unconstitutional Review Board? Considering a First Amendment Challenge to IRB Regulation of Journalistic Research Methods", *Communication Law and Policy*, 2006 (3).

14. Karine Morin, "The standard of disclosure in human subject experimentation", *Journal of Legal Medicine*, 1998 (2).